ARARIBOIA

© Rafael Freitas da Silva, 2022
© Bazar do Tempo, 2024

Todos os direitos reservados e protegidos pela Lei n. 9.610 de 19.2.1998.

É proibida a reprodução total ou parcial sem a expressa anuência da editora.

Este livro foi revisado segundo o Acordo Ortográfico da Língua Portuguesa de 1990, em vigor no Brasil desde 2009.

DIREÇÃO EDITORIAL: Ana Cecilia Impellizieri Martins
EDIÇÃO: Michelle Strzoda
COORDENAÇÃO EDITORIAL: Meira Santana
REVISÃO: Juliana Costa Bitelli
PROJETO GRÁFICO, CAPA E DIAGRAMAÇÃO: Estúdio Insólito

Imagem p. 247 e quarta capa: Detalhe mapa Terra Brasilis, de Lopo Homem, 1515–1519

Fontes das imagens: p. 19: Moraes, 1866, v. I, n. 1., p. 33: iStockphoto, p. 110: ilustração de Jeferson de Oliveira, 2011.

CIP-Brasil. Catalogação na Publicação
Sindicato Nacional dos Editores de Livros, RJ

S583a
Freitas da Silva, Rafael.
Arariboia, o indígena que mudou a história do Brasil : uma biografia / Rafael Freitas da Silva. - 1. ed. - Rio de Janeiro : Bazar do Tempo, 2022.
248 p. ; 23 cm.
Inclui bibliografia.
ISBN 978-65-84515-00-0
1. Arariboia. 2. Índios Temiminó - Biografia. I. Título.
2-76598 – CDD 920.998041
CDU 929(=87)(81)

Meri Gleice Rodrigues de Souza - Bibliotecária - CRB-7/6439

1ª reimpressão

BAZAR DO TEMPO
PRODUÇÕES E EMPREENDIMENTOS CULTURAIS LTDA.

Rua General Dionísio 53, Humaitá
22271-050 Rio de Janeiro/RJ
contato@bazardotempo.com.br
www.bazardotempo.com.br

RAFAEL
FREITAS DA SILVA

ARARIBOIA

O indígena que mudou
a história do Brasil

Uma biografia

BAZAR DO TEMPO

2024

No desenrolar do nascimento deste Martim quinhentista, enquanto me digladiava nos labirintos dessa impossibilidade parcial, eis que surge o meu Martin, que, antes de chegar, ainda trocou chutes e pontapés na barriga com seu irmão gêmeo. Tal qual a história mítica tupinambá que justificava o acontecimento de gêmeos. Arikonta e Tamandaré, irmãos que tinham poderes especiais, mas viviam brigando. Mito pelo qual, escreveu o franciscano André Thevet, os tupinambás justificavam as desavenças com os maracajás. No entanto, essa história conta também que Arikonta e Tamandaré só venciam os inimigos mais difíceis quando juntos. Martim Arariboia devia saber dessa história. Eles esqueceram. Agora, o Martin do século XXI um dia conhecerá seu homônimo histórico, deixará sua marca, seu nome e sua história para a humanidade. Por isso, este livro é dedicado a eles, Martin, o indolente e audaz, e seu irmão gêmeo de aventuras tupinambás, Mathias, o lindo galego de olhos tabajaras. Lembrem-se: só juntos se vencem os inimigos.

SUMÁRIO

11 APRESENTAÇÃO

19 CAPÍTULO 1 — ARARIBOIA, O MITO

19   O nome do cacique

22   Caciques da Guanabara

27   A troca do nome

31   O Arara Cobra

34   As cobras de Anchieta

37   De maracajá a temiminó, de tupinambá a tamoio

46   O filho do Gato?

50   O falso afogamento

54   O nascimento póstumo

67 CAPÍTULO 2 — DO NASCIMENTO AO ÊXODO

67   A Ilha dos Gatos

73   O reflexo da Arara

78   Martim encontra Martim

84   A farsa dos Perós

89   Guanabara em chamas

96   Entre a vida e o êxodo

109 CAPÍTULO 3 ⟶ PRINCIPAL DO ESPÍRITO SANTO

109 Pequena história dos primeiros anos da capitânia do herói português

118 A aldeia de Maracajaguaçu

126 A Revolta do Cricaré, a epidemia e os maracajás no Espírito Santo

131 O desencanto dos Vascos, Manemoaçu e os filhos vendidos

136 Os maracajás voltam ao Rio de Janeiro – a batalha do forte Coligny

144 Arariboia e a aldeia de São João

159 CAPÍTULO 4 ⟶ A VINGANÇA ETERNA

159 A viagem sem volta

165 Entre tupinambás e tranqueiras

170 Duzentos contra 4 mil

172 Um ano e meio de ataques e ciladas

179 Arariboia, Uruçumirim e Paranapucu

187 CAPÍTULO 5 ⟶ SENHOR DE SÃO LOURENÇO

187 Terras para o defensor da cidade de São Sebastião

191 A batalha de Gebiracica e o hábito de Cristo

200 O casamento de Arariboia

204 Ramos espinhosos da aldeia de São Lourenço

207 Arariboia e o extermínio de Salema

217 São Barnabé e o teatro

222 A procissão do Abaeté

226 Testamento sincrético

237 REFERÊNCIAS   **244 AGRADECIMENTOS**

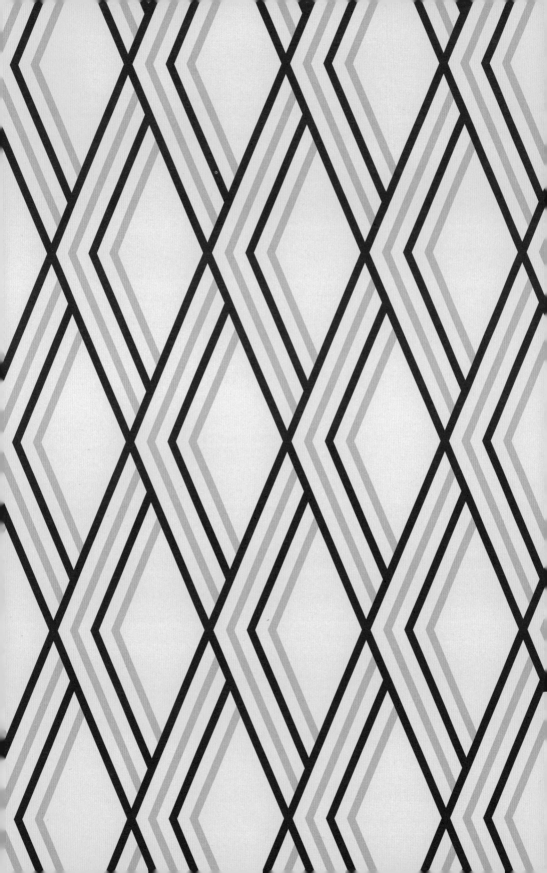

APRESENTAÇÃO

A história do principal líder indígena brasileiro do século XVI, por incrível que pareça, não foi tema de um livro até aqui.[1] Artigos biográficos foram escritos por estudiosos e historiadores ao longo dos séculos, no entanto, não ocuparam mais do que algumas páginas. Ele é personagem de todos os livros relevantes sobre a fundação e a história do Brasil, em especial do Rio de Janeiro e de Niterói, mas sua vida é quase sempre contada resumidamente e, na maioria das vezes, sem pesquisa aprofundada. A intensa existência de Arariboia já foi tema até de romance, mas ainda não havia um perfil biográfico sobre o personagem.[2] Tamanho descaso com a trajetória do mais importante indígena da nação brasileira, o único a receber a lembrança de ser homenageado com uma estátua em praça pública, parece vir de dois motivos principais. O primeiro e mais importante é a falta de documentos históricos sobre a sua vida, notadamente de sua infância, juventude e boa parte da vida adulta. Arariboia só passa a ser citado pelos jesuítas e autoridades portuguesas quando já ocupava a posição de liderança entre os tupis, no contexto das guerras pela fundação do Rio de Janeiro. Mesmo assim, há lacunas sobre o que se passava com ele nesse período, sobretudo após derrotar as tribos da Guanabara e em sua última fase, na aldeia de São Lourenço. O que temos são *flashes* de sua existência. As fontes escassas desanimaram os pesquisadores, e aqueles que se atreveram a estudá-lo em tempos antigos preencheram os vazios com lendas e mitos. Hoje, o imaginário histórico em torno da vida de Arariboia é fruto de algumas dessas ideias inventadas, e um dos objetivos deste livro é tentar dissipá-las.

O segundo motivo para esse "esquecimento" é a ideia moderna, um tanto absurda, de que Arariboia seria um grande traidor. Aliado dos portugueses, catequizado e mimetizado como um europeu, ele teria "escolhido" trair "sua gente" para ajudar os brancos a massacrar e escravizar indígenas.[3] Afirmar isso é justamente desconhecer a trajetória de Arariboia, ignorando o fato de que os maracajás foram escravizados pelos franceses e depois expulsos da Guanabara, sendo mais tarde quase completamente trucidados pelos tupinambás. Isso é desprezar a informação de que foram os portugueses que evitaram a sua extinção naquele momento, ano de 1555, ao enviar navios em seu auxílio. Significa ainda rejeitar a informação de que os tupis da Ilha do Governador já eram simpáticos aos lusos muitos anos antes dos estranhamentos com tamoios e franceses.

No contexto do início da década de 1550, todas as aldeias acabaram por acirrar as antigas desavenças e vinganças ancestrais em busca de melhores estratégias de alianças no trato com os europeus. Não existia entre os povos originários uma estrutura centralizada de poder, muito menos um comando único. Os tupis possuíam sim unidade linguística e cultural, mas eram divididos em numerosos grupos com autonomia política. Além disso, viviam, como descreveu Florestan Fernandes,[4] num estado de guerra permanente. Guerra e religião se entrelaçavam e eram determinantes para as condições de vida que os indivíduos podiam alcançar naquela sociedade. Nesse sentido, Arariboia é um rei, e não um traidor, uma vez que lutou ao lado de quem ele entendia como seu povo, e assim o fez a vida inteira.

Ele também teve ao seu lado, tanto quanto seus inimigos, os europeus. Araríboia é antes de tudo um grande exemplo da capacidade dos homens nativos desta terra e se destacou pela bravura, inteligência, estratégia, capacidade de negociação, honra, lealdade e coragem. Levou seus companheiros à sobrevivência em uma época muito difícil e foi capaz de se adaptar a um novo e inevitável tempo de forma íntegra. Livrou toda a sua gente da escravização. Sua aldeia de São Lourenço era superpovoada e nela foram viver todos que buscavam proteção: os próprios indígenas de Araríboia os chamavam pelo interior.

Araríboia conseguiu por mérito próprio acesso a grandes extensões de terra e as distribuiu para seu povo e outros indígenas. Também foi capaz de ascender à nobreza do reino português ao ser agraciado com o título de Cavaleiro da Ordem de Cristo. Não à toa, foi respeitado entre os maiores homens de seu tempo e impôs seus anseios e desejos às autoridades. Araríboia era um aliado que sabia cobrar por sua ajuda e fez isso com maestria, a fim de que muitos indígenas fossem beneficiados. Não se transformou em uma marionete ao ser educado e auxiliado pelos jesuítas. As fontes históricas atestam que ele fez valer seus direitos. Enfrentou governadores arrogantes e conseguiu para os parentes que chegavam ao Rio de Janeiro, vindos do interior, mais e mais terras. Por sua causa foi inaugurado um novo tempo na miscigenação com os portugueses. Seus filhos e parentes eram disputados entre as famílias de renome da incipiente cidade de São Sebastião para o casamento com seus primogênitos. Era sinal de prestígio. Ele mesmo teve uma esposa "mameluca" num casamento descrito por um jesuíta como o grande evento do ano. Teve centenas de descendentes, e muitos deles exerceram cargos de relevo na cidade ao longo dos tempos. É ele também "o autor", no leito de morte, da primeira antropofagia social e cultural, muito antes que qualquer modernista.

Ele deu o próprio sangue e de seus companheiros pelo Rio de Janeiro e sagrou-se vencedor. Assim, a homenagem mais coerente seria transpor sua estátua em Niterói para o outro lado da baía, uma vez que, antes de São Lourenço, ele fundou e sustentou o Rio de Janeiro. Antes ainda, no Espírito Santo, deu início à região de Carapina com a aldeia de São João, podendo também ser considerado o fundador do município de Serra. Ele fundou, portanto, três cidades.

E se Estácio de Sá morreu antes mesmo de se banhar no rio Carioca, Arariboia não só aproveitou as delícias do lado esquerdo "da baía como o mar",[5] como foi o grande protetor da incipiente cidade por pelo menos dez anos. Teve aldeia na várzea do Castelo, onde construiu uma casa na rua principal, e depois foi povoar as terras jesuíticas localizadas além do Rio Comprido, na atual Zona Norte da cidade, em missão de defesa e ocupação. Ali, marcou seu nome nos mapas quinhentistas com a "aldeia do Martinho" e teve momentos de glória em batalha, antes de se mudar para as terras com as quais foi merecidamente agraciado, como escreveu Mem de Sá, "para o bem da república". É por isso que outra estátua em sua homenagem também deveria ser erguida na Tijuca, na Praça da Bandeira, ou dentro da Quinta da Boa Vista, em São Cristóvão, pois, como dizia o jesuíta Pero Rodrigues, "sem ele nunca se poderia tomar o Rio de Janeiro". Também a Ilha do Governador, terra de seus antepassados e onde passou a maior parte da vida, pudesse render-lhe tal homenagem.

Este livro é composto por cinco capítulos. O primeiro desmistifica a história de Arariboia e desvenda o significado do seu nome, sua procedência e parentesco, além de conter as lendas sobre a sua morte e o estudo da hipótese para o ano de seu nascimento. Esta parte funciona como introdução para o recontar de sua caminhada.

No capítulo seguinte, temos a história dos maracajás e das expedições que visitaram a Guanabara, a parte não documentada de sua vida até o êxodo para Espírito Santo, onde vamos encontrá-lo no terceiro capítulo. Ali, ele é citado pelos jesuítas como um cacique ainda jovem e prestes a se casar. É lá também que as relações com os portugueses se estreitam e ele surge como grande liderança cortejada pelas autoridades.

A fase mais emocionante e determinante de sua vida, quando acontecem as batalhas para a fundação do Rio de Janeiro, é tema do quarto capítulo. Confrontos nos quais Arariboia se encontrava, quase sempre, em franca desvantagem numérica. Após a conquista da Guanabara, a eterna vingança de seus inimigos ancestrais não se esgotará até que os últimos tupinambás resistentes fossem totalmente dominados e destruídos no Cabo Frio uma década depois.

Um Arariboia abaeté e moçacara,[6] herói de guerra, senhor da aldeia de São Lourenço e reverenciado tanto pelos jesuítas e capitães portugueses quanto pelos demais moradores do Rio de Janeiro, abrange esta investida sobre a vida desse personagem.

Não se engane, leitor, ao achar que a vida de Arariboia não tem esconderijos, onde podemos ver o ser humano além do mito e da aura de perfeição que os seus cronistas quiseram pintar. Do indígena cristão exemplar e multiplicador da obediência que tanto almejavam os padres, é possível constatar o cacique contestador e de costumes amorosos arraigados, possuidor de conhecimento dos santos e de Jesus em semelhante patamar à consciência da viagem espiritual tupi à "Terra sem Mal" após a morte. Arariboia gostava da roupa completa que o rei d. Sebastião mandou lhe entregar de presente, mas não dispensava seu impactante cocar de penas de arara e papagaio. Ele era uma verdadeira cobra. Arariboia, a cobra arara.

NOTAS ⟶ APRESENTAÇÃO

1 ▸ *Pontos controvertidos da vida de Arariboia*, do niteroiense Luiz Carlos Lessa, é a obra que mais se aproxima de um estudo histórico aprofundado sobre Arariboia. Curiosamente, foi publicado apenas em 1996 e se encontra atualmente esgotado. Como o próprio título elucida, Lessa aborda questões específicas do personagem, e não sua trajetória por inteiro.

2 ▸ O romance mais conhecido também é de autoria de Luiz Carlos Lessa, de 1991: *Arariboia, o cobra da tempestade*.

3 ▸ É o que propõe de forma poética o escritor Antônio Torres (2000, p. 37) em seu romance histórico *Meu querido canibal*, em que louva Cunhambebe, o cacique de Angra dos Reis, como o primeiro herói nacional, por ser grande inimigo dos colonizadores. Para o autor, Arariboia "morreu com fama de herói dos brancos e traidor dos índios" e que, por isso, sua estátua só serve "para enfeitar a praça e aparar titica de passarinho". Aylton Quintiliano, em A *guerra dos Tamoios*, retrata Arariboia como egocêntrico e sem moral porque "era amigo dos jesuítas e do governador-geral" e andava "vestido em roupas trazidas de Lisboa, enquanto os seus trabalhavam como escravos da colônia lusitana" (1965, p. 192).

4 ▸ A primeira edição de sua tese "A função social da guerra na sociedade tupinambá" é de 1952.

5 ▸ Trata-se do significado da palavra "Guanabara", segundo se apreende das fontes históricas francesas, como André Thevet e Nicolas Barré.

6 ▸ Palavras em tupi anotadas pelo jesuíta Fernão Cardim. Ele reproduziu a forma como os indígenas se referiam a Arariboia, "abaeté e moçacara", homens valentes, nobres e respeitados. Moçacara era uma qualidade dada aos generosos e liberais, que dividiam o que tinham com parentes e amigos, um traço de caráter muito estimado entre os tupis.

CAPÍTULO 1
ARARIBOIA, O MITO

Gravura de Martim Afonso Arariboia.

O NOME DO CACIQUE

Um nome é uma marca, um traço da personalidade e também um destino. Antes de tudo, é uma palavra que carrega uma ideia e também um grande poder. Pensar a respeito da vida e da trajetória do "valoroso índio"[1] da História do Brasil é um desafio que tem seu início ao desvendar os meandros que envolvem as origens de seu nome, o seu significado e a sua pronúncia. A palavra "Arariboia" é o ponto de partida para buscarmos conhecer este personagem singular do processo de conquista e de colonização do "Atlântico Sul"[2] brasileiro.

O étimo deste homem foi escrito de diferentes maneiras nos registros históricos, e, da mesma forma, os estudiosos ao longo dos tempos preferiram uma ou outra variante. A versão definitiva mais comum hoje, Arariboia, é fruto de um costume ou convenção gráfica sobre a forma lusófona mais aceita pelos historiadores e pesquisadores do século XX. Por isso, brasileiros, em geral, já ouviram falar de um nome consagrado por uma estátua de um indígena chamado "Arariboia", localizada no centro de Niterói. Esse "consenso" sobre a forma correta de se escrever o nome do maior líder nativo do Brasil quinhentista nunca existiu no passado. Vale citar os principais exemplos, sem neste momento fazer mais considerações: o primeiro historiador do Brasil, frei Vicente de Salvador, que escreveu sobre o início da colonização portuguesa ainda na década de 1620, preferiu a forma usada atualmente, e que foi acompanhada pela maioria dos escritores – Arariboia.

Já o padre Simão de Vasconcellos, em suas obras sobre a história da Companhia de Jesus no Brasil, publicadas por volta de 1680, adotou uma variação, imprimindo a tentativa de captar fonemas originais do tupi. Inspirado nos escritos de Anchieta, ele preferiu a grafia Ararigboya. O historiador Francisco de Adolfo Varnhagen, em meados do século XIX, produziu ainda as variações Arariy-boya e Arariboya.[3] O dr. José Vieira Fazenda, cronista das *Antiqualhas e memórias do Rio de Janeiro*, defendeu que o nome do cacique temiminó não era nenhuma das formas já citadas, e sim Araïboia.[4] Ele teria se inspirado em estudos de Theodoro Sampaio, intelectual negro oitocentista. O autor de *O tupi na geografia nacional* especulou que a alcunha original estava na composição das palavras *araib* e *boia*,[5] o que induziria a interpretação de seu significado para "a cobra da tempestade".[6]

Talvez este pensador tenha se inspirado em uma tradição antiga da cultura brasileira para elaborar a hipótese de que o sonoro nome tinha por tradução literal, mas sem explicação, a forma como os tupis vocalizavam a alcunha de uma "cobra feroz".[7] Foi o que escreveu aquele considerado "o primeiro biógrafo" de Arariboia no início do século XIX, Cônego Januário da Cunha Barbosa. Historiadores como Capistrano de Abreu e Rodolpho Garcia, quando reeditaram a obra do padre jesuíta Fernão Cardim, afirmaram que, em geral, "o nome Araryboia, Ararigboia, ou melhor Araigboia, vem como significando cobra-feroz; mas, decompondo-se o vocábulo tupi, acha-se *araib*, tempo mau, tempestade, tormenta, e *bói* cobra: cobra do mau tempo ou da tempestade, que assim chamavam os indígenas uma serpente aquática, esverdeada e de cabeça escura, cujo grunhir para eles prenunciava mau tempo".[8] Ainda hoje, essa interpretação prevalece quando se procuram informações sobre o chefe Arariboia.

José de Anchieta, um dos fundadores da cidade do Rio de Janeiro e contemporâneo do principal líder tupi aliado dos portugueses, é uma das fontes mais valiosas quando se buscam pistas sobre o nosso passado remoto. Profundo conhecedor do tupi antigo e um de seus principais decodificadores,[9] o jesuíta teria escrito o nome de Arariboia de uma forma que destoa das demais fontes históricas, colocando um *g* no meio das duas palavras e suprimindo o último *r*, ficando assim: Araygboia.[10]

Contudo, Pedro da Costa, outro padre jesuíta, que viveu no Espírito Santo no início da década de 1560, deixou uma carta em que existe o primeiro registro histórico do jovem cacique. Pedro da Costa, ao falar de uma nova aldeia chamada de São João, transcreveu o nome de seu líder sem o *a* final e adotou a forma: Arariboi.[11] Da Costa teve contato mais profundo com o cacique antes mesmo do que o próprio José de Anchieta.

Para completar de vez essa confusão etimológica, ainda há o testemunho de outro religioso, e que foi ainda mais íntimo do futuro principal da aldeia de São Lourenço e fundador das cidades do Rio de Janeiro e Niterói: trata-se do jesuíta Gonçalo de Oliveira.[12] Por um bom tempo, ele foi o único religioso que ficou com os combatentes de Estácio de Sá e Arariboia na várzea entre o Pão de Açúcar e o Cara de Cão. Além de realizar as missas e confissões, Gonçalo era "grande língua" e responsável por animar e instruir pessoalmente Arariboia e os indígenas que seguiam na Armada. Era também encarregado de zelar pela tenda de palha que guardava a imagem de São Sebastião. É conhecida uma história ocorrida em um intenso cerco tamoio (tupinambá) sobre a "tranqueira" erguida no flanco da "Cidade Velha". Relatou que, durante um ataque dos tupinambás, as flechas caíam ao redor dele sem atingi-lo, enquanto rezava. Foi muito amigo do cacique que comandava os indígenas vindos do Espírito Santo naquela jornada. Tanto que deixou registrado esse sentimento numa carta em que relatava acontecimentos do Rio de Janeiro no ano de 1570, apenas três anos após a conquista, e para falar daquele que julgava ser um herói, utilizou exatamente a mesma grafia do nome que pronunciamos hoje: Arariboia. Isso tudo acaba por fazer retornar esse mistério ao seu ponto de partida.

CACIQUES DA GUANABARA

Antes de entrar nessa questão etimológica mais a fundo, vale a pena recorrer a diferentes formas de se pensar a respeito do nome do "líder temiminó". Para ampliar esforços, vale analisar o significado dos nomes de outros chefes tupis conhecidos do Rio de Janeiro quinhentista. Para começo de conversa, vamos dar uma olhada nas alcunhas dos três principais líderes tupinambás que tiveram seus nomes anotados em fontes históricas francesas e portuguesas: Aimberê, Kunhambeba (Cunhambebe) e Pindobuçu.

O nome "Aimberê", segundo informado por José de Anchieta em suas cartas, significava forte, rijo, inflexível, o que combina com a personalidade de liderança, valentia e intransigência moral descrita a respeito desse cacique nos documentos históricos.[13] Podemos também imaginar que seu nome pudesse ter alguma relação com o *ybyrapema* (pau) de guerra, uma vez que maciça e inflexível eram características da madeira utilizada nessa arma tão cultuada pelos povos tupis. É o Aimberê guerreiro, forte de princípios, o líder tupinambá que mais apertava e atemorizava as negociações de paz levadas a cabo por Anchieta e Manoel da Nóbrega durante meses em Iperoig (atual Ubatuba), no ano de 1563. Um nome que diz muita coisa sobre seu dono.

Já Kunhambeba, o célebre líder indígena do Rio de Janeiro e de Angra dos Reis, que gostava tanto de alardear os franceses sobre o quanto era temido pelos lusos e se vangloriava das proezas heroicas realizadas, tinha em seu nome um tremendo diferencial. Era uma lembrança de seu porte físico. A etimologia de seu nome é bem curiosa e poderia até mesmo indicar a origem da cultura brasileira de colocar apelidos nos amigos. Cunhambebe seria a junção de *kunhã*, mulher, com *mbeb* (forma nasalizada de *peb* + *a*), achatada.

Caciques tupinambás – gravura da obra de Hans Staden, 1557.

Kunhambeba seria um homem com "peitos achatados de mulher" ou, melhor, um enorme homem com um externo de tamanho bastante avantajado.[14] Pesquisadores, em geral, indicam que a alcunha fazia referência a seu peito musculoso e desenvolvido, característica essencial de um guerreiro maioral, temido por todos, o que condiz com a descrição feita pelo francês André Thevet, que o encontrou no Rio de Janeiro: "robusto, de membros fortes, com uns oito pés de altura, e o mais ousado, cruel e temido por todos".[15]

O nome, em tom de anedota, também faz parte do personagem, em mais um exemplo do quanto o nome indígena diz muito sobre a própria pessoa. Kunhambeba era galhofeiro, brincalhão e contador de proezas. Existe prova documental nas fontes sobre o seu caráter. O alemão Hans Staden, prisioneiro dos tupis de Ubatuba no início dos anos 1560, relata um encontro com o cacique, e o diálogo travado por eles releva um Kunhambeba irônico, sarcástico e piadista.

Já Pindobuçu, velho cacique morubixaba que foi o braço direito do francês Nicolas Villegagnon no período da França Antártica (1555 – 1560) e o condutor da "Paz de Iperoig" junto aos jesuítas Manoel da Nóbrega e José de Anchieta em 1563, quer dizer "Palmeira Grande" [*Pindo+(b)usu*], ou, como Anchieta uma vez escreveu, "a grande folha de palma".[16] A palmeira era uma árvore essencial para a construção das malocas, assim como para outras utilidades. Certamente, era uma árvore estimada pelos indígenas e de grande importância para o estilo de vida da tribo tupi. A palmeira costuma ser uma árvore alta, que vence as outras em estatura na busca pelo sol. Tal nome havia de ter poder, impunha respeito, sabedoria, típico dos velhos caciques anciões e determinante para o seu *status* de liderança. A Palmeira Grande "vê" tudo do alto, consegue se sobrepor aos demais em carisma e independência de ação, justamente o que Pindobuçu fez ao abandonar seus antigos aliados franceses e parentes da Guanabara tupinambá e trabalhar pela consideração dos jesuítas e portugueses.

Apenas nesses exemplos já é possível perceber que os nomes próprios desses três caciques eram capazes de exemplificar boa parte da personalidade deles. Assim, seria interessante continuarmos a verificar os nomes conhecidos de líderes tupis do Rio de Janeiro quinhentista com o objetivo de tentar encontrar algum padrão importante que nos ajude a pensar a respeito do nome de Arariboia.

Na imprescindível obra do calvinista francês Jean de Léry,[17] temos a designação dos nomes de mais alguns maiorais, fora aqueles que aparecem emprestando seus nomes às suas próprias aldeias.[18] São informações também extraídas do capítulo de *Colóquio de entrada ou chegada ao Brasil entre a gente do país chamada tupinambá e tupiniquim, em linguagem brasílica e francesa*. Trata-se de um diálogo de referência entre um francês e um tupi escrito nas duas línguas, uma espécie de manual de aprendizado para os que se aventuravam a cruzar o oceano. Nele, o francês pergunta os nomes dos principais "chefes" da Guanabara por volta do ano de 1550. "Quantos chefes há por aí?" "Muitos." "Nomeie ao menos alguns."[19] É como um panorama de caciques do Rio de Janeiro – ao todo, são onze os nomes de morubixabas citados diretamente na obra desse missionário protestante que efetivamente conviveu com os tupinambás da Guanabara em 1557. Sobre dez desses nomes, o próprio Léry transmitiu seus significados, alguns deles ratificados pelo conhecimento que se tem hoje do tupi antigo.[20]

Eis como eram chamados os maiorais e suas respectivas interpretações:

- Iapiró-ijuba = Careca[21]
- Poçanga-iguára = Guardiã dos remédios[22]
- Guiraguaçu = Pássaro grande[23]
- Takuarusu = Taquara grande[24]
- Sobueruçu = Folha caída grande[25]
- Marakaguaçu = Maraká grande[26]
- Maracujaguaçu = Maracujá grande[27]
- Ma'endy = "Chamuscado/ queimado" o ou "aquele que acende" (o fogo)[28]
- Mba'emosê = "Desenterrado" ou "Coisa má"[29]
- Karió-peár = "Caminho para ir aos carijós" ("Rota Carijó").[30]

Também existiam aqueles caciques que provavelmente emprestavam seus nomes às aldeias, boa parte delas conhecida pelo nome de seu maioral, e que aparecem em fontes francesas e portuguesas, tais como: Jabebira (Arraia), Pirakãiopã (Piracanjuba), Pirauasu (Peixe grande), Taraguira (Largarto), Sarigué (Gambá), Pirabiju (Peixe-cação), Maracajaguaçu (Gato do Mato), além de outros dois caciques que usavam variações da palavra Jaguára (Onça).[31] Estes três últimos apontados nas fontes históricas são caciques de aldeias identificadas como temiminós.

Por último, ainda há uma boa coleção de nomes de indígenas importantes na obra do alemão Hans Staden, prisioneiro dos tupinambás de Ubatuba e, depois, dos do Rio de Janeiro no ano de 1554. Escreveu uma obra sobre seus meses em companhia dos líderes nativos da Costa Verde e da Guanabara. São eles: Jenipapoguasu (Jenipapo Grande), Iperuguasu (Tubarão Grande), Guiratingaguasu (Pássaro Branco Grande), Souarasú (Grande Comedor ou Esfomeado), Tatámirim (Fogo Pequeno) e Abatipoçanga (Remédio de Milho).

Dos 28 nomes de caciques quinhentistas citados nessa rápida relação, quase metade usava como complemento *açu, uasu, guaçu, uçu,* similar ao aumentativo "ão" no português.

Kunhambeba
– gravura da
obra de André
Thevet, 1575.

Era esta uma forma de expressarem em seus nomes a condição de maiorais que detinham em suas comunidades e parentelas, sendo então identificados como grandes e fortes (física e moralmente). Outra característica importante é perceber que nada menos do que doze caciques se inspiraram em nomes de animais perigosos que os cercavam tanto no mar como na terra. Outros nove morubixabas tomaram seus nomes de frutas, árvores e utensílios de uso comum (como o Maraká). Portanto, 21 maiorais adotaram nomes de animais, vegetais ou objetos inseridos no cotidiano indígena, um costume fortemente documentado nos registros históricos. Caciques com nomes enigmáticos ou com significados mais elaborados, de difícil compreensão, não eram tão usuais. Além disso, os nomes de animais não eram usados com quaisquer adjetivos, como "cobra feroz" ou "da tempestade".

A TROCA DO NOME

No caso dos tupis nativos do Brasil, a escolha de como gostariam que os outros lhe chamassem de fato representava uma marca, física e psicológica. Assim que nascia, o menino da Guanabara quinhentista ganhava um nome dos pais. Jean de Léry narrou esse momento em sua obra e diz que pajés eram consultados para indicar alguma mensagem dos antepassados, em busca de um nome de sua ancestralidade. Essa alcunha ficava com ele apenas até o momento em que se tornava um guerreiro adulto. A partir dessa fase, ele poderia "trocar de nome" sempre que as condições para tanto se estabelecessem. Era preciso sobretudo

Ritual antropofágico que permitia a "troca do nome" – gravura da obra de Jean de Léry, 1578.

sacrificar um inimigo em ritual ou em batalha. Assim, quando saía vencedor de um confronto bélico ou ritualizado, a "troca de nome" era celebrada com profundas incisões no peito e em outras partes do corpo, para as quais utilizavam dentes de cutia. Esses rituais sangrentos da renomeação eram realizados com o objetivo de proteção espiritual e também como uma forma de obterem uma "insígnia" do *status* moral guerreiro no corpo, para que tal ação caracterizasse uma marca de passagem em sua vida e como forma de mostrar à "sociedade" suas façanhas. A cada marca, podiam escolher um novo nome. Por isso, alguns indígenas tinham o corpo repleto de marcas e, consequentemente, receberam vários nomes.[32] Entretanto, conseguir um novo nome para si não era tarefa nada fácil para o jovem tupi. Um "nome" só era concedido após um longo processo, que durava toda a sua adolescência. Era a confirmação de sua maturidade guerreira e moral. Para alcançar esse posto na hierarquia tribal, era necessário protagonizar um ato de extrema coragem, sobretudo contra grupos rivais, missão para a qual era preparado desde a mais tenra idade pelos pais e parentes. Para provar seu valor definitivo, ele devia primordialmente dominar um inimigo em combate e trazê-lo vivo, amarrado, de volta à aldeia.[33]

Só chegava a uma posição moral de grande respeito na aldeia um *morubixaba-uasu*[34] (grande cacique), aquele que acumulava enorme prestígio ao longo da juventude e nos primeiros anos da vida adulta. Tal carisma advinha de terem sido capazes de grandes feitos guerreiros estratégicos, de serem matadores de inimigos e de possuírem grande conhecimento sobre os animais que os rodeavam. Dotes de bom caçador e pescador eram apenas pré-requisitos básicos; ou seja, ao longo da vida o homem precisava dar provas indiscutíveis de suas qualidades de liderança e exemplo perante os outros membros da comunidade. Era considerado, além de bom guerreiro, aquele que melhor falava e convencia os demais nas reuniões entre os anciões da taba. Vários registros também dão conta de que valorizavam os que melhor discursavam e que venciam os debates.

"Trocar de nome", portanto, era uma tarefa à qual estava predestinado o jovem guerreiro tupi. Para isso se organizava uma grande festa para o aspirante cuja missão mais esperada era ser o protagonista no ritual sacrificial de um guerreiro inimigo. É na festa religiosa e antropofágica tupi, que podia durar dias com jogos, cerimônias e cantorias, que o adulto tupinambá era testado pela comunidade para, enfim, "trocar de nome". Caso tudo ocorresse como esperado, e o carrasco cumprisse seu papel de abater o inimigo cativo no meio da *okara*,[35] acontecia o esperado consumo antropofágico do qual o matador não participava, pois era preparado para ser renomeado em um ritual particular.

Todo homem tupi certamente sonhava em participar pelo menos uma vez na vida desse evento. Aquele que assim procedia alcançava o ideal esperado e conseguia para si um bom nome, capaz de fazer sua fama, bem como seduzir os familiares de uma pretendente. Ele se vestia ricamente com plumas e outros enfeites e se pintava para o grande ritual de passagem para o posto tribal de *abaeté*.[36] Aquele que havia conquistado com valentia a posição de carrasco devia nesse momento sacramentar o seu valor espiritual, guerreiro e social ao abater com um único golpe, utilizando o grande *ybyrapema*[37] cerimonial, um odiado inimigo capturado e amarrado pela cintura com uma corda chamada de *muçurana*.[38]

Depois da porretada certeira e mortal, de forma que o prisioneiro caía inerte, de preferência de bruços, o executor se recolhia rapidamente a uma maloca. Um padrinho seu o esperava na porta com o arco estendido e o abria como se fosse atirar. O guerreiro enfeitado passava por ele e entrava na casa no exato momento em que o arco devia ser disparado. Imediatamente depois, ele devia correr em todos os sentidos, desviando-se aqui e ali, aplicando dribles de forma que o espírito daquele defunto não pudesse alcançá-lo. Irmãos e parentes percorriam a aldeia anunciando a plenos pulmões sua nova alcunha: "Meu irmão chama-se Arariboia! Meu irmão chama-se Arariboia!", enquanto todos os presentes comemoravam, gritavam, assobiavam, estalavam as cordas dos arcos e brindavam com os potes de cauim, exaltando o novo nome daquele guerreiro que havia cumprido seu papel.

Ele "renascia" em uma nova personalidade em reclusão absoluta dentro da maloca, de onde só poderia sair alguns meses depois. Durante esse período, ele tinha os cabelos totalmente raspados, retiravam-lhe todos os seus pertences e ganhava os riscos feitos com os dentes de cutia. Era como se fosse preciso "renascer" em outra personalidade a partir daquele momento derradeiro de "trocar o nome".

O homem adulto que finalmente passava por essas provas rituais estava livre para usufruir de uma série de regalias e liberdades tribais até então proibidas. Ele ganhava independência total de ação, podia dali em diante participar mais ativamente de expedições guerreiras, abater inimigos sem a necessidade de recorrer às medidas de precaução espiritual e, sempre que matassem alguém, lhe era permitido acrescentar nova tatuagem ao lado da antiga, se assim o desejasse. Um guerreiro com tal reconhecimento podia finalmente ter uma noiva, casar com ela e ter filhos legítimos e aceitos socialmente. Depois, dependendo do grau de liderança que exercia, lhe era facultado formar novas malocas, novos grupos guerreiros, até mesmo fundar sua própria aldeia, alcançando postos intertribais de influência e respeito.

É a partir desse momento que os homens disputavam prestígio na igual proporção do número de inimigos que abatiam e da valentia que demonstravam na caça, na guerra e na proteção da comunidade. Quando finalmente o "carisma" de um se sobressaía aos demais, primeiro dentro da família e depois no núcleo estendido da maloca, ele se tornava um dos "principais" da taba e sua opinião tinha mais peso. Os laços de parentesco e solidariedade com os outros chefes e a extensão da sua influência em outras aldeias poderiam exercer maior autoridade, mas isso era raro no universo tupi.

A consumação do sacrifício ritual pelo esmagamento do crânio do inimigo representava, em linhas gerais, o estágio mais transformador da ascensão social de um homem tupinambá. A "troca do nome" era aquilo que mais esperavam na vida, e eles deviam pensar sobre como gostariam de ser chamados e lembrados. Em geral, os nomes eram encontrados com a ajuda dos espíritos em cerimônias onde os maracás soavam, e os pajés traduziam as sugestões do além. O nome tinha que expressar mais do que simplesmente uma palavra bonita ou uma sonoridade graciosa, mas também sua condição social, o seu gênio, caráter e linhagem. Em geral, o nome de um cacique era usado para amedrontar e denotar suas qualidades guerreiras, morais, físicas ou de sabedoria.

⊙ ARARA COBRA

Os tupis gostavam dos nomes ligados aos elementos da natureza, à qual estavam intrinsecamente ligados. As mulheres prefeririam os nomes de flores e coisas belas.[39] Já os homens estimavam, sobretudo, o nome dos animais, das árvores, dos objetos que utilizavam. Entre os animais, gostavam daqueles que se encontravam no topo da cadeia alimentar. Tinham o privilégio de escolher seus próprios nomes e, certamente, procuravam aqueles que pudessem expressar sua personalidade, um epíteto para força, valentia e dotes incontestáveis, um nome chamativo para evidenciar suas qualidades aos demais homens da tribo, assim como para amedrontar os inimigos.

Foi o que Arariboia fez após passar pelos rituais guerreiros de praxe. Seu nome é original, sonoro e de grande personalidade. Assim como grande parte de seus contemporâneos, buscou nos elementos da natureza sua marca, sua personalidade e seu destino. Sobre a segunda parte do nome do fundador de Niterói, não existe qualquer divergência: boia é *mboîa* (*boi, mboi, moi*) e significa o nome comum em tupi para a cobra, serpente. Dessa palavra advêm muitos nomes de lugares no Brasil: Boituva, Boipeba, Boiçucanga, Mboimirim, Mogi-mirim, entre outros.[40] Portanto, não dúvida sobre o fato de Arariboia ser o nome de uma cobra que ele tomou para se denominar. Maioral que era, essa cobra não podia ser qualquer uma, e sim um animal que fosse tão poderoso na natureza quanto ele esperava ser frente aos desafios que a vida lhe apresentaria.

Resta determinar o significado da primeira parte de seu nome. A partir das opções gráficas, das fontes históricas e dos principais pesquisadores da História do Brasil, temos as opções de Arari, Arary, Arariy, Arayg ou Araï. Uma das primeiras regras do tupi antigo, hoje reconstituído por meio das gramáticas jesuíticas e textos franceses, é que se trata de uma língua aglutinativa; ou seja, ocorria com frequência a junção de duas palavras para formar um novo nome, sendo que, em geral, estas partes perdiam fonemas originais.

No tupi antigo, a pronúncia das palavras em que existia o fonema (*mb*), de *mboîa*, era diferente das palavras que utilizavam o fonema com (*m*). O *mb* era primordialmente uma consoante nasal oralizada, ou nasal com distensão oral.[41] É um fonema que começa nasal com (*m*) e termina oral com (*b*), sendo o *b* oclusivo, isto é, os lábios devem encostar para pronunciar o som como uma explosão. Tal característica força a nasalização da vogal que precede a palavra onde houvesse esse fonema, como no caso de "*arari*".

Portanto, o que acontece na pronúncia de Arari (e suas variantes) é uma palavra que havia sido modificada de sua forma original ao se aglutinar com o fonema nasal presente em *mboîa*. Exemplos de palavras que contêm Arari ainda hoje em sua constituição e seus respectivos significados: um município no Maranhão que se chama Arari, cujo nome é homenagem a um rio: *arara + y*, o rio das araras; e também uma cadeia de montanhas no Ceará, a chapada do Araripe, cujo nome significa "no rio das araras" (*arara + y + pe*, em). Ainda há outro exemplo em Araritaguaba, antigo nome do município paulista de Porto Feliz, e que se explica por *arara + ita + u + aba* = "lugar de as araras comerem pedras". Isso porque Porto Feliz fica às margens do rio Tietê, onde outrora existiam paredões de salitre, e as araras se amontoavam nesse local à procura do sal essencial para que mantivessem a saúde alimentar.[42]

A conclusão é que o termo "arara" se modifica, no tupi, para *arar(i)* quando em união com outras palavras. Portanto, o mistério etimológico sobre o nome do mais instigante guerreiro indígena do Brasil termina. O nome do cacique nada mais é do que a referência a uma cobra que era conhecida pelos indígenas como a "arara cobra"; ou na pronúncia tupi mais próxima do original em sua representação fonética moderna, temos então o "*Araryboîa*".[43]

O mais incrível é que a tal cobra homenageada ainda hoje existe na natureza. É de um verde estonteante com detalhes em amarelo e pode chegar a quase dois metros de comprimento. A melhor hipótese do espécime em questão é conhecida como a cobra "araramboia". Na identificação moderna em língua portuguesa, o

A araramboia – também conhecida como cobra-papagaio, jiboia-verde, píton-verde-da-árvore, entre outros nomes – é uma grande serpente amazônica não venenosa, que se alimenta de pequenos roedores. De hábitos noturnos, com dorso verde e barras transversais amareladas, ela pode medir mais de 1,50 m e se alimenta de pequenos roedores.

nome da cobra parece ter sido criado a partir da sua forma completa no tupi antigo: *arara* + *mboîa* (araramboia).

Seu nome científico é *Corallus caninus*, e podemos encontrar mateiros que conhecem a "cobra arara" também por cobra-papagaio e, as menores, por "cobra-periquito" ou periquitamboia. Esta é uma serpente da mesma família das temidas sucuris e jiboias, de onde se explica, inclusive, o mistério da inclusão do fonema gutural *y* do tupi na grafia proposta por Anchieta: a exemplificação de uma cobra da família da *jyboias*, em *Araygboia*, o que modifica ainda mais o prefixo *arari*.

Essa cobra possui uma característica que a diferencia de suas parentes: a araramboia passa grande parte da sua vida enrolada em galhos e, com certeza, não é aquática, muito menos "grunhe" ao pressentir uma tempestade como outrora se afirmou.

Além de verde e amarela, as cores das araras, papagaios e – por que não dizer – do próprio Brasil, ela vive em cima das árvores, o que para uma cobra constitui um *habitat* que a deixa em extrema vantagem de camuflagem e ataque. Ao entrar na mata e se preocupar com o aparecimento de cobras rastejantes, podia-se deixar o pescoço à vontade para a mordida da "arariboia". Apesar de não ser peçonhenta e matar suas presas por sufocamento, ou seja, a "cobra arara" é constritora, sua mordida é bem dolorida e pode provocar graves ferimentos em suas vítimas. Sua mordedura tem efeito paralisante: os dentes são muitos e maciços, especializados em imobilizar a presa, que, uma vez apanhada no bote, não consegue mais escapar. Rapidamente, ela se enrola na caça e a aperta em pontos vitais até provocar o sufocamento. De hábitos noturnos, a "arara cobra" se alimenta basicamente de roedores, aves e outros répteis. No século XVI, deviam existir muito mais *araryboîas* do que hoje. Era bastante perigoso para aqueles homens andar pelas trilhas, pois eles precisavam tomar cuidado para evitar tais serpentes, que espreitavam enroladas nos galhos acima das cabeças. É da natureza, e não da imaginação, que vem o nome de Arariboia. Nem feroz nem de tempestade, mas antes a jiboia arara cobra.

AS COBRAS DE ANCHIETA

José de Anchieta deixou, em uma carta escrita de São Vicente em 1560, uma relação das cobras que existiam no litoral do Brasil e também uma pista sobre a forma como os tupis viam esse bicho do ponto de vista mitológico. A minuciosa descrição de Anchieta demonstra o grande conhecimento dos nativos quanto às serpentes e seus poderes.

A lista do padre jesuíta começa pela maior de todas, a que os indígenas chamavam de *"sucuryúba" (sucuri-juba)*, a enorme sucuri amarela, que vivia nos rios atrás dos animais que se atreviam a atravessar seu caminho. Dizia ele que "não é fácil acreditar na extraordinária corpulência destas cobras; engolem um veado inteiro e até animais maiores".[44] Anchieta escreve também sobre as *"îararacas"* (jararacas) que "abundam nos campos, nas matas e até mesmo nas casas, onde muitas vezes as encontramos: a sua mordedura mata no espaço de 24 horas, posto que se lhe possa aplicar remédio e evitar algumas vezes a morte".[45] Descreve também as *"bóiciningas"*, que quer dizer a "cobra que tine", ou seja, a cascavel.

Diz ele que elas viviam "em buracos subterrâneos; quando estão ocupadas em procriar atacam a gente/ uma só vez que mordam, não existe mais remédio: paralisa-se a vista, o ouvido, o andar e todas as ações do corpo/ até que no fim de 24 horas se expira".[46] As cobras corais eram chamadas de *"ibîbobócas"*, que segundo Anchieta significava "terra cavada", pelo fato de essas serpentes abrirem fendas na terra "à maneira de toupeiras; estas são as mais venenosas de todas, porém mais raras". Existiam ainda as "cobras pintadas", chamadas de *boiguatiáras*, tão venenosas quanto as anteriormente citadas.

Por último, relata Anchieta, a presença de serpentes que os tupis conheciam por *"bóiroiçangas"*, isto é, as "cobras frias", uma vez que não eram venenosas, mas causavam sensação de frio nas vítimas, por ignorarem de imediato que tipo de cobra as havia picado. A *"bóiroicanga"* descrita por Anchieta parece fazer parte do grupo a que pertenciam as *araryboîas*. Nesta mesma carta de São Vicente, ele relata inclusive o encontro com o que parece ser uma "cobra arara", sem, contudo, identificá-la. Conta que, certa vez, ao voltar para a povoação de Piratininga (São Paulo), encontrou uma serpente "enroscada no caminho", e que depois de fazer o sinal da cruz, a matou. Em seguida, teve grande espanto ao verificar que de dentro desta cobra havia uma quantidade de filhotes que começou a sair de seu ventre.[47] Uma característica da araramboia é de serem ovovivíparas, ou seja, os ovos se desenvolvem dentro do corpo da mãe.

As cobras estão muito presentes em todas as mitologias antigas e também na Bíblia, tanto no Novo quanto no Antigo Testamento. Apesar de a serpente no cristianismo estar associada à figura do Diabo e do pecado original, em outras mitologias e religiões esses animais costumam ser cultuados por sua capacidade de regeneração e renovação. Ao tirar sua pele e sair do esconderijo da casca morta, rejuvenescida, brilhante e fresca, ela é um símbolo universal da imortalidade. Além disso, no Oriente Médio a cobra é considerada uma antiga divindade ligada ao conhecimento e à sabedoria. Também exerce muitas vezes o papel de guardiã de segredos, como na mitologia grega. Já na mitologia pré-colombiana, que podemos imaginar mais próxima dos tupis, a serpente era um símbolo social e religioso muito importante, venerada pelos povos maias. A mitologia maia descreve a serpente como um veículo pelo qual corpos celestiais, tais como o sol e as estrelas, atravessavam os céus. A serpente era onipresente na cultura maia, e prevalecia nos cultos de cerimônias sangrentas, nas práticas de religião, em objetos pessoais, na cerâmica e na arquitetura. O culto da serpente se consolidou como o método pelo qual ancestrais ou deuses se manifestavam aos maias. Assim, a cobra era um elo direto entre o reino espiritual e o mundo físico.

É ainda do padre Anchieta a prova de como as cobras eram percebidas e temidas na mitologia tupi. Temos nessa mesma carta de São Vicente (1560) o relato mais antigo da entidade tupi do *Mboitatá* (cobra fogo), cujas lendas passaram ao folclore brasileiro. Hoje a história do boitatá é contada para as crianças como a cobra mágica que protege as florestas do homem. Contudo, como revela a carta de Anchieta, o *boitatá* era temido pelos tupis como um fogo que aparecia de repente junto a praias e rios como um "facho cintilante correndo daqui para ali" e os perseguia para "rapidamente os matar, assim como os curupiras".[48]

Não foi à toa que o mais importante líder tupi presente na fundação do Rio de Janeiro tenha escolhido para si o nome de uma cobra. Apenas por esse fato é possível inferir que Arariboia tivesse profundo conhecimento sobre os poderes físicos e mágicos desse animal. Sabia de sua força na natureza ao observar seu ataque surpresa, as emboscadas preparadas por uma "arara cobra", a rapidez no bote, a precisão da mordida, a pujança com que imobilizava as presas e o sucesso contra animais maiores. Também é provável que admirasse a beleza do animal, as cores verdes vivas, essenciais para a capacidade de camuflagem sob as árvores, o que a tornava uma cobra temida e odiada.

Para um cacique, era importante um nome que causasse impacto e medo em seus inimigos. No universo dos tupis, ser um morubixaba chamado de Arariboia era a confirmação de que aquele guerreiro devia ser respeitado. Inteligente, forte, estrategista, perigoso e certeiro no ataque, capaz de pegar seus inimigos de surpresa e dominá-los em seus pontos vitais até sufocá-los por completo.

Karaíbas e guerreiros tupinambás dançam em busca da vitória contra os inimigos – gravura da obra de Hans Staden, 1557.

DE MARACAJÁ A TEMIMINÓ, DE TUPINAMBÁ A TAMOIO

Um aspecto a ser considerado antes da reconstituição histórica e biográfica da vida de Arariboia é encontrar um ponto de partida para a sua trajetória. Por isso, uma breve antecipação dos fatos e a uma nova análise das teorias e de documentos históricos à luz do nosso tempo são necessárias para se chegar à conclusão sobre esse dado intrigante. Voltemos a uma questão da historiografia sobre Arariboia: onde ele teria nascido? E a que etnia pertenceria?

Apesar de não haver nenhum documento histórico que sirva de prova irrefutável, como uma certidão de nascimento, a quase totalidade de pesquisadores e historiadores que já se dedicaram a estudar a vida de Arariboia, o identifica como natural das terras da Baía de Guanabara e, ainda, como um dos filhos do cacique Maracajaguaçu. Eles seguiram pistas e construíram o imaginário, hoje disseminado, de um Arariboia expulso de sua terra na juventude e que volta adulto para reconquistá-la e vingar seu povo. É um enredo interessante para ao menos não se questionar à primeira vista.[49]

Essa linha de pensamento pressupõe que ele teria nascido na atual Ilha do Governador, ou seja, em uma das aldeias que ficaram conhecidas historicamente como dos maracajás, porque era assim que seus inimigos tupinambás os chamavam.[50] Ele teria nascido nas comunidades que ali existiam antes do recrudescimento da guerra pela posse da Baía de Guanabara, em meados do século XVI. Sabe-se que, por volta do ano de 1555, essas antigas aldeias que pertenciam aos maracajás foram dominadas e ocupadas pelos tupinambás do atual Rio de Janeiro, com auxílio francês. A partir dessa suposta origem de Arariboia, alguns chegam a afirmar que o futuro fundador das cidades do Rio de Janeiro e de Niterói seria filho do cacique dessa tribo, conhecido pelo nome de Maracajaguaçu, o Gato Grande.[51] Tal parentesco é costumeiramente repetido em diversos trabalhos ao longo dos anos, como se fosse uma verdade documentada ou que pertencesse a uma analogia evidente, mas não é.

Sobre a questão do local de seu nascimento, de acordo com as fontes históricas, existem duas hipóteses plausíveis: o Rio de Janeiro ou o Espírito Santo.[52] Isso porque os primeiros documentos sobre a vida de Arariboia são datados de 1562 e 1564 e o revelam já no posto de importante cacique de uma aldeia localizada no Espírito Santo. Então, por que quase ninguém julga que Arariboia teria nascido em terras capixabas? Os historiadores se agarram justamente a algumas passagens desses documentos para afirmar sua naturalidade "carioca".

Essas duas cartas jesuíticas narram a formação de uma nova aldeia às margens do rio Santa Maria, próximo à atual capital do Espírito Santo, mais precisamente na região de Carapina. Essas cartas são consideradas as fontes históricas mais antigas em que é possível encontrar informações sobre a vida de Arariboia.[53]

O cacique dessa nova aldeia era tido pelos jesuítas como um homem "entendido e desejoso de se fazer cristão", e que os in-

38 CAPÍTULO 1 ♦ ARARIBOIA, O MITO

dígenas que ele agregava eram reconhecidos pelos portugueses como parentes daqueles que teriam se exilado no Espírito Santo, fugidos da Guanabara, a partir de 1554.

É o que podemos ver claramente na primeira carta, escrita por comissão do jesuíta Brás Lourenço, em 1562, onde está descrito que "muitos parentes destes/ índios que para aqui vieram do Rio de Janeiro estes anos passados, os quais sempre foram amigos dos cristãos" estavam "misturados com os *tupinaquis*[54] que aqui perto vivem, os quais o capitão Belchior de Azevedo fez mudar para um bom sítio, que está por este rio arriba [Santa Maria], aonde tem muitas e boas terras e estão muito mais à mão e melhor aparelhados, apartados dos *tupinaquis*, para neles podermos fazer fruto".

Ainda sobre aquele principal tão "desejoso de se fazer cristão", afirmou o padre jesuíta que ele já tinha inclusive desbastado o mato e a vegetação de um sítio que o próprio havia escolhido próximo à aldeia "para nos mandar fazer a igreja". Sabemos que o cacique a que se referia o padre Brás Lourenço com tantos elogios é Arariboia, porque em outra carta jesuítica que narra os acontecimentos da capitania do Espírito Santo apenas dois anos depois, ou seja, de 1564, o seu nome está perfeitamente anotado. Nessa última carta, escrita pelo jesuíta Pedro da Costa, está a informação de que existiam duas igrejas em aldeias do Espírito Santo naquela época: uma em homenagem à Nossa Senhora da Conceição, mais antiga, que ficava na "aldeia do Gato", e outra "na aldeia de Arariboi, outra de S. João".[55]

É na carta do padre Pedro da Costa que, pela primeira vez, o nome do célebre guerreiro é escrito e o vemos saltar de documentos históricos. Ele deixa de ser um cacique anônimo "entendido e desejoso de se fazer cristão" e passa a ser tão reconhecido por portugueses e nativos que dá nome à sua própria aldeia.[56] Inclusive o mesmo Pedro da Costa vai informar nesta carta que morava na aldeia de Arariboia porque fora encarregado de servir ali e também de visitar "umas duas ou três aldeias que estão légua e meia ou quase duas da de S. João, para que as visitasse a cada semana, fazendo-lhes a doutrina e batizando os que estivessem em necessidade".[57]

Voltando à primeira carta, percebemos que o jesuíta Brás Lourenço reitera a informação de que a maior parte dos indígenas que formavam aquela nova aldeia eram parentes daqueles que vieram do Rio de Janeiro, ou seja, dos maracajás. Entretanto, também informa que estes tinham se "misturado" com os tupinaquis do Espírito Santo que viviam pelo interior. Por fim, temos a ação do capitão Belchior de Azevedo, que consegue fazê-los "mudar para um bom sítio" para que estivessem mais próximos, "mais à mão e melhor aparelhados" e, principalmente, "apartados dos tupinaquis, para neles podermos fazer fruto".

Os tupinaquis (tupiniquins) do Espírito Santo eram vistos com maus olhos pelas autoridades portuguesas, uma vez que sempre resistiram à colonização. Já haviam atacado colonos em várias ocasiões ao longo dos primeiros anos de ocupação, matando brancos e destruindo suas fazendas – por pouco não dizimaram a Capitania da região do Espírito Santo. Foi com a chegada e por intermédio dos maracajás do Rio de Janeiro, a partir de 1554, que começaram a se aproximar dos *mboabs*[58] de forma mais pacífica.

Seria então Arariboia de origem maracajá ou tupinaqui (tupiniquim)? Do Rio de Janeiro ou do Espírito Santo? Transparece no relato do jesuíta a informação de que uma parte do grupo dos maracajás que teria migrado do Rio de Janeiro se dividiu e buscou outro lugar para viver. Eles se encontraram com outros grupos nativos que os receberam como aliados[59] e acabaram por se integrar a uma antiga aldeia dos tupinaquis, que já existia no interior do Espírito Santo. É crível, portanto, que alguns estudiosos possam imaginar que aqueles "índios do Gato" tenham sido acolhidos por um cacique tupinaqui já em posição dominante anteriormente e, por isso, assim essa poderia ser a origem "capixaba" de Arariboia.

Uma vez misturados e interligados por novas relações de parentesco e aliança, essa comunidade passa então a adquirir nova identidade, que, no contexto do início da colonização portuguesa, podia significar boa oportunidade para minimizar as perdas que sofriam, seja pela escravização, seja pela tomada de suas terras. Por um lado, é uma hipótese bastante peculiar a ideia de um cacique tupinaqui se tornar chefe de nova aldeia de indígenas tardiamente provenientes do Rio de Janeiro. Mesmo que isso seja possível, em tese, não existem evidências que façam menção à origem tupinaqui do principal da aldeia de São João.

Por outro lado, há indícios para se acreditar que o cacique daquela nova aldeia de "Arariboi" tenha surgido do próprio grupo maracajá que o capitão Belchior de Azevedo buscava "apartar" dos temidos indígenas do Espírito Santo. A carta do padre Brás Lourenço ressalta a formação de uma nova aldeia composta majoritariamente por parentes daqueles "índios que para aqui vieram do Rio de Janeiro", mesmo que estes tivessem se misturado antes a outro grupo tribal.

Uma palavra específica contida nesta "primeira carta" também parece confirmar a ideia da origem maracajá de Arariboia. Ao citar as qualidades daquele novo cacique, o jesuíta deixa escapar que ele era um homem "entendido". Uma qualidade genérica, mas que denota uma peculiaridade daquele homem, o fato de que ele, no mínimo, já tinha o "entendimento" sobre a religião dos jesuítas. É possível concluir por essa palavra a informação de que ele já havia tido contato anterior com portugueses.

Pelas ações que lhe são atribuídas na carta, é nítido que o "entendido" Arariboia já teria estado em companhia de outros jesuítas, ou já teria acompanhado essas relações por terceiros; por isso deixava claro ter a vivência necessária para saber como as coisas funcionavam com os lusos, como devia proceder com eles, como se portar e o que oferecer aos padres.

Ele demonstrou grande interesse em se aproximar e manter relações cordiais; manifestou ainda para os jesuítas aquilo que eles mais desejariam ouvir de um principal naqueles anos turbulentos – ele era "desejoso de se fazer cristão". Brás Lourenço escreveu que ele prontamente "os agasalhou com duas galinhas e caça do mato" e que, logo em seguida, mostrou o "lugar que já tinha limpo para nos mandar fazer a igreja".[60] Arariboia se antecipa ao que os padres certamente pediriam quando os manda "fazer a igreja". Portanto, ele só poderia ter esse "entendimento" pelo fato de já ter testemunhado contatos em anos passados, assim como ter sido alvo de catequese e talvez até ter ouvido os sermões que os religiosos da Companhia de Jesus praticavam nas aldeias. É notório que os maracajás foram a tribo mais simpática aos portugueses ao longo da história do Rio de Janeiro, como atesta Brás Lourenço: "sempre foram amigos dos cristãos". Podemos acrescer a essa interpretação o fato de que é o próprio Arariboia, em documento do ano de 1568, que se identifica como "um homem nobre e um dos principais homens do gênero temiminó".[61] Isso ocorre na petição em que as terras da "Banda d'Além", a atual Niterói, onde ele ergueria a aldeia de São Lourenço, são passadas oficialmente a Martim Afonso Arariboia. Era a retribuição por seus esforços ao lado dos portugueses na conquista da Baía de Guanabara.

É na famosa "Carta de Sesmaria de Martim Afonso de Sousa" que aparece a sua petição de terras "para sair com sua gente a repousar de trabalhos passados e por haver quatro anos que andava naquela conquista" concedida pelo governador-geral Mem de Sá "visto ser justo, e havendo respeito ao proveito/ da república". O tabelião, na parte da petição, passa a descrever as palavras que teriam sido usadas pelo próprio Arariboia para requerer aquelas terras.

Antes de começar a contar sua história de ajuda a Estácio de Sá, "que Deus tem", ele começa declarando a sua origem como "um dos principais homens do gênero temiminó". Tal informação é vista pelos historiadores como prova cabal de sua origem maracajá e, por consequência, do Rio de Janeiro.

São assim três evidências que, somadas, permitem que se possa levar a origem de Arariboia para o centro da Baía de Guanabara, nascido e criado nas praias da atual Ilha do Governador, contra apenas uma informação lateral de sua origem capixaba. A primeira delas é o fato de ele aparecer nos primeiros documentos como cacique de uma aldeia formada em grande parte por indígenas que haviam migrado do Rio de Janeiro. A segunda evidência está na informação de que os padres jesuítas o identificam ainda nos primeiros contatos como um "entendido" e ciente do contexto da política religiosa e colonial portuguesa, o que certamente condiz com a longa amizade que os maracajás cultivavam com os portugueses. E a terceira e mais forte evidência é a sua própria afirmação como pertencente ao "gênero temiminó", que, como entende a maioria dos estudiosos, nada mais é do que um sinônimo de maracajá, nome pelo qual os inimigos o chamavam.[62]

Ao concluirmos ser Arariboia um maracajá temiminó, é preciso entender quem eram os temiminós e a sua história. Segundo o conhecimento disponível sobre o tupi antigo, o termo *(t)emiminõ* se refere ao parentesco de "neto". Dessa forma, os *temiminós* seriam os "netos" ou, por extensão, a geração mais jovem, a "nova geração", ou ainda, em outra variante deste nome, eles seriam *tupiminós*, ou seja, "netos de tupi". As informações sobre esse grupo tribal são escassas e se restringem às relações de aliança com os portugueses e inimizade com os tupinambás (tamoios).

Nesse sentido, historiadores acreditam estar diante de uma etnia que se construiu, ou que foi construída, na conjuntura das necessidades da guerra, e que foi elevada a uma posição de destaque justamente por causa dos interesses e motivações tantos dos portugueses quanto dos próprios indígenas. Isso quer dizer que, antes de ser vista como uma etnia tribal, os temiminós ou maracajás nada mais eram do que um dos vários subgrupos tupinambás ou tupis que coexistiram na Baía de Guanabara ao longo dos séculos.

Essa tribo só teria sido elevada à condição de uma "etnia" por sua atuação na guerra de conquista como principais aliados dos portugueses. O mesmo aconteceu com o termo tamoio (*tamũîa*), que passou a predominar na referência às tribos da Guanabara, como legado por vários textos franceses: elas apresentavam-se como tupinambás. O termo "tamoio" significava "os avós" ou "os velhos, antigos" e acabou utilizado para identificar a confederação de variadas tribos que lutavam e resistiam contra colonização portuguesa naquele período. Nesse sentido, é fácil compreender a oposição existente entre grupos de tupis que se dividiram entre os "netos" e "avós", ou melhor, entre "novos" e "velhos", naquele contexto de guerra.

Sobre a hipótese de que tamoios e temiminós eram, na verdade, da mesma origem tupinambá, e que nem sempre, como afirmam alguns cronistas e historiadores, viveram em profunda inimizade e em guerra, existem relevantes evidências. A que mais chama atenção é a constatação de que os maracajás viviam próximos de seus inimigos mais temidos e numerosos, sendo eles, em tese, um grupo menor da atual Ilha do Governador. A proximidade de convivência por si só já evidencia que nem sempre pode ter ocorrido entre as comunidades da Baía de Guanabara uma guerra permanente, e que antes do contato com os europeus as rixas deviam ter sido administradas entre eles, em nome da cooperação contra outros grupos mais distantes, como os goitacazes do interior e os tupiniquins do litoral de São Vicente.

Os relatos de franceses que estiveram entre os tupinambás no contexto da resistência contra os colonos portugueses indicam invariavelmente que os tupinambás tinham os maracajás como principal alvo de suas guerras, sempre ressaltando que estes eram aliados dos "perôs".[63] Contudo, tais relatos são retratos de um tempo em que a conjuntura dos antagonismos entre as tribos já havia sido alterada pelo contato com os europeus, pela conjuntura colonial e pelas alianças que faziam.

Há evidências disso também na crônica do calvinista Jean de Léry, que conviveu com os tupinambás em 1557. Ao descrever uma cerimônia tupinambá com a presença de "quinhentos ou seiscentos selvagens" que não cessavam "de cantar e dançar" e com a presença de "três ou quatro caraíbas [pajés] ricamente adornados", Léry relatou que os indígenas cantavam fraseados que traziam mensagens ancestrais daquele grupo. O francês pediu ao intérprete que "esclarecesse o sentido das frases pronunciadas" e como resposta obteve que eram lamentos pelos antepassados mortos, mas que também celebravam a sua valentia. Além disso, eles se consolavam com a possibilidade de encontrá-los depois da morte "além das altas montanhas onde todos juntos dançariam e se regozijariam". Por fim, segundo Jean de Léry, eles "haviam ameaçado os goitacazes, proclamando de acordo com os caraíbas, que haveriam de devorá-los".[64] Em nenhum momento daquela grande cerimônia, que lembrava os feitos heroicos dos antepassados tupinambás, foi mencionada a rivalidade com os maracajás, de forma que é possível pensar que ela não era tão antiga.

O que se sabe sobre as identidades tupis é que elas se constituíam como grupos guerreiros fortemente solidários e com identidades autônomas. Isso fica claro quando estudamos os nomes das diversas aldeias do Rio de Janeiro.[65] Ou seja, cada aldeia, e às vezes cada maloca ou clã, tinha as suas próprias características e especificidades internas, no sentido de garantir a diferenciação entre os variados grupos guerreiros que existiam. Todos eram ligados por relações de parentesco e/ou alianças que constantemente se fragmentavam e se deslocavam (como as próprias aldeias), e que dependiam do contexto em que eram testadas.

As tribos tupis não constituíam unidade social e política estável. Os grupos se articulavam com outros clãs e outras aldeias de forma flexível e de acordo com as circunstâncias do momento, misturando-se e dividindo-se.[66] Grande parte das decisões eram colegiadas, tomadas em conselhos compostos pelos anciões e pelos principais indígenas de todas as malocas de uma aldeia ou de várias aldeias aliadas. Até que ponto os temiminós seriam realmente um grupo étnico constituído ou apenas um dos muitos grupos de tupinambás ou tupis que, no momento do encontro com os portugueses, estava em rixa com os vizinhos?[67] Até que ponto se beneficiaram do crescimento de antagonismos tribais por conta do encontro e da amizade que detinham com os portugueses?

Há uma pista concreta para tais questões no depoimento que dá o próprio Maracajaguaçu ao buscar ajuda para sua gente no Espírito Santo, em 1554. A princípio, os colonos portugueses se recusaram a enviar a missão de resgate, pedida com urgência por aquele principal, alegando que as terras de onde ele vinha pertenciam à capitania de São Vicente. É na carta do jesuíta Luís da Grã, que estava no Espírito Santo em 1555, onde constam essas informações. Ele, então, relata que Maracajaguaçu não havia pedido ajuda naquelas partes por "serem contrários também os índios São Vicente".[68] Os indígenas do litoral do atual estado de São Paulo eram chamados de tupiniquins e, de acordo com as informações históricas, eram adversários dos tupinambás do Rio de Janeiro. Parece ser essa a clara razão da procura específica de Maracajaguaçu pelos portugueses no Espírito Santo, uma vez que, para os grupos tupis de São Vicente, eles eram identificados como pertencentes aos grupos de inimigos tupis do Rio de Janeiro, e não como uma etnia à parte, independente. Essa informação também exclui por completo certa teoria que identificaria os maracajás temiminós como um grupo de tupiniquins.[69]

Por último, há ainda um detalhe expresso em carta de José de Anchieta de 1565. Nela o nobre jesuíta relata a frustrada tentativa de chegada da expedição de Estácio de Sá à Baía de Guanabara no ano anterior e faz citação direta a uma ação de Arariboia, "que ficou registrado, na história do tempo, como Martim Afonso Arariboia". Diz Anchieta que aquele principal dos temiminós estava na companhia de Estácio de Sá para "o ajudar a estabelecer-se na terra dos tamoios, convencendo os seus irmãos de raça a confiarem na amizade pacífica que lhe ofereciam os portugueses".[70] Atente-se para a forma como Anchieta descreve a relação entre Arariboia e os tamoios: seriam eles "irmão de raça". Junte-se a isso a informação de que José de Anchieta era talvez o mais profundo conhecedor da língua e das peculiaridades que existiam entre as tribos tupis naquele momento. Ao declarar que Arariboia era um "irmão de raça" dos tamoios, Anchieta deixa uma pista de sua verdadeira origem tupinambá.

Mesmo que essa possa ter sido uma referência geral ao pertencimento ao grupo tupi, ou mesmo à categoria genérica dos indígenas, inventada pelos europeus, é de se espantar que esse relato não apresente, temiminós e tamoios como eternos inimigos e irreconciliáveis inimigos.[71] É a percepção do venerável padre José de Anchieta a prova mais sólida que se possa ter sobre a ideia de que os maracajás, na verdade, eram apenas um dos muitos grupos tupinambás e/ou tupis que existiam na Baía de Guanabara antes da chegada dos europeus, e que só alcançaram o reconhecimento devido à sua colaboração com as autoridades coloniais portuguesas.

O FILHO DO GATO?

Ao aceitar a tese da origem maracajá do herói da conquista da Baía de Guanabara, alguns costumam emplacar outra teoria: qual seja, de que Arariboia seria um dos filhos de Maracajaguaçu, o grande chefe maracajá. O problema dessa afirmação é que não existe elemento que a prove. Ao contrário, existem muitos que a negam. De certa forma, é até espantoso que tantos historiadores e estudiosos reproduzam essa lenda.

O primeiro elemento contrário à filiação de Araribóia e Maracajaguaçu está no relato de uma carta de 1558: segundo o padre jesuíta Francisco Pires, todos os filhos do líder dos "índios gatos" foram batizados e receberam nomes cristãos nesse ano.[72] O padre conta que o governador e donatário da capitania do Espírito Santo, Vasco Fernandes, queria que Maracajaguaçu "tomasse o seu nome e sua mulher o de sua mãe e seus filhos os nomes dos seus, e assim os pôs cada um, e assim assentamos em batizá-lo para a festa do Espirito Santo".[73]

Essa carta, inclusive, contém o nome de um dos filhos de Maracajaguaçu, talvez o mais importante deles e que já havia sido batizado: Sebastião de Lemos, "o filho do Gato". Lemos tem seu casamento com uma mulher indígena celebrado pelos padres em janeiro daquele ano, com toda pompa e padrinhos entre os mais importantes portugueses residentes no Espírito Santo. Contudo, este maracajá, conforme relato do padre na mesma missiva, veio a falecer apenas quatro meses depois de seu casamento, vítima de uma das muitas epidemias que exterminavam os nativos devido à falta de anticorpos. Assim, o filho mais conhecido do cacique Maracajaguaçu já não era mais vivo no fim da década de 1550 e, segundo o padre Francisco Pires, morreu sendo "mui bom cristão, nomeando muitas vezes o nome de Jesus". Como é possível inferir das fontes, Maracajaguaçu, o "Gato Grande", não tinha mais um primogênito de importância para herdar seu *status* de liderança entre os guerreiros do Rio de Janeiro que o haviam acompanhado ao Espírito Santo.

Também é conhecido o nome em tupi de um outro filho de Maracajaguaçu. Segundo o então irmão Antônio de Sá,[74] ele se chamaria Manemoaçu, cuja tradução em tupi seria "o grande fraco ou pouco capaz/ o grande covarde". O nome teria relação com a história que o religioso conta deste indígena que ainda não tinha conseguido se livrar dos "demônios" que perseguiam os tupis em noites de tempestades. Diz ele que Manemoaçu estava "mui doente na aldeia da vila e estando ele assim, numa noite de grande tempestade, o tomaram os demônios em corpo, e com grande estrondo o levaram arrastando e maltratando". Donde apreendemos que Manemoaçu devia ser assim chamado por não ser um filho valente como se esperava dos homens tupis e neste caso, também obediente aos cristãos, a exemplo do próprio pai e de seu irmão morto um ano antes. Atormentado pela doença e pela tempestade, Manemoaçu fugiria aos gritos da vila, embrenhando-se pelos mangues e matas e só voltaria três dias depois contando histórias de como os demônios o haviam maltratado.

Em relação a Arariboia, este não era filho nem mesmo parente de Maracajaguaçu, pois na primeira referência histórica ao seu nome, que consta da carta do jesuíta Brás Lourenço de 1562, este cacique era ainda "desejoso de se fazer cristão". Ou seja, ele ainda não havia sido batizado e não tinha nome cristão, como os filhos de Maracajaguaçu haviam recebido quatro anos antes. O batizado de Arariboia e a sua nomeação como Martim Afonso de Sousa só irão acontecer após o testemunho de Brás Lourenço.

Ao mesmo tempo, no próprio documento nenhuma referência é feita à filiação entre os dois caciques, cujas aldeias eram próximas e de nativos aparentados. Informação que certamente não escapava aos padres, uma vez que é comum nas cartas dos religiosos menções ao parentesco de filhos e irmãos de um cacique, em especial de Maracajaguaçu, dada a sua importância estratégica no contexto da colonização do Espírito Santo e do Rio de Janeiro. Ainda pela carta de 1558 do padre Francisco Pires, ficamos sabendo que pouco tempo após a migração para o Espírito Santo os diversos clãs guerreiros, aliados ao grupo dos maracajás no Rio de Janeiro, começaram a se fragmentar, como ocorreu também com o próprio grupo de Arariboia que se relaciona com tupiniquins do interior. Segundo o padre Francisco, mesmo parentes de Maracajaguaçu buscavam outros caminhos. Diz ele que os indígenas comandados por "Cão Grande, um dos irmãos do Gato, mudou-se de sua terra para Guarapari, daqui 6 léguas".[75]

Além disso, era comum a existência de outros principais do Rio de Janeiro por essa época no Espírito Santo, e não só de familiares de Maracajaguaçu. Na carta de Antônio de Sá já citada, são revelados outros três caciques que não tinham qualquer parentesco com o líder dos maracajás. Um era nomeado por Gaspar, "batizado pelo padre Francisco Pires", já outro ficou conhecido como Matanim, elogiado pelo irmão Antônio por ser "um doutor entre os seus, e o que mais compreende no juízo o que lhe dizem e muito melhor que muitos cristãos brancos". Também é citado outro grande cacique, que era muito "afamado do Rio de Janeiro e que havia sido principal de quatro aldeias", chamado pelos padres por seu nome de batismo: Gonçalo. Como revelam as fontes históricas, outros caciques do Rio de Janeiro também haviam migrado para o Espírito Santo nessa época, e não apenas o grupo liderado por Maracajaguaçu.

Em uma outra carta escrita do Espírito Santo[76] naqueles anos, encontramos uma pista que pode ser de Araribóia. Os religiosos relatam que as indígenas idosas não queriam ser batizadas, em plena mortandade epidêmica, pois acreditavam que a água do batismo seria a causadora daqueles males, uma vez que os padres tinham o hábito de batizar todos aqueles que estavam prestes a morrer. Estando então uma idosa bastante doente, ela não aceitava o batismo e influenciava outros da aldeia contra os padres, até que os religiosos decidiram convocar um indígena "seu parente que lhe viesse falar; o qual é fervente e desejoso de ser cristão e já bem instruído dos Padres, e falando à velha da morte e paixão de Nosso Senhor, alevantou-se na rede e disse que a batizassem". Para felicidade dos padres, ela foi glorificada à fé católica e acabou se salvando daquela chaga "para matar a imaginação das outras".

É curiosa a forma como esse homem é indicado como sendo "fervente e desejoso de ser cristão" na carta, provavelmente escrita em 1559. É assim que encontramos a primeira referência a Araribóia, ainda anônima, na carta de Brás Lourenço, em 1562, na qual o religioso diz que ele, Araribóia, era "entendido e desejoso de se fazer cristão". Este parente da teimosa idosa, sabedor da Via Crúcis e dos pormenores da Paixão de Cristo, bem poderia ser o mesmo cacique. Afinal, quem mais poderia convencer uma respeitada mulher idosa, que vai aparecer anos mais tarde, nos relatos dos padres do Espírito Santo, limpando o terreno para a igreja? Pouco tempo depois ele será um devoto guerreiro e o principal mais celebrado de todos os tempos coloniais. Ao que parece, não era mesmo filho de Maracajaguaçu. Arariboia tinha linhagem própria.

O FALSO AFOGAMENTO

Durante muito tempo, acreditou-se que o nobre cavaleiro da Ordem de Cristo, Martim Afonso Arariboia, teria sido vítima de uma tragédia climática no Rio de Janeiro. Há mais de duzentos anos, propagou-se uma tese histórica de que ele teria morrido num naufrágio em plena Baía de Guanabara. O último suspiro do já combalido líder dos temiminós teria sido uma busca desesperada por ar entre enormes ondas.

O autor de tal suposição publicou um perfil biográfico de Arariboia no ano de 1842 e, no desconhecimento real de seu fim, achou por bem repassar uma história oral que corria entre o povo da Guanabara. Segundo essa lenda, o grande cacique Arariboia teria passado para a eternidade ao afogar-se no mar. Para um escritor do século XIX, a falta de uma informação documental poderia ser substituída por uma lenda passada à boca miúda. Assim, a hipótese do afogamento só teria sido possível porque a tragédia teria ocorrido à vista de muitas testemunhas. Após 250 anos, essa história oral teria sido capaz de ser repassada para se chegar até o lugar exato onde o fato supostamente aconteceu. Populares teriam visto a canoa do adorado guerreiro, e tão fundador da cidade de São Sebastião do Rio de Janeiro quanto Estácio de Sá, simplesmente virar próximo da ilha do Mocanguê, junto à baía da aldeia de São Lourenço. Possivelmente, isso ocorreu em uma de suas muitas travessias para o Rio de Janeiro, para onde Arariboia costumava ir se consultar com as autoridades.

Para quem gosta de conhecer esses locais funérios, é possível nos dias de hoje admirar a ilha de uma forma bastante privilegiada: basta cruzar a ponte Rio–Niterói. O local do naufrágio se coloca à esquerda de quem desce de carro o enorme vão central em direção a Niterói. Da ponte, é fácil identificar o lugar, atualmente ocupado pela Base Naval do Rio de Janeiro e seus submarinos. Nos tempos da aldeia de São Lourenço, por ali existiam duas belas ilhas repletas de áreas para plantio de mandioca. Nas bordas dessas ilhas existiam muitas pedras e pequenas praias onde era possível aportar. Certamente, um local de descanso de canoas e pequenos barcos antes de seguirem para as terras da Banda d'Além.

Com base na teoria de que Arariboia teria se afogado, é possível imaginar um enredo de muito azar para o nobre guerreiro que, como todos os tupis, devia ser um exímio nadador. Talvez uma grande tempestade o tivesse pego desprevenido a navegar nas águas mansas da baía que, subitamente, encresparam de tal forma que foram capazes de derrotar um legítimo guerreiro tupi na arte de vencer as ondas do mar. Mesmo já idoso, não teria sido Arariboia capaz de nadar até a ilha ou se agarrar a uma pedra? Um destino inglório para quem teria ficado famoso no reino e agraciado pelo rei de Portugal justamente por, entre outras proezas, salvar do afogamento o primeiro governador do Rio de Janeiro, Salvador de Sá.

Nem esse currículo impediu que, no ano de 1842, o cônego Januário da Cunha Barbosa publicasse essa teoria na primeira resenha biográfica de Arariboia da História.[77] O texto é reflexo de seu tempo com a quase ausência de informações mais detalhadas sobre nosso personagem. Este religioso e influente intelectual do Primeiro Reinado não conseguiu produzir mais de duas páginas sobre o biografado e gastou boa parte delas citando trechos da obra do jesuíta Simão de Vasconcellos e do tenente Antônio Duarte Nunes.

A tragédia de Arariboia é narrada sobriamente na última e derradeira linha desta primeira tentativa de se fazer uma "biographia de Ararigboya". Nascido no Rio de Janeiro, amigo de d. Pedro I e defensor da Independência do Brasil, o cônego escreve sem detalhar informações ou fontes: "Este esforçado Índio morreu desastrosamente afogado junto a Ilha do Mocanguê".[78] Na mesma página, ao abordar outra questão em uma nota de rodapé, volta a reafirmar: "Ararigboya morreu, como se sabe, afogado junto a Ilha do Mocanguê". Como se sabe? Infelizmente, o sacerdote se esqueceu de informar. Só podemos, então, inferir que foi por ouvir dizer. Em 1842? Uma vez impressa, resguardada para eternidade e disponível à consulta para todo o sempre, esse texto curto e, de certa forma despretensioso do renomado Cunha Barbosa, na falta de mais informações ou estudos, tornou-se referência para historiadores e interessados no tema.[79]

Na virada do século XX, ainda era corrente a tese de que Arariboia havia se afogado na Guanabara. No entanto, cerca de sessenta anos depois já não se tinha mais tanta certeza do ponto exato do afogamento. Como afirmou José Vieira Fazenda, cronista da história carioca do início do século XX, ao publicar artigo biográfico "Araïboia" no periódico *A Notícia*: "Faleceu afogado, conforme uns, perto da Ilha de Mocanguê-Mirim, e, no dizer de outros, junto à Ilha do Fundão". A afirmação torna o enredo ainda mais surpreendente ao pensarmos que um homem tão importante tenha passado tanto tempo histórico afogado em águas calmas e protegidas, sem que ninguém o tivesse podido resgatar ou socorrer a bem da verdade.

Uma nova informação trazida diretamente dos escaninhos das bibliotecas de Portugal começa a desvendar esse mistério. Por volta de 1920, chegam ao Rio de Janeiro as primeiras cópias da biografia de José de Anchieta, escrita pelo padre Pero Rodriguez entre 1605 e 1609. O testemunho de Pero Rodriguez tem a validade de uma fonte primária sobre os acontecimentos da segunda metade do século XVI e, em particular, sobre aspectos da vida de Arariboia. Embora de cunho religioso e com o intuito de preparar a canonização do "Apóstolo do Brasil", a obra escrita por esse contemporâneo de Anchieta tem imenso valor histórico.

É no tocante ao óbito de Arariboia que temos a principal notícia desse documento, que só veio a ser editado no Brasil, pelo historiador Eduardo Prado, em 1955. Rodriguez afirma que "o índio Martim Afonso" faleceu acamado e cercado pelos parentes. Em um capítulo dedicado exclusivamente a relatar a sua morte e testamento, Pero Rodriguez documentou que Martim Afonso recebeu "os Sacramentos e a Santa Unção" antes de fechar os olhos. Como os bons caciques, teve tempo ainda de fazer um discurso de despedida colocando sua vida em retrospecto, antes de agradecer ter sido honrado por Deus ao ter "uma morte sem dores e tão quieta". Dessa maneira, conclui o jesuíta, "deu sua alma a Deus, com muita consolação sua e edificação dos presentes". Pero Rodriguez não menciona a causa tampouco precisa a data da morte daquele "cujo esforço confessaram os Capitães portugueses ser tão levantado, que sem ele nunca se tomara o Rio de Janeiro".[80] Tal carência de informações básicas fizeram com que esse dado de Rodriguez não fosse totalmente aceito. Os historiadores Rodolfo Garcia e Capistrano de Abreu foram os primeiros a registrar a não conformidade dessa nova informação com a deixada por Cunha Barbosa, entretanto não fizeram juízo de valor sobre qual seria a mais confiável.

Essa dúvida permaneceria mais algumas décadas até que outro jesuíta português, já em meados no século XX, voltasse a remexer nos arquivos da Cúria, em Roma. É o autor da monumental obra em dez volumes sobre a história da Companhia de Jesus, o padre Serafim Leite, que descobre um documento irrefutável e enterra de uma vez por todas a tese do afogamento improvável de Arariboia. Leite apresenta uma carta jesuítica ânua (anual), procedente do Rio de Janeiro de 1589, anônima, que relata uma grave epidemia de doenças ocorrida naquele ano.[81] Muitos teriam sobrevivido, mas "infelizmente outros sucumbiram, e foi do número destes Martim Afonso, guerreiro ilustre e de insigne memória nos sucessos daquela costa". Continua a carta anotando em seu epitáfio sua condição de herói ao dizer mais uma vez ter sido ele "a causa de que os portugueses tomassem essa cidade (Rio de Janeiro) e outras povoações. [E por isso] El rei d. Sebastião nomeou-o cavaleiro da Ordem de Cristo".

Por último, a carta ânua jesuítica de 1589 ratifica o depoimento deixado por Pero Rodriguez quanto à cena da sua morte e o seu testamento ao afirmar que "não foi menor o seu zelo pela religião, o que bem mostrou não só durante a vida, depois que se batizou, mas sobretudo a hora da sua morte". Essa última frase leva a crer que sua morte foi cercada por toda a liturgia religiosa, de parentes e amigos, o que alguém da importância de Arariboia havia de merecer em sua despedida final. Arariboia, no máximo, foi afogado nas lágrimas dos seus entes queridos e dos jesuítas, seus amigos.

☉ NASCIMENTO PÓSTUMO

É preciosa a informação descoberta por Serafim Leite. Ao apresentar um documento histórico que aponta 1589 como o ano da morte de Arariboia, ele abriu o caminho para "uma conta" mais confiável em relação aos anos de vida do nobre guerreiro e, finalmente, à estimativa mais confiável sobre o ano em que teria nascido, uma tarefa inglória que sempre ocupou a cabeça dos historiadores. Sabendo-se o ano em que ele teria falecido, temos uma pista importante para se pensar em que ano o "Arara Cobra" teria vindo ao mundo.

Para isso, é necessário levar em conta outra informação importante – a primeira ocorrência de Arariboia nas fontes históricas ocorre no ano de 1562. Na carta do jesuíta Brás Lourenço, ele é apresentado como um novo cacique, de uma aldeia também nova, de indígenas originais do Rio de Janeiro e que haviam se misturado com outros no interior do Espírito Santo e, uma vez convencidos pelos padres e por um capitão português, decidem mudar-se para mais perto da cidade.[82] Portanto, Arariboia já era morubixaba de sua própria aldeia por essa época, dado relevante para considerações a respeito de sua idade.

A organização social dos tupis era mantida por uma espécie de gerontocracia, ou seja, o poder decisório pertencia aos mais velhos, que eram respeitados por sua sabedoria, exemplos de vida e conhecimento da tradição. Isso é uma marca bastante evidente nos estudos das tribos tupis quinhentistas, onde se verifica a formação do "conselho dos chefes", que transcendia os limites das famílias e das aldeias. No "conselho" se reuniam os mais velhos, os morubixabas mais importantes e todos os homens considerados experimentados, "os abás ou avás". Nesta reunião, que contava com a fumagem coletiva de tabaco, os espíritos eram invocados e os mais importantes assuntos eram debatidos e decididos, muitas vezes na presença de um pajé.

Um líder morubixaba não seria propriamente um jovem; pelo contrário, precisava ser um homem bem adulto, carismático e experiente em batalhas. Ou seja, um indígena já bem vivido e testado na sua valentia. Segundo a milenar tradição tupi, somente homens com mais de quarenta anos chegavam a esse estágio de liderança nas sociedades tupinambás. Portanto, só podemos conceber que em 1562 Arariboia deveria estar próximo da idade que em geral os chefes de novas aldeias começavam a exercer o comando. Ou seja, ele teria em 1560 pouco mais de quarenta anos de idade. Isso se coaduna com o papel desempenhado pelo líder dos temiminós nos acontecimentos belicosos do cerco e tomada do Rio de Janeiro, entre 1560 e 1570. Um homem velho, passado dos cinquenta ou sessenta anos, não teria sido capaz de impressionar os capitães portugueses a ponto de afirmarem ser Arariboia naqueles anos "tão levantado, que sem ele nunca se tomaria o Rio de Janeiro".[83] Por ser já um ancião, Maracajaguaçu não participou das batalhas da Guanabara, permanecendo no Espírito Santo durante aqueles acontecimentos.

Se Arariboi, como escreveu o padre Pedro da Costa, tinha por volta de quarenta e poucos naquele no ano de 1564, quando seu nome foi apontado pela primeira vez, é então coerente pensar na probabilidade que ele tenha nascido por volta do ano de 1520.[84] Essa é a última informação necessária para contar sua história, a descoberta – ou melhor, uma suposição confiável – de que ele provavelmente nasceu em 1520, quando a visita e a convivência com europeus começaram a se tornar cada vez mais frequentes.

Quando Arariboia nasceu, o mundo em que seus pais e antepassados haviam vivido e nascido já não era mais o mesmo. O filho deles viveria a primeira geração de *kunumĩmirĩs*, que veriam desde pequenos homens bastante diferentes dos seus parentes e que sempre chegavam em grandes canoas. O pequeno Arara Cobra veria ao longo da sua vida "um modo de viver" e "entender o mundo" completamente transformado, na medida em que chegavam até eles aqueles que a princípio acreditaram ser grandes "caraíbas". Esse *kunumĩ* não conheceu a Guanabara sem a presença constante dos brancos barbudos.

A plenitude de sua vida adulta foi marcada pelo encontro com os padres jesuítas, que o encantaram com suas histórias. Soube aproveitar-se como nenhum outro nativo da amizade que construiu com os que vinham para ficar. Mais do que isso, fez valer o seu lugar na construção daquela nova sociedade. Foi um homem em constante transformação e que participou dos acontecimentos mais grandiosos do seu tempo como protagonista. Desempenhou papel determinante para a história do lugar onde nasceu e de seu povo e, por que não, da sua pátria em nascimento. Passou dos sessenta anos de idade, o que se pode considerar uma proeza em época tão mortífera. No leito de morte, ao ver o longo caminho até o lugar onde os seus antepassados viviam, teve tempo ainda de anunciar uma filosofia e um credo tão "antropofágicos" que até hoje têm inspirado nossa forma de viver e ver o mundo a partir desse lugar de capricórnio.

NOTAS → CAPÍTULO 1

1 ▸ Termo usado por frei Vicente de Salvador (1567-1636), jesuíta brasileiro, que escreveu a primeira História do Brasil. Na obra terminada por volta de 1627, ele chama Arariboia de "valoroso índio", expressão repetidamente citada desde então para descrever esse importante cacique. *A História do Brasil*, 1918, p. 197.

2 ▸ Perspectiva defendida pelo historiador Luiz Felipe de Alencastro em *O trato dos viventes*: Formação do Brasil no Atlântico Sul, 2000. O Rio de Janeiro constituiria ponto geopolítico estratégico na formação do processo colonial brasileiro e seus desdobramentos econômicos, sociais e culturais por todo o "Atlântico Sul", incluindo a África e a região do Rio da Prata.

3 ▸ Formas gráficas encontradas na obra de Francisco de Adolfo Varnhagen, *História do Brasil*, 1854, p. 296 e 305.

4 ▸ Forma preferida por José Vieira Fazenda, um dos maiores cronistas da História do Rio de Janeiro, e que viveu no século XIX. Ele escreveu um único artigo sobre Arariboia, de pouco mais de seis páginas, cujo título mostra sua preferência etimológica: "Araïboia" (VIEIRA FAZENDA, *Antiqualhas e memórias do Rio de Janeiro*, 2011, tomo II, p. 22).

5 ▸ Tese de Theodoro Sampaio sobre o significado do nome de Arariboia (VIEIRA FAZENDA, 2011, v. 2, p. 23). Os estudos de Theodoro sobre o tupi se encontram defasados em relação a pesquisas mais recentes.

6 ▸ Interpretação ainda adotada por autores contemporâneos, como o próprio Luiz Carlos Lessa em seu romance *Arariboia, o cobra da tempestade*, 1991.

7 ▸ Segundo Januário da Cunha Barbosa, primeiro "biógrafo" de Arariboia, *Revista do IHGB*, 1924, p. 207.

8 ▸ Fernão Cardim, *Tratados da Terra e gente do Brasil*, 1939, p. 358.

9 ▸ "Arte de Gramática da Língua mais Usada na Costa do Brasil", impressa em Coimbra em 1595, de José de Anchieta, é a primeira gramática contendo os fundamentos da língua tupi. Era usada desde muito antes em cópias feitas à mão para o ensino da língua tupi aos jesuítas que vinham ao Brasil. Hoje se encontra acessível para leitura.

10 ▸ Segundo Theodoro Sampaio (apud VIEIRA FAZENDA, op cit., p. 510).

11 ▸ Carta do padre Pedro da Costa, que viveu no Espírito Santo durante os anos 1560 e que dá notícia de uma aldeia cujo cacique tinha esse nome. "Carta que escreveu o padre Pedro da Costa do Espírito Santo aos padres e irmãos da casa de S. Roque, de Lisboa, ano de 1565", em *Cartas avulsas*,1887, p. 457. Pedro da Costa nasceu em 1529, na Portela de Tamel (Minho), e entrou na Companhia de Jesus no Brasil em 1556. "Não tinha estudos fora do mínimo requerido para padre, mas em compensação sabia admiravelmente a língua brasílica e era dotado de prudência e zelo dos índios, de que foi, durante a longa vida, santo missionário. Faleceu na Baía a 26 de maio de 1616." Descrição de Serafim Leite, *Monumenta Brasiliae* v. IV, 1960, p. 79.

12 ▸ Gonçalo de Oliveira é um dos principais participantes do conflito da Guanabara e um dos fundadores do Rio de Janeiro, ao lado de Estácio, Araríboia, e outros. Enquanto José Anchieta volta à Bahia em busca de reforços um mês após o desembarque no ano de 1565, é o padre Gonçalo de Oliveira que fica ao lado dos combatentes dentro da paliçada portuguesa estabelecida na várzea entre o Cara de Cão e o Pão de Açúcar. "Carta do Padre Gonçalo de Oliveira a São Francisco de Borja, escrita do Rio de Janeiro em 21 de maio de 1570" (*Boletim Internacional da Bibliografia Luso-Brasileira*, 2015, p. 286).

13 ▸ Aimberê é descrito especialmente nas cartas do padre Anchieta, que relatam as negociações de paz realizadas com os tamoios em Iperoig (Ubatuba) em 1563 (*Cartas jesuíticas III* – Cartas, informações, fragmentos históricos e sermões, 1933, p. 238). Sob o ponto de vista da etimologia e dos estudos de linguística sobre o tupi antigo, o significado de Aimberê ainda é uma incógnita.

14 ▸ O professor de tupi Eduardo de Almeida Navarro acrescenta: "Tal etimologia não parecerá estranha se lembrarmos que há o termo *kambeba* (kama + peb + a: seio achatado), que designa uma mulher estéril" (2013, p. 558). Essa explicação ainda não é pacífica para alguns especialistas. Outras hipóteses já foram aventadas, como a derivação do termo "*cuimbaé-bebé*", valente voador, e ainda *kunhambeba* ser o nome de um tipo de urubu (abutre), como especulou, de maneira figurada em seus textos, o cronista francês André Thevet (2009, p. 29).

15 ▸ *A Cosmografia Universal* (2009, p. 87).

16 ▸ A tradução de Pindobuçu é, de fato, Palmeira Grande. Folha em tupi é *oba*, como na palavra maniçoba.

17 ▸ *Viagem à Terra do Brasil*, Jean de Léry, 1941.

18 ▸ Além de citar várias aldeias, Jean de Léry ainda organiza duas listas de aldeias tupinambás do Rio de Janeiro quinhentista. Um estudo detalhado sobre as aldeias se encontra em *O Rio antes do Rio* (SILVA, 2015).

19 ▸ Léry (1941, p. 255).

20 ▸ O nome do cacique cujo significado ainda é uma incógnita é Oyakã. *Ouacan*, no original em francês (LÉRY, 2008, p. 486).

21 ▸ Morubixaba que é citado como sendo um dos principais da aldeia Karióca. A tradução da palavra proposta por Léry tem um problema – a palavra para cabeça em tupi é *akanga*. O termo original, na edição em francês, é *Eapirav i joup*. Jean de Léry (2008, p. 486) escreveu que "*c'est le nom d'un homme que est interpreté, tête à demi pelée, où il n'y a guère de poil*". "É o nome de um homem que é interpretado, cabeça meio descascada, onde nasce pouco cabelo." Seria um apelido para alguém totalmente "careca"? O termo "amarelo" parece ser claro em *joup*, que é "juba", mas não é certo que seja a "cabeça" que aparece com esta qualidade. Léry acerta invariavelmente todas as suas "traduções" e talvez apenas não tenha conseguido transcrever muito bem o tupi. Na falta da clareza etimológica, considero relevante a informação da fonte primária.

22 ▸ *Mossen y gerre* na versão francesa da obra. "Usam dessa expressão quando querem chamar uma feiticeira que é possuída por um espírito mal" (LÉRY, 1941, p. 255). O segundo "cacique" citado na obra de Léry na verdade é uma mulher. A guardiã dos remédios parece ter sido uma curandeira muito procurada e de forte influência social na Guanabara quinhentista. Seu nome aparece em destaque entre os "principais" da terra. Algumas mulheres na cultura e religião tupi também tinham funções premonitórias em determinados rituais. Existem registros históricos de que elas eram levadas nas proas das canoas de guerra para que emitissem alertas de perigo, o que demonstra que mulheres na cultura tupi também podiam exercer papéis importantes e de liderança.

23 ▸ Existia uma aldeia de mesmo nome nas listas de Jean de Léry, sendo esta a segunda do lado esquerdo da baía, próxima ao litoral e localizada logo após a aldeia da Karióca, e mais tarde também com uma referência ao seu nome no subúrbio do Rio de Janeiro, precisamente Vaz Lobo e Madureira. Contudo, ao citar os principais caciques do Rio de Janeiro na mesma obra, o líder Guiraguaçu é mencionado por Léry como o maioral da grande aldeia de Ocarantin (Ocara Branca), que ficava no interior (provavelmente na atual Zona Oeste) e distante dez léguas da atual ilha de Villegagnon. É provável que ele tivesse influência sobre essas duas aldeias. Era comum grandes caciques exercerem poder sobre mais de uma aldeia por relações de parentesco.

24 ▸ A citação do nome desse morubixaba é a prova de que seus membros muitas vezes tinham seus nomes ligados às próprias aldeias. Takuarusu ("Taquarão" ou o Grande Taquara) é mencionado como maioral da aldeia de Takuarusutyba (Taquaral), provável origem do nome do atual bairro da Taquara na Zona Oeste do Rio de Janeiro.

25 ▸ Sobuêruçu (*Soouar-oussou*) – como na versão francesa da obra de Léry (2008, p. 487) – é um cacique cujo nome é explicado pelo próprio autor como "grande folha caída". Sob o ponto de vista da etimologia e do conhecimento atual sobre o tupi antigo, a grafia moderna seria "Sobuêruçu". O seu sentido é mesmo "folha grande caída".

26 ▸ Marakaguaçu era o Maraká Grande, o instrumento religioso que se assemelha a um chocalho e que era utilizado ritualmente pelos pajés para a comunicação com os espíritos ancestrais. Acredita-se, portanto, que esse maioral também devia exercer tarefas religiosas e rituais como aquelas que eram confiadas aos pajés e caraíbas. Tal nome indica grande atuação religiosa desse indígena, provavelmente, o maior pajé da época.

27 ▸ Outro caso de cacique identificado cujo nome aparece como sendo também o de uma aldeia. O Maracujá Grande tinha sua aldeia próxima ao atual litoral do centro de Niterói (SILVA, 2015, p. 205).

28 ▸ *Moendy* (*Mae du*), como escrito na versão francesa da obra de Léry (2008, p. 487), é explicado pelo cronista como "aquele que foi queimado pelo fogo de alguma coisa", talvez uma arma de fogo. Em *Moendy*, Léry também traduz corretamente, uma vez que esse termo hoje é entendido como o verbo que usavam para "acender" o fogo (NAVARRO, 2013, p. 288). Outra sugestão para esse nome vem de Eduardo Navarro (2013, p. 103): *Ma'endy* "coisa chamejante", o que corrobora com a tradução de Léry.

29 ▸ O calvinista francês dá pistas para "*Mae-vocep*", como no original (2008, p. 487), e diz que é "coisa meio saída, da terra ou de outro lugar". Parece ser mesmo o termo "*mba'é*", que significa "coisa", mas a palavra também serve para uma "coisa má", como um espírito ou diabo (NAVARRO, 2013, p. 267), o que parece condizer com o epíteto de um chefe guerreiro. O que mais aproxima a segunda parte do termo (*vocep*) em tupi é o verbo *mosê*, que significa "fazer sair, expulsar, enxotar,

despedir, lançar fora" (NAVARRO, 2013, p. 314), o que realmente acaba por confirmar a tradução de Jean de Léry como "coisa meio saída, da terra ou de outro lugar". Seria então o "desenterrado"? Uma "coisa má expulsa" da terra? Certamente um nome bem sinistro para um cacique tupinambá.

30 ▸ Tal nome leva este cacique também a ter alguma relação com a aldeia da Karióca (A casa dos Karió(s) [Carijó(s)]), muito provavelmente também era um de seus principais (LÉRY, 1941, p. 255). O trecho original da edição francesa está assim: "*Kariau-piarre, le chemain pour aller aux Karios*", "o caminho para ir aos carijós", ou, em uma livre interpretação, a "Rota Carijó" (LÉRY, 2008, p. 487). Ainda podemos ter uma tradução possível do termo, "porto do(s) carijó(s)", uma vez que *"pear"* também pode significar "desembarcar". Eduardo de Almeida Navarro, filólogo e especialista do tupi antigo, aceita a etimologia de *"pear"* principalmente como "tomar caminho", mas também como "desembarcar" (2013, p. 375). Da polivalência dos verbos no tupi, algumas dessas questões ficam em aberto. O mais importante a se pensar é que o nome deste cacique fazia referência a uma ação de movimento para ir ou aportar no(s) carijó(s). Creio que a tradução de Jean de Léry ("Rota Carijó") esteja correta.

31 ▸ Todos esses nomes, suas descrições etimológicas e suas respectivas aldeias são apresentados em *O Rio antes do Rio* (SILVA, 2015).

32 ▸ "[...] e existem alguns índios que tomaram tantos nomes e se riscaram tantas vezes que não tem parte onde não esteja o corpo, riscado" (SOUSA, 1879, p. 302).

33 ▸ Às vezes podiam trocar de nome por grandes feitos caçadores, como: a captura e o abate de uma onça. Outras vezes também por quebrar crânios de inimigos enterrados e achados em terras hostis.

34 ▸ *Morubixaba* (*mborubixaba*): a tradução literal é "chefe de gente". Assim eram chamados os caciques tupinambás, o chefe militar da tribo (NAVARRO, 2013, p. 313). Um *morubixaba-uasu* era o "grande cacique", ou o cacique mais importante de uma região com muitas aldeias.

35 ▸ *Okara*, área aberta entre as ocas nas aldeias dos tupis; ocara, pátio, terreiro (NAVARRO, 2013, p. 359).

36 ▸ *Abaêté* – *aba*/homem, *êté*/verdadeiro. "Homem de verdade", verdadeiro, honrado, de bem (NAVARRO, 2013, p. 6).

37 ▸ *Ybyrapema, ivirapema, ivirapeme*, ibirapema, tacape. Era usado nos combates quando a batalha chegava ao clímax, na luta corpo a corpo. Eram cultuados e extremamente bem enfeitados.

38 ▸ *Musurana, muçurana, maçarana*, corda especial tecida e trançada pelos mais velhos e com a qual se amarrava pela cintura o prisioneiro no sacrifício ritual. Podia ser confeccionada de embira ou algodão.

39 ▸ O nome feminino mais conhecido é Bartira (flor), outro é Paraguaçu (rio grande).

40 ▸ Boituva: (*mboîa* + *tyba*) ajuntamento de cobras, Boipeba: (*mboîa* + *peba*) cobra achatada, Boiçucanga (*mboîa* + *usu* + *canga*) esqueleto de cobra grande, Mogi-mirim: (*mboîa* + *y* + *mirim*) rio pequeno das cobras, Mboimirim: (*mboîa* + *mirim*) cobra pequena (NAVARRO, 2013, p. 271, 548 e 586).

41 ▸ Conforme Navarro, 2013, p. 15.

42 ▸ Navarro, 2013, p. 545.

43 ▸ Conforme grafia fonética proposta por Navarro (2013, p. 27). Por último, a

interpretação do significado de Arariboia como "Cobra Feroz" não tem qualquer base etimológica, uma vez que o termo "feroz" em tupi antigo é descrito por palavras que nada têm a ver com "*arari*". Em tupi, o adjetivo "feroz" é transcrito por *poroîukaíba*; *kagûaíba* ou, ainda, *marãmotar* (*marãmotara – nharõ*).

44 ▸ Anchieta, *Cartas, informações, fragmentos históricos e sermões*, 1933, p. 111.

45 ▸ Anchieta diz que algumas espécies de jararacas também eram chamadas de *bóipebas*, isto é, "cobras chatas", porque, quando acuadas, contraíam-se para ficar mais largas. Segundo especialistas, îararaca pode significar em tupi antigo "que envenena a quem agarra", "que tem o bote venenoso" ou ainda "cobra muito má" (ANCHIETA, *Cartas, informações, fragmentos históricos e sermões*, 1933, p. 113).

46 ▸ Anchieta, *Cartas, informações, fragmentos históricos e sermões*, 1933, p. 114.

47 ▸ Anchieta, *Cartas, informações, fragmentos históricos e sermões*, 1933, p. 115.

48 ▸ Anchieta, *Cartas*, fragmentos...,1933, p. 128. Trecho completo da citação ao *mboitatá*. "Há também outros, principalmente nas praias, que vivem a maior parte do tempo junto do mar e dos rios, e são chamados 'baetatã', que quer dizer 'cousa de fogo', o que é o mesmo como se se dissesse 'o que é todo fogo'. Não se vê outra cousa senão um facho cintilante correndo daqui para ali; acomete rapidamente os índios e mata-os, como os curupiras: o que seja isto, ainda não se sabe com certeza".

49 ▸ Existe tamanha quantidade de obras que repetem essas "verdades" já estabelecidas sobre a vida de Arariboia que parecem não se dar conta, como afirma a historiadora Maria Regina Celestino de Almeida, de que "os documentos lacunares e contraditórios, não nos permitem, evidentemente, acompanhar *pari passu* a trajetória dos temiminós, tampouco a de Arariboia" e sentencia, "sobre esse último, principalmente, as controvérsias são inúmeras". *Metamorfoses indígenas*, 2013, p. 72.

50 ▸ *Marakaîâs*, maracajá (NAVARRO, 2013, p. 261). Quer dizer o gato do mato, aparentado da jaguatirica, e que existia em abundância na Ilha do Governador e em toda a Mata Atlântica no século XVI. O nome dessa tribo foi escrito de diversas maneiras nos documentos históricos. Podendo-se encontrar grafias variadas como Maracayás (Simão de Vasconcellos e Varnhagen, 1931 e 1854), Markayas (Hans Staden, 1900), Margaias, Margaiatz (André Thevet, 1878), Margajas (Jean de Léry, 1941), entre outras.

51 ▸ Carlos Wehrs, Antônio Figueira de Almeida e Júlio Xavier de Figueiredo são alguns desses estudiosos que, ao se debruçarem especialmente sobre a história da cidade de Niterói, afirmaram o parentesco paternal de Arariboia com Maracajaguaçu (WEHRS, *Niterói-Cidade Sorriso*, 1984, p. 31; ALMEIDA, *História de Niterói*, 1931, p. 16; FIGUEIREDO, *Arariboia e a conquista do Rio de Janeiro*, 1981, p. 1-2).

52 ▸ O historiador capixaba Mário Aristides Freire, em *A capitania do Espírito Santo* (2006, p. 26), levanta suspeitas sobre a hipótese de Arariboia ter nascido em terras do atual estado do Espírito Santo.

53 ▸ As duas cartas são: "Carta do Espírito Santo, para o padre doutor Torres, por comissão do padre Brás Lourenço, de 10 de junho de 1562, e recebida a 20 de setembro do mesmo ano", *Carta avulsas*, 1887, p. 337; e "Carta que escreveu o padre Pedro da Costa do Espírito Santo aos padres e irmãos da casa de S. Roque, de Lisboa no ano de 1565". *Cartas avulsas*, 1887, p. 456.

54 ▸ Muitos autores preferem utilizar uma grafia mais conhecida e moderna dessa tribo e fazem a modificação para "tupiniquins", mas preferimos nesse caso manter a grafia original da carta jesuítica que faz menção a tupinaquis.

55 ▸ Nota-se a referência à aldeia do Gato, como era também conhecido o cacique Maracajaguaçu, e à outra, mais nova, do cacique Arariboi (mantida a grafia original da carta jesuítica). *Cartas avulsas*, 1887, p. 457.

56 ▸ Descoberta feita por um dos maiores especialistas da história da Companhia de Jesus do Brasil, padre Serafim Leite, que escreveu uma monumental obra sobre o tema em dez volumes, e que trouxe cartas e documentos inéditos à tona. Diz ele que "é óbvia uma dupla conexão, a primeira entre a igreja que estava por fazer e a que estava já feita em 1564; e a segunda entre aquele principal, entendido e desejoso de se fazer cristão e Arariboia". *História da Companhia de Jesus no Brasil*, 1938, tomo I, livro III, cap. IV, p. 239.

57 ▸ Ibidem, p. 457.

58 ▸ Informação legada por Jean de Léry (1941, p. 151): *"Nous nous trouvames à l'endroit d'un fort de Portugais, nommé par eux Spiritus Sanctus (et par les sauvages Moab)"*. "Nos deparamos com um fortim português denominado por eles Espírito Santo (e pelos selvagens *Moab*)". Segundo interpretação de Francisco Varnhagen, o termo servia para identificar o sítio em que viviam os "emboabas", palavra que tem variadas interpretações. A primeira provém da língua geral paulista *mbóaba*, que significa literalmente "pata peluda" (*mbó*, pata + *aba*, peluda). Originalmente, o termo designava as aves "calçudas", com pernas cobertas de penas. Ainda existe uma interpretação mais moderna, de acordo com Navarro (2013, p. 560): *moaby* significa o ato de enganar. Os portugueses seriam os "enganadores".

59 ▸ Também os grupos tupiniquins, em especial os que habitavam São Vicente e o litoral de São Paulo, são relatados como "contrários" (inimigos) dos tupinambás do Rio de Janeiro, então arqui-inimigos dos maracajás.

60 ▸ Ibidem, p. 341.

61 ▸ Trecho da "Carta de sesmaria de Martim Afonso de Sousa – parte da petição". *RIHGB*, 1854, tomo XVII, p. 304. No original: "Diz Martim Affonso de Souza, homem nobre e dos principais homens do gênero *terminimos*...".

62 ▸ "É probabilíssimo que Arariboia haja nascido na ilha dos Maracajás ou de Paranãpuã, hoje Ilha do Governador. Mesmo que, por uma circunstância fortuita qualquer (hipótese pouco provável), seu nascimento haja ocorrido fora dos limites geográficos da referida ilha, nela, sem dúvida, cresceu e viveu até a dramática migração da tribo para a capitania do Espírito Santo, em 1554 ou 55" (LESSA, 1996, p. 39).

63 ▸ "Sustentam uma guerra sem tréguas contra várias nações deste país, porém os seus mais encarniçados inimigos são os indígenas chamados margaiá e os portugueses, a eles aliados e a que denominam perôs" (LÉRY, 1941, p. 167).

64 ▸ Os trechos anteriores a esta nota são da obra de Jean de Léry, 1941, p. 195.

65 ▸ Ver estudo das aldeias do Rio de Janeiro em *O Rio antes do Rio* (SILVA, 2015).

66 ▸ "Não se pode falar, portanto, em unidade política ampla no nível de organização entre as aldeias. Embora as alianças ocorressem com frequência, não tinham caráter permanente, como também não o tinham as próprias aldeias, que continuamente se deslocavam ou se fragmentavam" (*Metamorfoses indígenas*, 2013, p. 53).

67 ▸ Indagação semelhante foi proposta pela historiadora Maria Regina Celestino (Ibidem, p. 69), que responde: "Afinal eles nos são apresentados simplesmente como índios do Gato, ou maracajá, que liderados por Maracajaguaçu, ou o Grande Gato, habitavam a ilha mais tarde chamada do Governador".

68 ▶ Serafim Leite, *Monumenta Brasiliae*, 1957, v. II, p. 227 (Carta de Luis da Grã do Espírito Santo, 1555).

69 ▶ Plinio Ayrosa sustentou essa hipótese fazendo referência a estudos do antropólogo francês Alfred Metraux, para quem os maracajás seriam tupiniquins pelo simples fato destes últimos também serem aliados dos portugueses na mesma época. In: *Metamorfoses indígenas*, 2013, p. 84, nota 68.

70 ▶ Serafim Leite, *Monumenta Brasiliae*,1960, v. IV, p. 177 (Carta de Francisco Pires, 1558).

71 ▶ Foi a historiadora Maria Regina Celestino de Almeida (I) quem primeiro notou essa "discrepância" histórica contida na carta de José de Anchieta. Diz ela sobre esse fato que "muito mais do que buscar verdades sobre a trajetória de Arariboia e dos temiminós, cabe atentar às possibilidades de rearticulação e construção de alianças e inimizades que iam surgindo nas diversas situações, sobretudo em épocas de guerras intensas, como as da costa brasileira nos anos de 1550 e 1560".

72 ▶ Luiz Carlos Lessa concorda com a ideia de que Arariboia não era filho de Maracajaguaçu. Diz ele que "não se tem como saber quem foi seu pai (tampouco sua mãe), sendo destituída de qualquer fundamento a fantasiosa afirmativa de que era filho de Maracajaguaçu". No entanto, sobre o fato de os filhos do Gato Grande terem sido todos batizados em 1558, ele ressalva: "Mesmo que tenha sido exatamente assim, fica-nos essa dúvida: até que ponto iria a autoridade de Maracajaguaçu para obrigar *também filhos adultos* (grifo dele) a se batizarem e ainda, impor-lhes nomes de sua predileção ou sugeridos por quem quer que seja?" (LESSA, 1996, p. 39 e 93).

73 ▶ "Traslado de alguns capítulos de cartas do Padre Francisco Pires, que hão vindo do Espirito Santo". *Cartas avulsas*, 1887, p. 194.

74 ▶ "Cópia de uma carta do irmão Antônio de Sá que escreveu aos irmãos, do Espírito Santo a 13 de junho de 1559". *Cartas avulsas*, 1887, p. 212.

75 ▶ Traslado de alguns capítulos de cartas do padre Francisco Pires, que hão vindo do Espirito Santo. *Cartas avulsas*, 1887, p. 194.

76 ▶ "Carta escrita do Espírito Santo sem nome de autor nem data" (provavelmente 1558/1559), *Cartas avulsas*, 1887, p. 209.

77 ▶ *RIHGB*, 1842, p. 209.

78 ▶ *RIHGB*, 1842, p. 208.

79 ▶ Historiadores como Joaquim Norberto de Sousa Silva (Rio de Janeiro, 6 de junho de 1820, Niterói, 14 de maio de 1891), Max Fleiuss (Rio de Janeiro, 2 de outubro de 1868 — 31 de janeiro de 1943 – *Apostilas de História do Brasil* [Rio, 1933] p. 105) e Rocha Pombo (Morretes, 4 de dezembro de 1857 — Rio de Janeiro, 26 de junho de 1933 – *História do Brasil III*, p. 586) seguiram a informação legada por Januário da Cunha Barbosa e afirmaram que Arariboia teria se afogado junto à Ilha do Mocanguê, o que colaborou ainda mais para que tal lenda se propagasse.

80 ▶ Anchieta, Pero Rodriguez (Roiz). Pero Rodriguez também foi o incentivador da primeira biografia de Anchieta, escrita logo após a sua morte, pelo padre Quirício Caixa. Após a morte de Quirício, Pero Rodriguez assume a tarefa de historiar a vida de Anchieta e seus milagres. Na obra ele dedicou um capítulo inteiro a descrever algumas proezas de Arariboia e de como ele era convertido e leal aos portugueses. É o Capítulo 12 da obra chamado de "Do índio Martim Afonso, e da tomada da nau francesa no Cabo Frio". No fim desse capítulo, está a citação à morte e ao testamento de Arariboia.

81 ▸ Não existem informações sobre a doença que teria levado Arariboia. A maior parte dos historiadores e estudiosos acredita ter ele contraído varíola, uma das enfermidades mais comuns e letais dessa época, causadora de grandes epidemias entre os nativos, sobretudo na segunda metade do século XV.

82 ▸ Trata-se da carta do jesuíta Brás Lourenço, escrita do Espírito Santo em 1562.

83 ▸ Informação legada por Pero Rodriguez, em Anchieta, 1955, p. 68.

84 ▸ Luiz Carlos Lessa (1996, p. 50) afirma que "é impossível precisar o ano em que nasceu Arariboia; contudo, há bem fundadas razões para supor que o seu nascimento ocorreu nos primeiros anos da década dos vinte do século XVI".

CAPÍTULO 2
DO NASCIMENTO AO ÊXODO

L'isle des margaias – mapa da obra de André Thevet, 1575.

A ILHA DOS GATOS

As evidências históricas indicam que o nascimento de Arariboia está intimamente ligado à atual Ilha do Governador, então território das diversas aldeias dos maracajás. Na maior extensão de terra cercada por água de todos os lados da Guanabara, esse nativo viveu toda a sua infância e juventude. Para um neném tupi do Rio de Janeiro, nascer na antiga Paranãpuã ("a Ilha do Mar")[1] era uma sorte que trazia consigo também um ônus.

A ilha era um lugar de recursos naturais capazes de serem compartilhados por muitas aldeias. Também propiciava praias e recantos de águas calmas como as de um lago. Tinha montanhas, florestas para caçar e muitas fontes de água à beira-mar, elemento vital para explicar a grande concentração humana por ali. Em seu interior existiam igualmente riachos de águas frescas. A "praia da Bica" evidencia a fama que fez com que essa região fosse escolhida para a permanência do primeiro entreposto comercial português em 1504.[2] Ao contrário do que se poderia supor, água potável nem sempre era possível de se acessar no continente porque, em boa parte da costa da baía, era preciso subir quilômetros terra adentro, com algum esforço, para se alcançar água limpa de qualidade. Corria-se o risco de beber a água salobra dos baixios da Guanabara.

O mar que banhava todas as enseadas da ilha era propício à pesca, fornecendo com abundância os peixes que constituíam a base da alimentação dos tupis. As praias dali eram ideais para as crianças aprenderem a nadar, enquanto os adultos conseguiam fartas pescarias nas proximidades. As aldeias daquela ilha também eram privilegiadas por se localizarem em terras elevadas e arejadas, a poucos metros da praia, como demonstram as localizações dos sítios arqueológicos ali descobertos no século XX.[3] O arquipélago de ilhas que hoje compõe a Ilha do Fundão fornecia terras adicionais para o plantio de mandioca, milho e frutas.

Ainda havia vantagem para as aldeias de Paranãpuã: o fato de ela estar praticamente livre de áreas de brejo e de mangue, o que em todo o litoral da Baía da Guanabara era uma constante. Os terrenos alagadiços impediam a ocupação das margens da baía pelas aldeias tupinambás. No continente, as tabas precisavam ficar distantes do litoral por conta das enchentes, a se verificar o exemplo a partir da medição realizada para a localização da "tapera de Inhaúma"[4] pelas autoridades portuguesas em 1588.

Tal característica estratégica e as qualidades que a ilha de Paranãpuã oferecia sempre foram alvos de disputa entre as diversas comunidades tupis no universo da Guanabara pré-histórica. As aldeias dos maracajás ali estabelecidas certamente haviam conse-

CAPÍTULO 2 ♦ DO NASCIMENTO AO ÊXODO

guido se sobrepor a outras tribos tupis oponentes na disputa pela ocupação da ilha antes da chegada dos europeus. Essa afirmação, inclusive, foi verbalizada pelo próprio morubixaba Maracajaguaçu em 1554.[5] Portanto, as aldeias que habitavam na "*Grand Isle*" da Guanabara exerciam algum domínio bélico ou, no mínimo, eram capazes de se defender e de atacar, gerando estabilidade de posições entre as demais aldeias da Guanabara. Os indígenas que eram chamados por seus inimigos de maracajás, e que moravam na Ilha de Paranãpuã, também conseguiram rivalizar contra os outros grupos guerreiros do continente durante anos após a chegada dos europeus.

Além da proximidade com as águas da baía e, consequentemente, o seu domínio, as comunidades insulares de Paranãpuã se beneficiavam de uma posição defensiva muito mais eficaz do que aquelas que ficavam à mercê dos inimigos em terra firme. Era difícil aproximar-se da Ilha sem ser percebido por seus defensores, ou até mesmo contorná-los sem passar pelas outras aldeias solidárias que dominavam toda a Ilha.

A pesquisa arqueológica evidencia a intensa ocupação e disputa por esse espaço na pré-história do Rio de Janeiro. São vários os sítios onde foi confirmada a presença de aldeias, aldeamentos, oficinas e habitações.[6] O êxodo dos indígenas que ali viviam (inclusive os da tribo de Arariboia, em meados da década de 1550) para o Espírito Santo revela não só um desequilíbrio bélico à época, como também reafirma a importância estratégica da Ilha do Governador para o contexto das rivalidades tupis e para o domínio da baía. Todas as aldeias abandonadas pelos maracajás foram reocupadas pelos tupinambás, como mostram irrefutavelmente as listas de aldeias legadas por Jean de Léry.[7]

Também em relação à centralidade da atual Ilha do Governador na hegemonia e no controle das águas da Guanabara, chama atenção que a conquista definitiva do Rio de Janeiro só foi alcançada após a derrota da "fortaleza de Paranapucu", que ficava justamente na "Ilha dos Maracajás". Segundo relato do governador Mem de Sá em 1567, aquela batalha durou três longos dias, até as cercas serem ultrapassadas e o combate corpo a corpo levar à capitulação total dos tupinambás, com feridos entre os portugueses. Só a partir desse momento é que começa a transferência dos colonizadores da enseada do Cara de Cão para o morro do Castelo, e a cidade de São Sebastião do Rio de Janeiro realmente começa a existir. Poucos anos depois, a Paranãpuã passa a ser "do Governador".

É nessa cobiçada e estratégica ilha que, na falta de quaisquer fontes históricas, podemos imaginar o *kunumĩ* (curumim) Arariboia crescendo na boa infância característica dos tupis da Mata Atlântica: cercado pelos parentes, mamando leite materno até tenra idade, acalentado na rede, sendo carregado numa tipoia de algodão pela mãe e depois pelas irmãs, tias e primas, aprendendo aqui e ali na rotina das atividades cotidianas como sobreviver no mundo da Guanabara quinhentista. Os meninos eram criados desde pequenos para serem fortes, valentes, conheciam a fauna local e aprendiam logo a pescar e caçar. Eram preparados para serem guerreiros implacáveis que eternizariam o ódio contra seus inimigos em honra e vingança de seus antepassados, pais e avós. Nas cerimônias sacrificiais, era comum as mães besuntarem os nenéns com o sangue do inimigo abatido no terreiro para que até os recém-nascidos participassem da vingança coletiva que animava os costumes comunitários.

Quando um aventureiro do Velho Mundo chegava à Guanabara pelos tempos da infância de Arariboia, e os portugueses, espanhóis e franceses estavam aparecendo pelo menos desde 1504, era logo cercado pelas crianças. Os *"kunumĩmirĩ"*, os "pequenos meninos" de até cinco anos de idade, quando viam um estrangeiro chegando à aldeia, recepcionavam-no com danças e estripulias. "Rodeavam-nos, na esperança de uma recompensa, afagando-os e pedindo repetidamente na sua gíria: *cutuassá, amabé pinda* (meu amigo e aliado, dá-me anzóis para pescar)", escreveu o francês Jean de Léry.[8] Precavido, o colonizador sempre levava um punhado de anzóis para presentear as crianças e os adultos. Léry dizia se divertir ao ver os meninos agitados à procura dos ganchos pontiagudos de metal que ele costumava jogar na areia da praia.

É de se notar que as crianças tenham aprendido a reproduzir um comportamento semelhante ao de seus pais. Os tupis recepcionavam muito bem os visitantes na esperança de receber ou trocar pertences como machados, facas, espadas, espelhos, contas coloridas, roupas e outras coisas que julgavam úteis ou belas. Ferramentas de metal que pareciam miraculosas eram o que mais os atraía e deslumbrava. Um navegante normando chamado Paulmier de Gonneville, que viajou pela costa do Brasil entre 1503 e 1504, anotou os itens que levava para negociar com os nativos: 4 mil machados, pás, ceifadeiras, cutelos e forcados, 3 mil facões, 2 mil lanças, seiscentos espelhinhos e mais um incontável número de ferragens, alfinetes, agulhas, miçangas e tecidos.

Essa é a "época dourada" dos escambos. Os mercadores se comportavam da melhor maneira possível, pois dependiam da ajuda dos nativos para o corte e carregamento do pau-brasil, além do temor que tinham por serem poucos em meio a comunidades numerosas e reconhecidamente guerreiras e canibais. Esses objetos manufaturados causavam fascínio nos homens e mulheres que dependiam exclusivamente do ambiente natural para produzir todos os seus artefatos. Imagine a diferença entre um machado de metal e um feito de pedra polida no trabalho de derrubada de uma árvore? Era um tipo de utensílio que fazia as aldeias buscarem comunicação com os brancos sofregamente. O mesmo Gonneville escreveu, com certo exagero, que aqueles utensílios eram "de tal forma cobiçados que, em troca dessas coisas, se deixariam esquartejar de bom grado, e traziam carne, peixes e frutos em abundância, além de tudo aquilo que julgassem ser agradável aos cristãos".[9]

O resultado disso, podemos observar no relatório da nau Bretoa, que aportou na Baía de Guanabara em 1511 e foi ancorar justamente na feitoria portuguesa de Paranãpuã. No registro de entrada de mercadorias daquela nau está anotada a quantidade de toras da *ibirapitanga* (pau vermelho) que os índios maracajás cortaram e transportaram até a praia. Por dia, uma média de 330 troncos da árvore, que os portugueses chamavam de "brasil", eram embarcados. Depois de duas semanas de trabalho, o feitor, com seu baú de ferramentas, tinha negociado com os nativos da ilha cerca de 5 mil toras de madeira.

Além disso, todos os 36 tripulantes da Bretoa haviam negociado papagaios, periquitos, saguis, macacos, gatos selvagens e peles de onça. Outra mercadoria que todos esses aventureiros desejavam mais que tudo também embarcou em grande quantidade.

A nau voltou para Lisboa com o dobro de passageiros, nada menos que 35 "escravos", a maioria mulheres.[10] No regimento desta nau estava expressa a proibição de embarcarem "os naturais que queiram vir ao reino". O receio expresso no documento de regras era pelo fato de que eles poderiam morrer durante a viagem, o que estremeceria a relação com os locais.

Podemos imaginar o quanto a presença dessa feitoria portuguesa em Paranãpuã deve ter alterado a rotina e a relação de forças entre as demais tabas da Guanabara. O contrato comercial de concessão da exploração da costa brasileira assinado entre a Coroa portuguesa e comerciantes cristãos-novos, logo após a descoberta daquelas terras, estipulava o envio de seis navios por ano. Caso tenha sido cumprido à risca o acordo, dezenas de embarcações teriam visitado a Guanabara e voltado a Portugal carregadas de pau-brasil, bichos e tupis entre 1504 e 1516.

Por dominarem a grande ilha onde os portugueses estabeleceram a feitoria, os macarajás tinham acesso privilegiado aos visitantes e às mercadorias que traziam para negociar. Ao que tudo indica, essas aldeias insulares monopolizaram as relações de escambo com os lusos, tornando-se intermediários entre eles e as outras aldeias, que também buscavam as mesmas novidades de sucesso entre os nativos. Os feitores perceberam rapidamente que não era vantajoso negociar armas com os tupis, como se verifica também no Regimento da mesma nau;[11] apenas facas e tesouras podiam ser comercializadas. O impedimento tinha um claro objetivo de proteção, e também por verificarem que os guerreiros acabavam usando essas mesmas armas em suas contendas. Fato esse que pode ter sido a origem da rixa entre as aldeias da Guanabara, que separaria de uma vez por todas esses dois grupos tupis nas décadas seguintes.

Durante mais de dez anos – precisamente entre 1504 e 1516 –, os macarajás foram os mais beneficiados dos grupos nativos por abrigarem os lusos da feitoria fundada por Américo Vespúcio na "ilha do Mar". Os pedidos dos negociantes eram bastante trabalhosos; mesmo assim, como indicam as fontes históricas, uma forte aliança acabou forjada nesse contínuo contato de interesses mútuos. Arariboia nasceu nesse contexto.

O REFLEXO DA ARARA

A relação entre os "índios gatos" e os portugueses teria prosperado pelo menos até 1516, quando a feitoria teria sido saqueada por uma caravela espanhola que pertencia à expedição de João Dias de Solis. Os espanhóis retornavam de uma viagem sofrida e desastrosa ao rio da Prata, onde o próprio comandante acabaria morto por indígenas locais. Por isso, teriam tentado compensar os prejuízos da viagem tomando o pau-brasil estocado pelo feitor João de Braga. O roubo da feitoria acabou sendo determinante para a decisão de abandoná-la, tomada por Cristóvão Jacques, comandante da expedição guarda-costas que compareceu ao Rio de Janeiro naquele mesmo ano.

A Baía de Guanabara era até então uma localização secreta, conhecida em detalhes somente pelas autoridades portuguesas. Apontada nos mapas seminais do século XVI, a região do Cabo Frio servia como referência para se chegar ao "rio com a grande ilha", como era feita a descrição de onde a feitoria se localizava. As embarcações que rumavam para o rio da Prata ou que costeavam o Brasil para negociar a madeira de tinta já tinham informações de que, em aproximadamente "20 léguas" após a passagem do Cabo Frio, três ilhas apareciam à frente de dois enormes monólitos à beira-mar. Ali era a estreita barra, onde existia uma lage de pedra bem no meio, em que as ondas batiam. Os mapas indicavam que a passagem se fazia pela direita. Os navegantes sabiam, por antigas cartas náuticas, que precisavam passar próximo à costa ou seriam incapazes de encontrar a diminuta entrada da Guanabara. Com a descoberta daquele porto pelos espanhóis em 1516, confirmado pelo saque à feitoria e por ser aquela localização muito mais longínqua de Lisboa do que em relação à costa do Nordeste, decidiu o capitão Cristóvão Jacques centrar esforços na feitoria de Itamaracá, em Pernambuco.

A decisão de abandonar a feitoria deve ter deixado os maracajás contrariados, pois estimavam principalmente os objetos que os estrangeiros lhes traziam. Apenas em 1519 a expedição de Fernão de Magalhães fornece informações sobre o que acontecia na Guanabara após a saída dos portugueses. A chegada das cinco naus espanholas ao Rio de Janeiro, em dezembro daquele ano, pode ter encontrado a mãe do futuro líder Arariboia já grávida. Na tradição tupi das parentelas, o filho de um principal devia seguir todos os ritos da tradição guerreira e masculina da tribo para herdar parte do prestígio paterno, muitas vezes substituindo o próprio pai na liderança da maloca ou da aldeia.

É bem provável, portanto, que seu genitor fosse uns dos morubixabas que se empolgaram com a chegada de novos barcos à baía. Os relatos sobre a passagem daquela expedição pela Baía da Guanabara, que seria a primeira a concluir uma circum-navegação, são unânimes em apontar a boa acolhida, a receptividade e a ânsia dos indígenas no sentido de efetuar trocas com os espanhóis. Francisco Albo, piloto de uma das naus, deixou registrado um elogio e a ajuda que os nativos prestaram à expedição: "Na dita baía tem boa gente e muita, e andam nus, e negociam com anzóis, espelhos e cascavéis [um tipo de chocalho pequeno] por coisas de comer, e tem muito [pau] brasil".[12]

O italiano Antonio Pigafetta, um dos dezoito sobreviventes daquela tentativa de se encontrar um caminho mais curto para as Índias, também deixou um diário da viagem. Ele ficou impressionado com a receptividade em realizar escambo. Escreveu que na Guanabara as 256 pessoas da expedição tinham conseguido abastecer as naus com mantimentos em poucos dias. Mais de trinta eram portugueses naqueles navios e alguns, como o célebre piloto João Lopes de Carvalho,[13] já haviam morado em Paranãpuã e ajudavam como intérpretes: "Realizamos aqui excelentes negociações: por um anzol ou faca nos davam cinco ou seis galinhas, dois patos por um pente; por um pequeno espelho ou um par de tesouras obtivemos pesca suficiente para alimentar dez pessoas".[14]

Segundo Pigafetta, os indígenas trocavam galinhas até por cartas de baralho e um espelho poderia valer até oito papagaios. No relato do italiano, uma informação parece indicar que essas trocas aconteciam justamente com os maracajás de Paranãpuã. Ele menciona que os nativos com que negociava "possuíam também uma espécie de gatos amarelos muito bonitos, que se assemelham com pequenos leões". Era o gato maracajá, que identificava aquelas tribos como os "índios gatos", pois eram criados por eles como animais de estimação.

Quando as caravelas e as naus europeias entravam na Guanabara, não aportavam de imediato. Iam estudando a costa, tentando encontrar portos tranquilos, enseadas, pequenas baías internas, para que a embarcação não sucumbisse a ventanias. A foz do rio carioca e as enseadas do centro são expostas à violência dos ventos do nordeste, e os marinheiros sabiam disso. Um dos melhores locais para lançar âncora era em Paranãpuã, a grande ilha montanhosa, no fundo da baía, local mais protegido dos ventos de mar aberto. Era melhor até do que o porto de Martinho, como ficou conhecida a praia em frente à aldeia primitiva de Arariboia pós-1567. Era assim que os primeiros moradores do Rio de Janeiro chamavam, em fins do século XVI, a enseada de praia longa e areia curta que recortava a costa do atual bairro de São Cristóvão.

Valia tudo para conseguir aqueles objetos que tanto encantavam os nativos da Guanabara. As mulheres, segundo o italiano, iam aos navios para se oferecer aos homens em troca de presentes. Também os homens tinham suas táticas: levantaram em poucos dias "uma casa para nós pensando que deveríamos ficar por algum tempo e cortaram muito pau-brasil para nos presentear".[15] Atividades empenhadas – ao que tudo indica – com ferramentas que detinham de outros escambos.

São apenas passagens a partir das quais podemos imaginar como as naus que passavam pelo Rio de Janeiro eram recebidas após o abandono da feitoria de Paranãpuã pelos portugueses. Livres da mediação que o feitor fazia exclusivamente com os caciques maracajás e que impedia um escambo individualizado, os indígenas de todas as aldeias se aproximaram para aproveitar a passagem das naus. A expedição de Fernão de Magalhães ficou apenas quinze dias na Guanabara e partiu deixando seus anfitriões cheios com facas, anzóis, tesouras, cartas de baralho, espelhos e chocalhos, objetos com os quais a mãe de Arariboia era capaz, por exemplo, de refletir a sua própria imagem e também a de seu filho recém-nascido. O menino nasceu rodeado de objetos manufaturados e ferramentas de metal.

Na década seguinte de 1520, são escassos os relatos de navegantes pelo Rio de Janeiro. A atenção dos portugueses volta-se totalmente para as feitorias localizadas em Salvador e Itamaracá. É o período em que os lusos abandonam quase totalmente o Atlântico Sul, com exceção de uma expedição de Cristóvão Jacques ao rio da Prata em 1522. Os espanhóis, ao contrário, enviam três expedições à região na tentativa de refazer o caminho para as "Molucas", descoberto por Fernão de Magalhães, cujos sobreviventes conseguem retornar à Espanha também em 1522. Por isso, nos anos seguintes, há documentada a ocorrência esporádica de barcos espanhóis na Baía de Guanabara. Eles a transformaram num porto de passagem e reabastecimento confiando na tão celebrada bondade e receptividade dos indígenas que viviam no "rio de Genero".[16] Uma escala útil para reabastecer os navios e que acontecia da mesma forma relatada pelos tripulantes da expedição de Magalhães. Os nativos já estavam acostumados a receber os navios que, de quando em quando, chegavam por ali com homens esfomeados e doentes; eles os ajudavam negociando sem se importar com a origem dos tripulantes. Os europeus achavam que faziam bons negócios, bem como os nativos.

As expedições dos navegantes García Jofré de Loaysa, Sebastião Caboto e Diego García de Moguer, respectivamente, partiram da Espanha em 1525, 1526 e 1527. As duas primeiras tinham como missão seguir o caminho descoberto por Magalhães para o oceano Pacífico, e a última foi escalada para explorar o rio da Prata. Existe confirmação de que pelo menos as duas primeiras passaram pela Guanabara e fizeram contato com os nativos. A expedição de Jofré de Loyasa visualizou a entrada da baía, mas preferiu seguir adiante aproveitando o bom tempo. Próximo ao estreito de Magalhães, duas naus se perderam do restante da frota, e uma delas, chamada de São Gabriel, bastante avariada e com pouco mais de vinte homens na tripulação, retornou e foi justamente buscar um porto seguro na Guanabara.

Parte daqueles homens, junto com o capitão dom Rodrigo de Acuña, acabariam presos no Nordeste por Cristóvão Jacques. Segundo o depoimento dos tripulantes que foram presos, na Guanabara eles descansaram e discutiram o que fazer: "Assim viemos até o 'rio de Genero', e ali o capitão perguntou o parecer do mestre e do piloto e de todos os companheiros sobre o que achavam que se devia fazer...".[17] Certamente, aproveitaram para abastecer a nau de mantimentos e realizaram muitas trocas com os tupis durante essas discussões.

A esquadra de Sebastião Caboto, inglês a serviço da Espanha, também passou pela Guanabara para se reabastecer. Caboto estava decidido a alterar os planos de viagem para as Molucas e avançar pelo rio da Prata em busca de fama e fortuna. O espanhol Alonso de Santa Cruz, tesoureiro dessa expedição e que mais tarde viria a se tornar "cosmógrafo" oficial do rei Felipe II da Espanha, não fez propriamente um relato da viagem, mas usou a sua experiência naquela viagem para escrever anos mais tarde a obra-prima chamada de *Islario general de todas las Islas del mundo,* uma espécie de atlas mundial para o entretenimento e iluminação do rei da Espanha.

O capítulo em que descreve o Rio de Janeiro e a Guanabara não deixa dúvidas sobre o que teria acontecido durante a escala da expedição de Sebastião Caboto na Guanabara em 1526. Diz ele que depois de se passar pelo Cabo Frio por vinte léguas ou mais "tem uma baía dita 'de Genero' na qual tem muitas ilhas e quase todas são desabitadas, embora algumas tenham casa, porque toda esta parte da terra é a mais povoada quanto outras de todas as índias ocidentais". Continua o cosmógrafo do rei dizendo que os indígenas da Guanabara eram "comedores de carne humana", como se não entendesse o porquê, uma vez que eles "têm tantos mantimentos da terra, como milho, raízes, batatas e uma fruta como os pinhões que os portugueses chamam de 'frisulelos' [abacaxis], muitas galinhas, muitos pescados de diversas maneiras, muitos veados, faisões e outros muitos gêneros de animais e aves que não me alongarei...".[18] É possível perceber que aqueles aventureiros gostavam de passar por ali, tamanha fartura gastronômica oferecida pelos nativos. Tudo providenciado às custas das trocas por instrumentos e armas de metal, contas coloridas, tecidos, espelhos e tudo o que pudesse interessar aos tupis, e que não existia na Mata Atlântica.

Ainda na primeira infância, Arariboia acompanhava com curiosidade todos aqueles grandes acontecimentos que excitavam homens e mulheres a cada embarcação que despontava no Pão de Açúcar, à procura de víveres. Um encantamento que duraria para o resto de sua vida, pescando com os anzóis de metal e olhando-se nos espelhos que os "caraíbas" traziam, enquanto crescia livre junto com outras crianças de sua tribo, brincando, pescando, caçando, nadando, dançando e cantando nas cerimônias e festas da aldeia. Com o tempo, expedições maiores chegariam por aquelas bandas e as trocas – tão satisfatórias para ambas as partes – logo cobrariam seu preço.

MARTIM ENCONTRA MARTIM

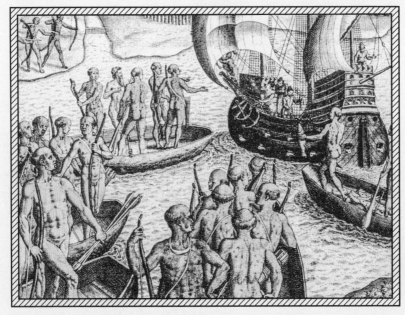

Contato entre tupinambás e franceses – da obra de Hans Staden, 1557.

No final da década de 1520, as notícias sobre o Brasil que chegaram aos ouvidos da Corte Portuguesa se concentravam na descoberta de um caminho ao sul, pelo rio da Prata, que levaria, segundo as lendas indígenas, às riquezas em metais preciosos no interior do continente. Também era de conhecimento da coroa a presença cada vez mais constante de franceses navegando pela costa e negociando pau-brasil com os nativos. Em 1529, o capitão Cristóvão Jacques terminava sua terceira viagem guarda-costas ao Brasil, trazendo como prisioneiros cerca de trezentos franceses para julgamento em Lisboa. O experiente comandante português, que foi acusado de graves atrocidades contra os normandos no Brasil, relatou os muitos embates e perseguições que realizou e aconselhou o rei d. João III a iniciar a ocupação do Brasil e o seu povoamento, única forma de garantir a posse daquela terra.

A resposta a essas questões veio nos preparativos da expedição de Martim Afonso de Sousa, a primeira a ter ambições colonizadoras, trazendo alguns fidalgos com suas mulheres, sementes, e padrões de posse para demarcar toda a terra. O nobre português podia até escolher seu próprio lote, assim como seu irmão Pero Lopes de Sousa, que o acompanhava como capitão de um dos barcos e a quem devemos as informações dessa viagem.[19]

A missão declarada era organizar a concessão das capitanias hereditárias nos anos seguintes. A ele também foi chefiada a tarefa de combater os barcos franceses que encontrasse pelo caminho, assim como explorar o rio Amazonas e o rio da Prata. Ao todo, mais de quatrocentas pessoas embarcaram nos cinco navios da armada que partiu rumo ao Brasil no dia 3 em dezembro de 1530. Era a maior expedição portuguesa já realizada até então, e o nobre Martim Afonso estava decidido a cumprir todos aqueles objetivos.

Depois de navegarem por dois meses cruzando o oceano Atlântico, no mesmo dia em que se aproximaram da costa na altura de Pernambuco, encontraram uma nau francesa. Houve perseguição, e os tripulantes do barco normando decidiram fugir para a terra abandonando a embarcação cheia de pau-brasil, que que acabou anexada à armada portuguesa. Dois dias depois, outra nau francesa é avistada; houve mais perseguição e, depois de um dia e meio de confronto, os portugueses saem vencedores mais uma vez. Outro grande carregamento de madeira de tinta estava no interior do barco francês. Ao voltar para perto da costa levando as naus apreendidas, dessa vez são as canoas dos indígenas de Pernambuco que se aproximam: querem saber se os visitantes desejam negociar pau-brasil. Esse era o clima na costa Nordeste do Brasil no início de 1531.

Dali a alguns dias, a armada chegaria à Ilha de Itamaracá, onde os portugueses mantinham sua principal feitoria e descobririam que ela havia sido saqueada dois meses antes por um galeão francês. Segundo informações que recebem, o feitor chamado Diogo Dias havia conseguido escapar numa caravela que rumava para Moçambique, e que faria no caminho uma parada no Rio de Janeiro. Os lusos continuavam a manter presença na Guanabara também como um porto de reabastecimento.

Depois de alguns dias, Martim Afonso divide sua frota. Manda uma das naus francesas carregada de pau-brasil e prisioneiros de volta a Lisboa. Duas caravelas são escaladas para explorar o rio Amazonas, e as embarcações restantes sob o comando dos irmãos Sousa seguem viagem ao sul, em direção ao rio da Prata. Passam rapidamente pela Bahia, onde encontram o Caramuru[20] e são bem recebidos pelos tupinambás da Baía de Todos os Santos. Seguem viagem e encontram a caravela que levava o feitor de Itamaracá ao Rio de Janeiro. Martim Afonso percebe que a embarcação levava muitos "cativos", os quais manda soltar e determina que a caravela se junte à armada.

Finalmente, no fim de abril de 1531, eles avistam o Cabo Frio, e Pero Lopes de Sousa anota a informação corrente para os navegadores portugueses de que deste ponto "se corre o Rio de Janeiro Leste-Oeste: há de caminho 17 léguas".[21] Até esse momento não havia qualquer hostilidade entre os nativos da Guanabara e os portugueses; muito pelo contrário, ele elogia a hospitalidade com que a frota foi recebida no Rio de Janeiro ao comparar os tupis dali aos da Bahia. "A gente desse Rio é como da Bahia [...]; senão quanto mais gentil gente."

Ao que parece, os tupis estavam começando a entender as diferenças entre aqueles visitantes. Nessa expedição, intérpretes faziam o meio de campo entre os principais e os capitães portugueses, entre os quais Pedro Annes, experiente marinheiro que viveu alguns anos junto com João Carvalho Lopes na Guanabara, quando por ali ainda existia uma feitoria.

Certamente, deve ter dito aos morubixabas e velhos anciões como aquele capitão e sua gente queriam ser amigos, como o rei de Portugal era bom, poderoso e rico, que daria muitos presentes a eles, além de proteção contra os inimigos. Como prova de amizade, Martim Afonso de Sousa lançou mão das mercadorias que trazia, os infalíveis objetos de metal, pedras coloridas, espelhos, garfos, colheres, facas, machados, tecidos. Presentes que os líderes tupis receberam com extrema alegria, afinal não era todo dia que centenas de pessoas chegavam por ali com tantas demonstrações de amizade.

No Rio de Janeiro não existia um Caramuru como na Bahia, nenhum português tinha ficado entre eles. Mesmo assim Martim Afonso de Sousa reinou por três meses na Guanabara com toda a paz possível. Pelo relato do seu irmão, sabe-se que o capitão inclusive ordenou descer toda a tripulação em terra, o que só em grande concórdia com os nativos seria possível. Os regimentos de expedições anteriores proibiam tal extravagância. Impressionam a tranquilidade e a sensação de segurança dos portugueses para que isso pudesse acontecer. Até uma ferraria é montada, fato que deve ter causado tamanha surpresa aos nativos, ver pela primeira vez como eram feitas aquelas ferramentas que eles tanto estimavam. Talvez um "segredo" negociado entre o capitão Martim Afonso e seus aliados maiorais tupinambás, numa demonstração de amizade explícita.

Segundo Pero Lopes, todos aqueles portugueses ficaram por ali durante três meses descansando. Tempo suficiente para que fossem enviados homens ao interior da terra em busca de notícias sobre as riquezas de prata e ouro, boatos correntes no Velho Continente. Enquanto esperava que os quatro homens acompanhados por guerreiros tupinambás voltassem de suas andanças pelas serras "mui altas", Martim Afonso de Sousa mandou erguer "uma casa forte; com cerca ao redor" e também que construíssem "dois bergatins com 15 bancos". A casa forte, de pedra, foi erguida perto de um dos braços da foz do rio que ficou conhecido por Carioca, cujo nome nada tem a ver com esta casa ou mesmo com os portugueses, como especulam equivocadamente autores e estudiosos.[22]

O mais importante na localização da "casa de pedra" é a constatação de que Martim Afonso, ao aportar no Rio de Janeiro entre maio e julho de 1531, não privilegiou nas trocas os "índios gatos" de Paranãpuã, como anteriormente acontecia na época da feitoria. Para descer em terra, mandar uma expedição ao interior por meses e tomar "mantimentos para um ano, para quatrocentos homens que trazíamos", ele certamente precisou entrar em entendimento e contatar os líderes indígenas do continente com as numerosas aldeias que ficavam na costa da baía, em especial aquelas do lado esquerdo, onde hoje se encontra a cidade do Rio de Janeiro.

Martim Afonso de Sousa remeteu suas impressões sobre a Guanabara em uma carta ao rei de Portugal, d. João III. Infelizmente, o original dessa correspondência se perdeu, mas se tem conhecimento de parte do conteúdo por conta da espionagem realizada pelo embaixador espanhol Lope Hurtado de Mendoza na corte portuguesa, que deu ciência ao monarca de Castela, Carlos V, das novidades contadas por Martim Afonso. O diplomata informou ao rei castelhano que no Brasil "as caravelas descobriram um rio muito grande, que tem muitas montanhas, grande cópia de madeira e muita diversidade de aves, que os da terra têm muito contentamento de serem seus súditos".[23] Pelo teor da carta do diplomata espanhol, um acordo entre os tupinambás da Guanabara e os portugueses deve ter sido selado naquele outono tão intenso. Uma aliança, antes privilégio de apenas um grupo de aldeias de Paranãpuã, agora se estendia as outras aldeias tupinambás do continente, que confiaram nas promessas dos portugueses e os viram a partir de então como aliados preferenciais.

A passagem de Martim Afonso de Sousa pelo Rio de Janeiro fez com que o historiador frei Vicente de Salvador[24] afirmasse que Arariboia teria tomado seu nome justamente por ter sido batizado naquele ano, tendo como padrinho o próprio capitão português. Um erro que foi acompanhado por outros estudiosos. Afirmou frei Vicente o seguinte: "Seu nome no Brasil foi Arariboia e no batismo se chamou Martim Afonso de Sousa, como seu padrinho o senhor de S. Vicente, que o apadrinhou quando veio à sua capitania no ano de 1530". Teria sido incrível que com pouco mais de dez anos de idade aquele menino tivesse alguma importância no contexto daquela expedição, das explorações e do escambo contínuo. Se o Martim português visitou as aldeias da Paranãpuã dos maracajás e encontrou o futuro homônimo brasileiro, ele certamente deve ter passado despercebido em meio a tantas crianças que cercavam os lusos durante aqueles dias. A catequese indígena só começaria para valer após a chegada dos primeiros jesuítas no ano de 1549, não havendo portanto registro de batismo na Guanabara antes dessa data. Documentos posteriores provaram que o sacramento de Arariboia só ocorreria mais de trinta anos depois, quando este já era um morubixaba no Espírito Santo. O fato de ter sido dado a ele, no batismo, a alcunha de Martim Afonso tem a ver com o costume dos padres de dar nomes importantes aos indígenas que se destacavam no auxílio aos portugueses e também uma prova de sua naturalidade, pois tomava o nome do português que era "o dono" da capitania onde havia nascido.

É possível até imaginar que o *kunumĩ* da Ilha possa ter tido algum contato com os portugueses que vieram a Guanabara em 1531, mas, sendo ainda uma criança, é pouco provável que tenha se batizado ou sequer tenha conseguido se comunicar de forma relevante com eles, que dirá com o próprio Martim Afonso de Sousa. Pode ter ganhos anzóis para pescar e ter ficado em algum lugar quieto a admirar a movimentação dos barcos, ouvindo aqui e ali o que os parentes adultos conversavam sobre aquelas centenas de homens que haviam chegado. Mesmo não tendo sido batizado pelo ilustre fidalgo português, o jovem Arariboia pode ter sentido a importância que aquela viagem teria na vida dos nativos da Guanabara.

Quando os homens mandados ao interior por Martim Afonso voltaram depois de dois meses, trouxeram um cacique com amostras de cristais e a informação de que "no Rio de Peraguay havia muito ouro e prata". Satisfeito com as boas novas, Martim Afonso entregou presentes ao morubixaba, que veio com os portugueses e o mandou "tornar para suas terras". Com a confirmação de que existia algum tesouro a ser descoberto por aquele interior, o capitão português decidiu continuar viagem em direção ao rio da Prata e deixou a Guanabara no dia 1º de agosto de 1531. Despediu-se dos tupinambás com novas juras de amizade, mas não deixou ninguém em terra para que os laços se prolongassem, como antes havia feito na Bahia. Aquela "mais gentil gente", como afirmou Pero Lopes em seu diário, e que tinha contentamento de ser súdito de Portugal, despediu-se dos visitantes acreditando fielmente que uma aliança havia sido alcançada. O menino Arariboia também.

A FARSA DOS PERÓS

O resultado da expedição de Martim Afonso de Sousa foi trágico para os tupis da Guanabara. Em Cananeia, os portugueses encontraram o "Bacharel", um degredado que afirmava estar ali há trinta anos. Ele havia aprendido a língua dos tupiniquins, se casado com a filha do principal cacique da região e exercia forte influência sobre as aldeias de quase todo o atual litoral de São Paulo. Ele comerciava com os navios que passavam por ali e vendia os indígenas escravizados, apanhados em guerra (em sua maior parte, carijós). Ao navegador espanhol Diego Garcia, prometeu entregar oitocentos escravizados em 1527.

Com ele, vivia ainda um grupo de desertores espanhóis e um outro português de nome Francisco Chaves, considerado "mui grande língua desta terra". Este último convenceu Martim Afonso que, se lhe dessem meios, em dez meses ele iria ao interior e retornaria carregado de ouro, prata e centenas de escravizados. Entusiasmado, o nobre português escalou mais de oitenta homens de sua tripulação para a jornada, carregando espingardas e bestas. Em menos de vinte dias, partiram selva adentro e logo Martim Afonso seguiu viagem em busca do principal rumo daquela expedição: o rio da Prata.

Ao finalmente chegar próximo à foz do esperado rio, uma forte tormenta se abateu sobre a esquadra, e a nau Capitânia foi jogada contra pedras na costa onde naufragou. Martim Afonso de Sousa salvou-se agarrado em uma tábua. Os outros barcos também ficaram avariados. Sem condições de seguir viagem, decidiram colocar os padrões de demarcação "para tomar posse do dito rio por El Rei Nosso Senhor", com a ajuda de um bergantim. A missão foi dada a Pero Lopes, que conseguiu explorar um pouco do rio Uruguai e voltou ao encontro de seu irmão, não sem antes também sofrer um naufrágio, sem maiores consequências. Só restava a eles voltar a Cananeia e esperar o término da expedição por terra guiada por Francisco Chaves.

Chegaram a Cananeia em meados de janeiro de 1532 e decidiram esperar em São Vicente, que era melhor porto. Como as naus restantes estavam avariadas, achou por bem levantá-las para reparos urgentes. Martim Afonso ansiava por ter "recado da gente que tinha mandado descobrir terra adentro". Enquanto esperava, e por ser aquele lugar já habitado por europeus há muitos anos, considerou cumprir ali a última parte das missões que o rei de Portugal lhe havia imposto: iniciar a colonização da terra.

No diário de Pero Lopes está escrito que "a todos pareceu tão bem esta terra, que o capitão determinou de a povoar, e deu a todos os homens terra para fazerem fazendas; e fez uma vila na ilha de São Vicente, e outra nove léguas dentro da serra, a borda de um rio que se chama Piratininga; e repartiu a gente nestas duas vilas e fez nessa oficiais".[25] Um desses oficiais escolhido era justamente João Ramalho, um português que, a exemplo do Bacharel em Cananeia e Caramuru na Bahia, também já vivia naquela terra há muitos anos, sabia falar o tupi e havia se casado com a filha de um dos maiores principais tupiniquins da região de Piratininga, atual cidade de São Paulo, de nome Tibiriçá. Aliás, foi esse principal tupiniquim quem realmente teve contato com Martim Afonso de Sousa e, anos mais tarde, seria batizado pelos jesuítas justamente com o nome do nobre português, fato que causou confusão entre os antigos cronistas que atribuíram a Arariboia alguns feitos do maioral de Piratininga.[26] João Ramalho tinha grande influência sobre os indígenas do planalto, teve muitos filhos com várias mulheres e fez de sua principal atividade a venda de escravizados cativos que costumava tomar nas incursões guerreiras dos tupiniquins. Ao escolher São Vicente para espalhar seus homens, Martim Afonso de Sousa acabou selando de vez o destino dos tupinambás da Guanabara. Por intermédio de João Ramalho, os colonos portugueses tornaram-se aliados dos tupiniquins, que tinham como principais rivais os tupis do litoral do Rio de Janeiro.

A expedição de Francisco Chaves nunca mais voltou. Anos mais tarde, descobriu-se que todos haviam sido mortos no meio do caminho. Por um ano e três meses, Martim Afonso aguardou notícias de seus homens em São Vicente, então conhecido como "Porto dos Escravos". Enquanto isso, mandou seu irmão percorrer a costa do Brasil de volta até a feitoria de Itamaracá e de lá voltar ao reino, levando cartas ao rei do que havia se passado na viagem. Em seu diário, Pero Lopes relatou uma segunda passagem pela Guanabara, sem entrar em maiores detalhes, em maio de 1532, onde teria permanecido por três meses apenas "tomando mantimento".

Dessa vez, a "gentil gente" do Rio de Janeiro não foi merecedora de qualquer informação ou elogio. Muito menos o menino Arariboia fez a primeira comunhão, ao se levar em conta a suposição do frei Vicente Salvador. É uma passagem por demais seca para um período tão grande de descanso. Tal mistério fez com que alguns pesquisadores especulassem sobre o comportamento de Pero Lopes nesse período, afastado do irmão e ávido por obter lucro em viagem tão tortuosa.[27] Certamente, ele tinha ciência da rivalidade existente entre aqueles indígenas de São Vicente, os maiores aliados da vila fundada pelo irmão, com os grupos tupis da Costa Verde e da Guanabara. Séculos de entreveros e incursões guerreiras que tinham um sentido mais amplo de animação do ciclo social e espiritual daquelas tribos, em que a motivação era baseada na vingança religiosa, e não no extermínio; agora esses conflitos iam começar a ser instrumentalizados para o propósito de servir escravizados aos europeus. Pero Lopes certamente percebeu como João Ramalho e o Bacharel de Cananeia tinham nos cativos, na ausência de metais preciosos, o melhor negócio daquela terra.

Nessa época, os navios que voltavam da costa brasileira traziam consigo dezenas de indígenas escravizados. Eram vendidos por um bom preço nos portos da Europa, principalmente as mulheres, para fins sexuais. O navio de Pero Lopes de Sousa, apesar de omitir qualquer referência a esse fato em seu diário, não foi uma exceção. Por isso, já em 1537, poucos anos após a volta dos navios de Martim Afonso de Sousa a Portugal, o papa Paulo III, escandalizado com tais práticas, publicou uma ordem eclesiástica condenando a captura e escravização dos nativos americanos. Nesta bula papal, disse que "os ditos índios e todos os outros povos que venham a ser descobertos pelos cristãos, não devem em absoluto ser privados de sua liberdade ou da posse de suas propriedades, ainda que sejam alheios à fé de Jesus Cristo; e que eles devem ser livres e legitimamente gozar de sua liberdade e da posse de sua propriedade; e não devem de modo algum ser escravizados; e se o contrário vier a acontecer, tais atos devem ser considerados nulos e sem efeito".[28] Ao contrário dos mandamentos católicos do papa, a escravização dos nativos no Brasil não só era aceita como foi devidamente legalizada, nos anos seguintes, pelas autoridades portuguesas.[29] Após a segunda passagem de Pero Lopes de Sousa no Rio de Janeiro, em maio de 1532, nunca mais os portugueses foram bem recebidos na Guanabara, a não ser pelos maracajás da Ilha de Paranãpuã. A tribo de Arariboia, talvez por cultivar uma relação mais antiga com portugueses, escapou dos abusos. Os lusos passariam a ser chamados pelos nativos não mais por caraíbas, o que seria o equivalente a "homens santos", e sim por uma alcunha de desdém: o *peró*. Isso era acompanhado quase sempre do adjetivo *angaipá*, que significa "mal, ruim, cruel, desalmado".[30] Seria o equivalente hoje a algo como o "Pedro mal, sem alma", uma provável referência a um ato horroroso de uma pessoa representativa dos portugueses e que possuía o nome de Pero. Mas o que teria feito esse Pero, ou esses *perós*?

São os próprios tupinambás da Guanabara que verbalizam o porquê de terem se voltado contra os portugueses após a última visita de Pero Lopes de Sousa. É o testemunho inatacável de José de Anchieta em seu longo relato sobre o período que passou em Iperoig, junto com o padre Manoel da Nóbrega, que revela em detalhes as crueldades dos portugueses que se aproveitavam das boas relações estabelecidas por Martim Afonso de Sousa em 1531. Anchieta ouve mais de uma vez sobre como os portugueses haviam enganado os tupinambás. Primeiro é o respeitado ancião Caoquira que conta ter sido ludibriado com falsas provas de amizade e, assim, ter sido atraído e aprisionado dentro de um navio, de onde só conseguiu fugir "com uns ferros nos pés, e andando a noite toda".

Depois, é o valente Aimberê quem rebatia as mansas palavras dos padres com a lembrança "de quantos males lhe haviam feito os nossos". Disse o principal morubixaba do Rio de Janeiro que já havia sido trapaceado "com pretexto de pazes" e preso, mas que "por sua valentia, com uns ferros nos pés, saltara do navio e havia escapado" dos portugueses. Também durante a principal rodada de negociação do acordo de paz, Aimberê queria como prova que os portugueses entregassem a eles os principais tupiniquins pelo fato de terem os lusos feito ato semelhante contra os tupinambás: "Insistiu muito que lhe havíamos de dar a matar e comer dos principais de nossos índios que se haviam apartado dos seus, assim como em outro tempo havíamos feito a eles".

Por fim, o próprio José de Anchieta admite que os portugueses de São Vicente estavam prestes a se perder naquela guerra "pelas muitas sem razões que têm feito a esta nação, que dantes eram nossos amigos, salteando-os, cativando-os muitas vezes com muitas mentiras e enganos".[31] A maioria dos portugueses que Martim Afonso de Sousa deixou em São Vicente e Piratininga acreditou que aquele lugar era o mais próximo para se chegar às riquezas de ouro e prata localizadas no interior, mas em pouco tempo essa esperança ruiu. No mesmo ano de 1532, o espanhol Francisco Pizarro, com apenas duzentos homens, foi capaz de conquistar a civilização Inca e encontrar a montanha de prata, Potosi, que as lendas indígenas contavam existir. Quando a notícia chegou a Portugal tempos depois, toda aquela parte da costa do Brasil passou a não ter mais relevância. Novas viagens de exploração ao rio da Prata foram canceladas, e os colonos acabaram abandonados à própria sorte em uma terra distante. Martim Afonso de Sousa nunca mais retornou à sua capitania e foi tentar a sorte nas Índias.

Em São Vicente, as únicas economias que realmente podiam ser lucrativas se baseavam na exportação de açúcar e no comércio de nativos escravizados. As poucas fazendas dedicadas ao plantio da cana foram aos poucos se desenvolvendo. Os engenhos começaram junto a extensas plantações de cana-de-açúcar. Em 1548, já eram seis engenhos na região e de "escravaria mais de 3 mil".[32] A expansão da lavoura de cana foi o motor para o aumento das escravizações e da "farsa" dos *perós*. Primeiro, eles compravam dos tupiniquins aliados àqueles que estavam cativos. Depois, passaram a estimular e mesmo a ajudar nas guerras intertribais em busca de novos homens para o trabalho nos engenhos e para o tráfico de escravizados. Por último, veio uma ação direta para escravização dos indígenas, sendo inimigos ou até mesmo aliados: em um primeiro momento, como nos contam os tupinambás, com a simples dissimulação, seguida do aprisionamento e depois com a violência direta.

Durante o período mais crítico da guerra contra os "tamoios", já na década de 1560, que fez muitos dos colonos de São Vicente temerem ser exterminados pelos "tamoios", o jesuíta Manoel da Nóbrega bradava dos púlpitos e praças que aqueles indígenas "tinham a justiça de sua parte, e que Deus ajudava por eles, porque os portugueses quebraram as pazes, os assaltaram, cativaram e entregaram alguns a outros índios seus contrários, para que matassem e comessem".[33] A época do escambo estava acabando para dar lugar à guerra declarada.

GUANABARA EM CHAMAS

Como teriam reagido os maracajás de Paranãpuã dentro desse contexto? Sabemos que eles se mantiveram receptivos aos portugueses. A "ilha do Gato" era o único lugar em que os lusos podiam aportar seus barcos. Ali a relação com os portugueses era mais antiga do que aquela celebrada diplomaticamente por Martim Afonso de Sousa com os tupinambás em 1531.

Os colonos de São Vicente eram sabedores das divisões e rivalidades entre as tribos do litoral do Atlântico Sul. Certamente não escolhiam suas vítimas de forma aleatória – atacando aldeias e praticando a escravização. Era importante manter laços de amizade com os inimigos dos indígenas, que eles atacavam justamente para não despertar a ira de todos ao mesmo tempo. Os tupinambás, salteados e atacados pelos portugueses nos anos seguintes, eram os adversários dos maracajás.

Esses dois povos dividiam a Baía de Guanabara há centenas de anos, e o relacionamento entre as tribos tupis era, em geral, de hostilidade. Essas sociedades eram severamente marcadas por um estado de guerra crônico e a estrutura social entre os homens dependia basicamente do êxito das ações guerreiras. Ao ocupar umas das melhores terras da região, a ilha de Paranãpuã, os maracajás teriam que ser capazes de defender-se das outras

Representação da batalha entre tupinambás e maracajás na Guanabara – obra de Hans Staden, 1557.

aldeias da costa. É a prova da capacidade que esses indígenas tinham de guerrear contra os seus inimigos.

É durante a transição das décadas de 1540 e 1550 que os maracajás se tornam temidos e caçados pelos tupinambás, passando de inimigos esporádicos, entre outros grupos indígenas, para a condição de inimigos mortais pelos quais eles nutriam profundo desejo de vingança.[34] Preferência esta que só pode ter sido alcançada justamente pela estreita aliança que mantinham com os portugueses "angaipá"[35] e pela ajuda que prestavam a eles, tão próximos dos tupinambás agredidos.

Para um maracajá pré-adolescente, fase em que os *kunumĩs* começavam a envolver-se cada vez mais com os treinamentos guerreiros e de caça acompanhando seus pais e parentes em algumas ações, podemos imaginar como a juventude de Arariboia deve ter sido "animada" com o apoio fornecido pelos lusos. O menino cresceu alimentado por uma animosidade cada vez maior contra os tupinambás que estavam ao lado da ilha de Paranãpuã. As fontes revelam como os maracajás desafiavam seus inimigos ao manterem contato permanente com os *perós*, repassando a eles informações estratégicas.

Guerra entre maracajás e tupinambás – gravura da obra de Jean de Léry, 1578.

Em 1550, o donatário da capitania de São Tomé,[36] Pero de Góis, capitão-mor da costa do Brasil, entrou na Guanabara duas vezes. Na primeira, por intermédio dos maracajás, soube da presença de dois franceses que estavam na baía: "Um grande língua e outro ferreiro que estavam fazendo brasil [negociando pau-brasil]".[37] Por conseguir a informação privilegiada de onde eles se localizavam, conseguiu prendê-los sem muito esforço. Depois, ao retornar de São Vicente, entrou mais uma vez no Rio de Janeiro para tentar surpreender alguma embarcação francesa, sem sucesso; "contudo soube dos índios como na baía de Cabo Frio estava uma nau grande [francesa] carregada".[38] Esses nativos informantes, ao que tudo indica, seriam os macarajás, a tribo de Arariboia.

Pelo menos desde o ano de 1546, a presença dos normandos em Cabo Frio e no Rio de Janeiro é registrada com regularidade e intensidade.[39] Os franceses encontram os tupinambás em situação de alarme contra os maracajás e *perós* – não deve ter sido difícil convencê-los de que poderiam ajudar. Como também eram perseguidos em todo o litoral do Brasil pelas caravelas lusas, os normandos chegaram em condições mais do que favoráveis para a formação de uma aliança com os tupinambás.

Em 1546, Arariboia teria em torno de 26 anos, um *kunumĩuaçu* (homem jovem) já experimentado em combates. Como mostram as fontes, nessa faixa etária os homens tupis eram a principal força de uma tribo ou aldeia na guerra, sendo comandados pelos morubixabas mais experientes e valentes.[40] Ou seja, Arariboia chega à idade adulta de guerreiro "soldado" nos anos de emboscadas e confrontos contra os tupinambás. Os próximos dez anos serão decisivos para a sua formação de guerreiro exemplar, destemido e estratégico, fama pela qual seria conhecido posteriormente. É incrível que tenha conseguido sobreviver a essa época sem ter sido ferido gravemente ou aprisionado. O destino de boa parte dos homens maracajás será o moquém ou a escravização.

Os comerciantes franceses deixavam alguns jovens órfãos entre os tupinambás para aprender a língua e criar laços de amizade e parentesco. Esses rapazes tinham que viver como os tupis, integrando-se a suas comunidades, formando famílias e laços de lealdade e dever com os maiorais da aldeia, e fornecendo-lhes armas e tudo o que se fazia necessário para igualar recursos e forças contra os seus inimigos, perós e maracajás. Tupinambás do Rio de Janeiro também visitaram a França por essa época e, em 1550, exibiram-se para o rei Henrique II numa festividade em Ruão. Cerca de cinquenta tupinambás, junto com atores franceses, mostraram ao público como era feito o comércio de pau-brasil e encenaram até como aconteciam as batalhas contra os maracajás na Guanabara – a cena final representava um incêndio de malocas erguidas numa ilha no meio do rio Sena. É justamente com a chegada dos franceses à Baía de Guanabara que os confrontos entre tupinambás e maracajás se tornam mais sangrentos. Cada vez mais fortes com o apoio que recebiam dos normandos, os tupinambás partem para cima dos tupis de Paranãpuã, invertendo a situação de inferioridade em que antes se encontravam.

Em dezembro de 1552, é a vez do próprio governador-geral Tomé de Sousa visitar a Guanabara na companhia dos primeiros jesuítas para verificar o que se passava nessa parte da costa por onde os franceses andavam todos os anos. Na carta que mandou ao rei d. João III no ano seguinte, o governador-geral demonstra encantamento pela Guanabara. É de sua autoria a célebre frase: "Tudo é graça que se dela pode dizer, senão que pinte quem quiser como se deseja um Rio, isso tem este de Janeiro".[41] No entanto, ele se desculpa por não ter feito ali a fortaleza como ordenara o soberano de Portugal, "por ter pouca gente e não me parecer prudente me desarmar por tantas partes". Tomé de Sousa também dá conta ao rei de que se localizava realmente na Guanabara o principal porto dos franceses no Brasil, de onde "tiram muita pimenta", e conclui com um conselho de se fazer ali uma "povoação armada".

Outra carta, escrita por um jesuíta anônimo que estava nessa viagem, revela mais detalhes sobre o que fizeram os portugueses no Rio de Janeiro naquele início de verão. O religioso entra em detalhes omitidos pelo governador-geral. Ele descreve que, quando os navios entraram na Guanabara, "não saiu a gente em terra porque os índios estão mal com os brancos".[42] Os tupinambás foram às praias com arcos e flechas, gritando e ameaçando os portugueses, que não ousaram enfrentá-los exatamente porque, como disse Tomé de Sousa, "ser pouca a gente". É por isso que o governador aconselha o rei a fazer ali não uma fortaleza, mas antes uma povoação armada, capaz de confrontar os milhares indígenas.

O jesuíta prossegue com o relato de que muitos homens ficaram doentes "porque fazia grandes calores" e foram tentar se refrescar "Rio acima em umas aldeias de índios que são amigos dos brancos", onde enfim os lusos desembarcaram. Em Paranãpuã foram bem recebidos pelo cacique Maracajaguaçu que, preocupado com a pressão a que sua comunidade era submetida pelos tupinambás da costa, afirmou a Tomé de Sousa e aos padres que desejava ser cristão.[43] Esse movimento do morubixaba dos maracajás era um nítido pedido de ajuda na guerra contra os tupinambás, pois, apesar de sempre estarem abertos às visitas dos lusos, eram eles que precisavam enfrentar a ira dos vizinhos quando os portugueses partiam, deixando-os completamente sozinhos.

Por fim, os padres que acompanhavam Tomé de Sousa nessa visita rezaram a primeira missa oficial no Rio de Janeiro em tupi e juntaram os meninos maracajás para "ensinar-lhes a doutrina" e também fazê-los decorar os "cantos de Nosso Senhor". É por isso que, anos mais tarde, os jesuítas do Espírito Santo, ao relatarem seus primeiros encontros com o cacique Araríboia, afirmariam que este indígena era "entendido e desejoso de se fazer cristão". Com aproximadamente 32 anos, em 1552, ele teve oportunidade de conversar com os padres que falavam o tupi. Pôde compreender algumas das bases do cristianismo e a importância daquelas ideias para os portugueses. Era o primeiro contato que tinha com os padres, que seriam os portugueses com quem ele teria amizade mais profunda durante toda a sua vida, transformando-se em um dos maiores devotos do "capitão" São Sebastião. Poderia ter sido esse o começo da iniciação de Araríboia à conversão cristã? Aquela passagem de Tomé de Sousa e a recepção feita pelos maracajás enfureceram mais ainda os tupinambás que haviam lotado as praias da Guanabara. Quando os navios do governador-geral foram embora, os confrontos reacenderam. Os maracajás começaram a ficar vulneráveis aos ataques das aldeias de todo o litoral do Rio de Janeiro. Araríboia e os guerreiros de Paranãpuã passaram a ser acossados não só pelos tupinambás da Guanabara, como também pelas tribos que habitavam a atual Costa Verde do Rio de Janeiro e que teriam dado origem ao termo "tamoios" – "os velhos, os avós". É nítido o movimento dos tupinambás de organizar grandes alianças, convocando seus parentes que viviam mais distantes para a batalha contra os "margaiá", como chamavam, de forma pejorativa, os grandes aliados dos "perós-angaipá" na Guanabara. Depois os "maracajás" chamaram-se de temiminós – "os novos, os netos".

Hans Staden, alemão capturado pelos tupinambás de Ubatuba em 1554, informou em seus escritos ter sido levado à presença do temido cacique Kunhambeba em Angra dos Reis e ter visto, diante das malocas de sua aldeia, "15 cabeças espetadas; eram de gente sua inimiga, chamada Markaya, e que tinha sido devorada. Quando me levaram para lá, disseram-me que as cabeças eram de seus inimigos e que estes se chamam Markayas".[44] Também em outra passagem, ele relata ter sido levado para uma aldeia onde os tupinambás se reuniram para "devorar um prisioneiro" de uma nação chamada "Markaya". Ele conseguiu falar com este maracajá, que zombou da corda chamada de *muçurana* que o prendia. "– Nós temos melhores cordas, disse ele."[45] Os guerreiros tupis tinham no ritual da morte um fim honrado. Hans Staden lhe perguntou: "– Estás já pronto para morrer?". Ele riu e respondeu: "– Sim, estou pronto para tudo!". Quando tudo acabou, Hans Staden foi levado de volta a Ubatuba "e, meus senhores [tupinambás], trouxeram consigo um pouco de carne assada".

Nessas poucas passagens do relato de Staden, é possível quantificar que nada menos que dezesseis maracajás haviam sido levados para Angra dos Reis para serem mortos. Os indígenas de Paranãpuã estavam sendo perseguidos com sofreguidão. Os portugueses visitavam esporadicamente os "índios gatos", enquanto que os franceses eram presença constante na Guanabara, com homens e navios chegando a todo momento. Esse fato privilegiava os tupinambás, que contavam com o reforço dos franceses e suas armas de fogo, que produziam mais terror que eficácia. Mais úteis eram as espadas, bestas e armaduras para se proteger das flechas. Arariboia deve ter sido muito perspicaz para enfrentar todas essas batalhas, enquanto fosse possível lutar e evadir-se na hora certa para não ser capturado. Era uma das normas da crença tupi sobre a estratégia de guerra e que era exemplificada pelo uso do *enduape*, ornamento em forma de rodela feito com a pena das emas, amarrado à cintura pela parte de trás, cobrindo as nádegas. Usavam esse adereço para se inspirarem no animal que atacava, jogando areia nos olhos do rival enquanto corriam em alta velocidade ao menor sinal de perigo fatal.

Arariboia e seus companheiros investiram boa parte desses anos na constante preparação de armas, como arcos, flechas, tacapes e escudos, e na fortificação das aldeias de Paranãpuã, com a construção dos muros duplos de caiçaras e armadilhas de estrepes em buracos pelos caminhos. A função de espias para se prevenir de ataques inesperados deve ter tomado um bom tempo dos homens. As aldeias dos maracajás andavam sobressaltadas.

A primeira coisa que os tupinambás faziam ao atacar de surpresa seus inimigos era despejar sobre as suas malocas uma chuva de flechas incendiárias preparadas com chumaços de algodão com cera na ponta. Em poucos segundos, as casas estavam em chamas produzindo uma densa fumaça que tomava conta das habitações e obrigava os moradores a saírem de onde estavam protegidos. A confusão e o pânico se instalavam entre os inimigos e os tupinambás aproveitavam a oportunidade para invadir a aldeia aos gritos, berros e ao som de trombetas, massacrando com suas *ibirapemas* quem estivesse pela frente e capturando outros com as cordas que levavam enroladas no corpo. No início dos anos 1550, os maracajás viram suas malocas pegarem fogo e as chamas subirem alto em direção aos céus, enfumaçando a Guanabara de desespero. Arariboia os enfrentava e também se escondia.

ENTRE A VIDA E O ÊXODO

Antes de voltar à Europa, resgatado por um navio francês em outubro de 1554, Staden ainda presenciou um acontecimento importante na Guanabara, e que pode ter sido o estopim para a atitude tomada pelos maracajás dias depois. Os franceses do navio onde ele foi acolhido avistaram uma pequena embarcação portuguesa "que queria sair do porto [do Rio de Janeiro] depois de ter negociado com uma raça de selvagens, que tinham como amiga e que se chamava os maracajás". Os normandos tentam capturar aquele barco, mas acabam repelidos, saindo com muitos feridos a tiros daquela contenda.

Esse acontecimento revela que, no fim de 1554, os maracajás continuavam resistindo nas suas aldeias de Paranãpuã e recebendo os navios portugueses para negociar. Essa hospitalidade despertava cada vez mais a fúria dos tupinambás, que viam em tal atitude enorme afronta, ainda mais se os franceses, seus aliados, tivessem sido mortalmente feridos. Esse pequeno combate entre os europeus pode ter sido a causa de um grande ataque dos tupis da costa da Guanabara contra os maracajás nos meses seguintes. Tais entreveros despertavam ódio e vingança, ingredientes que tanto animavam os tupis para a guerra. A derrota dos franceses na Guanabara só teria sido possível porque os maracajás continuavam a receber os lusos como amigos. O episódio não ficou sem resposta. Os tupinambás estavam mais bem armados e audaciosos devido às trocas que realizavam com os normandos já havia dez anos e partiram para acabar de uma vez por todas com as aldeias inimigas de Paranãpuã.

Esse fato é conhecido porque, no início de 1555, o padre jesuíta Luís da Grã encontrava-se na capitania do Espírito Santo e, numa carta de 25 de abril daquele ano, escreveu ter chegado ali "um principal que chamam 'Maracaiaguaçu', que quer dizer 'gato grande', que é muito conhecido dos cristãos e muito temido entre os gentios, e o mais aparentado entre eles".[46] Antes, ele havia enviado um de seus filhos, que trazia um pedido de ajuda urgente à finalidade daquela visita. Hoje se sabe que esse filho não era Arariboia, então com 35 anos, – de onde se deduz que estivesse ele em Paranãpuã, ajudando na resistência contra os tupinambás. O jesuíta, por sua vez, explica que a tribo daquele morubixaba "há muitos anos que tem guerra com os 'tamoios' e, tendo dantes muitas vitórias sobre eles, por derradeiro vieram-no a pôr em tanto aperto com cercas que puseram sobre a sua aldeia e dos seus".

Por isso não restou outra alternativa a não ser implorar a ajuda dos portugueses. O principal dos "índios gatos" disse às autoridades portuguesas que tinha feito aquela viagem para "pedir que lhe mandassem embarcação para se vir (ao Espírito Santo) pelo grande aperto em que estava". A gravidade da situação foi confirmada por alguns portugueses que tinham vindo do Rio de Janeiro e "afirmavam a extrema necessidade (dos maracajás), e lhes parecia que daí há muitos poucos dias seriam comidos dos contrários". Após alguma tergiversação, finalmente o donatário Vasco Fernandes reuniu os habitantes do Espírito Santo e conseguiu quatro navios armados de artilharia para a missão de resgate na Guanabara. "Chegando lá os navios, estando já com casas de fato queimadas, dentro de um dia e meio se embarcaram com tanta pressa, que haviam pais que deixavam na praia seus filhos."[47]

Não se sabe se Arariboia e sua família conseguiram embarcar nos navios portugueses. Eram quatro embarcações, onde podiam caber algumas centenas de pessoas, pouca gente se levarmos em conta que os maracajás tinham pelo menos cinco grandes aldeias na ilha de Paranãpuã,[48] com milhares de pessoas. Os portugueses conseguem resgatar os sobreviventes da tribo de Maracajaguaçu, mas certamente não todos os temiminós. O êxodo, portanto, deve ter continuado nos meses e até anos seguintes, à medida que outras aldeias iam sendo cercadas pelos tupinambás na Ilha do Mar e as opções de resistência diminuíam.

Esse entendimento sobre o êxodo de longo prazo das tribos associadas aos maracajás explica o fato de os cronistas franceses afirmarem terem sido testemunhas de grandes combates indígenas na Guanabara nos anos seguintes, 1556 e 1557. Os temiminós viram sua situação se agravar ainda mais com a chegada da primeira leva de embarcações comandadas por Nicolas Villegagnon, em novembro de 1555. Os franceses eram centenas e vieram para ficar. A demanda por cativos aumentou, assim como a ajuda bélica para os tupinambás. Um dos colonos franceses, Jean de Léry, afirmou ter, inclusive, participado de um ataque aos maracajás. "– Posso falar com exatidão por já ter sido espectador de uma luta." Diz ele ter acompanhado mais de 4 mil homens em um combate que teria acontecido na praia com "o perigo de sermos agarrados e devorados pelos margaiá". É possível que Arariboia possa ter participado desse combate, onde do lado dos tupinambás estavam franceses empunhando espadas e dando tiros de arcabuz a esmo, com medo.

Logo que os dois grupos inimigos se perceberam a menos de "um quarto de légua distância"[49] um do outro, começaram a urrar, gritar e ameaçar-se mutuamente. Berravam tão alto que "não poderíamos ouvir o trovão". As cornetas feitas com os ossos dos inimigos mortos eram tocadas e mostradas enquanto avançavam para a batalha. Quando chegavam a uma distância de "trezentos passos", havia intensa troca de flechas e os escudos de casca de madeira ou pele de anta começavam a ser acionados para proteção. "As setas voavam como moscas." Léry diz que, se alguém era ferido por uma flecha, este tratava de arrancá-la e mordê-la em desafio aos inimigos, voltando ao combate. Quando finalmente os dois grupos se aproximavam a ponto de se misturarem, abandonavam o arco e a flecha e passavam a se medir com as "clavas descarregando-as com tal violência que quando acertavam na cabeça do inimigo o derrubavam morto".

Segundo o cronista francês, o combate durou três horas e "houve de parte a parte muitos mortos e feridos, mas os nossos tupinambás foram afinal vencedores".[50] Há de se convir que uma batalha não deve ter exatamente durado três horas na forma como é relatada. Muito antes, os maracajás, em menor número, devem ter empreendido fuga pelas matas. As perseguições tupinambás em busca de suas presas são o provável motivo de ter esticado o tempo de toda a ação. Os maracajás aprisionados foram amarrados e levados de volta para as aldeias da costa do Rio de Janeiro.[51]

Dali a alguns dias, os tupinambás "que tinham prisioneiros em suas malocas" foram até o forte dos franceses. Contudo, "os intérpretes só conseguiram resgatar parte deles". Nesse dia, ainda ouviram reclamação de um dos maiorais tupinambás, que se queixava do fato de que, desde a chegada do "Pai Colá" – como os nativos chamavam o vice-almirante francês Nicolas Villegagnon, responsável pela tentativa francesa de colonizar a Guanabara –, eles não mais comiam todos os seus inimigos. O tupinambá se questionou: "Não sei mais o que vai acontecer no futuro?".[52] A resposta viria dos próprios maracajás capturados.

Os franceses precisavam de escravizados para trabalhar na construção do forte e tentavam mantê-los numa pequena ilha próxima à foz da Guanabara, que hoje se chama ilha de Villegagnon. Segundo Jean de Léry, existiam naquele reduto normando mais de quarenta maracajás escravizados, entre homens e mulheres. Pelo menos dez meninos "de 9 a 10 anos" foram enviados à França para serem presenteados ao rei Henrique II e outros nobres. Os maracajás, que trabalhavam construindo a fortaleza, eram tratados com extrema brutalidade pelo vice-almirante francês Villegagnon. O mesmo cronista relata o acontecido com um maracajá de nome Mingau, que, por um motivo fútil, foi castigado com toucinho derretido nas nádegas. As mulheres cativas dessa tribo eram obrigadas pelo chicote a andarem vestidas. Os maracajás experimentavam agora o mesmo processo a que eram submetidos os tupinambás quando caíam nas mãos dos portugueses, praguejando: "– Se soubéssemos que Pai Colá nos trataria desse modo, antes teríamos nos deixado comer por nossos inimigos".[53]

A resposta à pergunta sobre o futuro dos tupinambás foi dada mais de uma vez pelos maracajás que os franceses negociaram por escravizados junto aos tupinambás. Jean de Léry conseguiu por "3 francos em mercadorias" resgatar uma mulher maracajá com seu filho de dois anos. Ao explicar a ela que pretendia levar o menino para a Europa, a fim de educá-lo, a mulher ficou horrorizada e afirmou preferir que ele fosse devorado pelos tupinambás a vê-lo ir embora. O desejo daquela mulher era que o menino crescesse por ali até conseguir fugir para se juntar ao restante da tribo e voltar para se vingar dos seus inimigos. Os cativos tinham direito a permanecer por anos na aldeia de seus inimigos, inclusive podiam ter mulher e filhos, antes de serem sacrificados.

O desejo de vingança daquela mãe temiminó não demoraria tanto tempo assim. No diálogo final de um maracajá enfeitado e preso pela muçurana para o ritual antropofágico, ele lançou a derradeira profecia, tendo franceses como testemunhas. Diante do carrasco tupinambá ricamente paramentado que segurava o *ibirapema* sagrado, momentos antes do golpe final, o guerreiro maracajá se encheu de orgulho e disse: "– Sou muito valente e realmente matei e comi muitos de seus amigos e parentes!". E continua a provocar: "– Não estou a fingir, venci os vossos pais e os comi!". Ao que o tupinambá com raiva respondeu: "– Agora estás em nosso poder, serás morto por mim, moqueado e devorado por todos!". O maracajá recebeu a afirmação com uma risada e, com desdém, assegurou: "– Meus parentes me vingarão!".[54]

O parente que lideraria a vingança final atendia pelo nome de Arariboia. Ele havia sobrevivido a todos aqueles combates anteriores e partido com seus familiares e companheiros para o Espírito Santo, a fim de se juntar ao restante da tribo. Em 1557, ele teria por volta de 37 anos. Já experiente de tantas batalhas travadas, assumia cada vez mais o papel de liderança. Estava quase pronto para o seu destino de destaque entre os grandes homens de seu povo. Faltavam-lhe ainda alguns anos para ter a responsabilidade de reorganizar sua gente e formar uma aldeia. Ao contrário do que havia previsto até ali, ele teria que fazer isso bem distante de onde se criara e crescera nas mansas praias da grande ilha de Paranãpuã. Ao remar apressado para alcançar a foz da Guanabara em uma grande canoa lotada de famílias em fuga, visualizou com tristeza o formato do relevo das montanhas que tinha como lar e viu, ao longe, em sua Guanabara natal as malocas de sua aldeia em chamas.

NOTAS — CAPÍTULO 2

1 ▸ O significado do nome tupi "*paranãpuã*", durante muito tempo, foi explicado como "o que se ergue no seio do mar". Entretanto, estudos mais recentes sobre tupi antigo permitem outras interpretações a partir das duas palavras que formam o nome "*paranã*", mar, e "*pûan (puã)*", que significa "passar à frente de", "ultrapassar" e "passar" ou também "ilha". Isso nos leva à ideia de "ilha do Mar" ou ainda de "(ilha) à frente do mar" ou "(ilha) com o mar em frente", o que tem tudo a ver com a posição da Ilha do Governador em relação à Baía de Guanabara, sendo a maior e de frente para toda a baía (NAVARRO, 2013, p. 407).

2 ▸ A moderna corrente histórica que se ocupa dos primórdios da cidade do Rio defende que a localização da primeira ocupação portuguesa teria tido lugar na feitoria da Ilha do Governador, mais precisamente na Ponta do Matoso, e não no Cabo Frio. Seria essa então a feitoria fundada por Américo Vespúcio em sua segunda viagem pelo litoral brasileiro e que teria permanecido em funcionamento até pelo menos 1516, quando teria sido roubada e destruída por um galeão espanhol de passagem pelo Rio de Janeiro. Sobre este tema, recomendo a leitura de Fernando Lourenço Fernandes, "A feitoria da Ilha do Gato" (apud BUENO, 2002), ou ainda *Arqueologia histórica: a primeira feitoria do Brasil*, de Maria Beltrão (2007).

3 ▸ Ver estudos da arqueóloga Maria Beltrão, como *A Pré-História do Rio de Janeiro* (1978).

4 ▸ Várias das primeiras cartas de sesmarias portuguesas usam como ponto referencial dessa parte da costa um local central denominado pelas autoridades lusas como a "tapera de Inhaúma". O termo "tapera" é uma referência explícita à existência anterior de uma aldeia nativa. A etimologia de "tapera" (taba +ûera) em tupi antigo é "aldeia antiga" ou "aldeia que foi", em português. O sentido ficou sendo o de uma aldeia em ruínas, aldeia extinta ou, ainda, uma aldeia que havia sido destruída, a "tapera". A grande praça sem vegetação, a *okara*, que antes servia de pátio de convívio das malocas tupinambás dispostas circularmente, serviam na medida em que iam sendo conquistadas, como abrigo e espaço para a construção das primeiras moradias e casas de engenho. As terras da aldeia de Jabebiracica haviam sido doadas à Companhia de Jesus ainda em 1565 por Estácio de Sá e ocupadas de verdade em 1567 (SILVA, 2015). Essa sesmaria terminava na "tapera de Inhaúma", razão pela qual os padres e a câmara da cidade travaram uma verdadeira disputa para a medição do terreno nos anos seguintes, o que efetivamente só veio a termo em 1588. Dessa medição efetuada criteriosamente e fiscalizada pelas autoridades, verificou-se que do "litoral de Inhaúma, seguindo-se daí até a tapera do mesmo nome, que se soube agora estar localizada no interior, a 700 braças (1.540 metros) do mar". Auto de medição das terras dos padres da Companhia do Colégio desta cidade de São Sebastião do Rio de Janeiro por a parte da tapera de Inhaúma... in Livro do Tombo do Colégio de Jesus do Rio de Janeiro. *Anais da Biblioteca Nacional*, 82:219, 1962.

5 ▶ Carta do padre Luís da Grã do Espírito Santo, em 1555. "Chegou aqui um principal que chamam Maracajaguaçu que quer dizer 'gato grande', que é muito conhecido dos cristãos e muito temido entre os gentios, e o mais aparentado entre eles. Este vivia no Rio de Janeiro há muitos anos que tem guerra com os tamoios, e tendo dantes muitas vitórias deles, por derradeiro vieram-no pôr em tanto aperto com cercas que puseram sobre a sua aldeia e dos seus, que foi constrangido a mandar um filho seu a esta Capitania a pedir que lhe mandassem embarcação pera se vir pelo aperto grande em que estava, porque ele e sua mulher e seus filhos e os mais dos seus se queriam fazer cristãos." *Monumenta Brasiliae* II, 1957, p. 226.

6 ▶ São ao todo dez sítios arqueológicos confirmados (BELTRÃO, 1978).

7 ▶ Há estudo disponível em *O Rio antes do Rio* (SILVA, 2015). As listas foram publicadas em "Histoire d'un voyage faict en la terre du Brésil" (1578), que narra as aventuras do jovem protestante Jean de Léry no Rio de Janeiro quinhentista. As tribos tupinambás da Ilha do Governador, em 1557 eram as de Pindobuçu, Koruké, Pirabiju, Jequiá e Paranapucu.

8 ▶ Léry, 1941, p. 110.

9 ▶ Capitão Paulmier de Gonneville, *Déclaration du voyage du capitaine Gonneville et ses compagnons ès Indes* (1505), citado por Paul Gaffarel, *Histoire du Brésil français au seizième siècle*, 1878, p. 45.

10 ▶ "Livro da Nau Bretoa que vai para a terra do Brasil", *RIHGB*, 1861, tomo 24.

11 ▶ "Notifique a toda companhia que no dito resgate não vendam e nem troquem com a gente da dita terra nenhuma arma de nenhuma sorte que seja, por nenhuma ou outra coisa que são defesas pelo Santo Padre e por El Rei Nosso Senhor, e poderão levar facas e tesouras como sempre levaram". "Livro da Nau Bretoa que vai para a terra do Brasil", *RIHGB*, 1861, tomo 24, p. 100.

12 ▶ "En la dicha bahía hay buena gente y mucha, y van desnudos, y contratan con anzuelos, espejos y cascabeles por cosas de comer, y hay mucho brasil". Derrotero de Francisco Albo, p. 4. Disponível em: <http://sevilla.2019-2022.org/wp-content/uploads/2016/03/8.ICSevilla2019_Derrotero-de-Francisco-Albo-f15.pdf>. Acesso em: 10 jul. 2019. "Na dita baía tem boa gente e muita, e andam nus, e negociam com anzóis, espelhos, chocalhos por coisas de comer, e tem muito pau-brasil".

13 ▶ João Lopes Carvalho foi um piloto português do início da colonização do Brasil. Ele havia sido um dos tripulantes da Nau Bretoa de 1911 e, conforme está escrito no diário de bordo daquela viagem, ele foi acusado de roubar o baú de ferramentas do navio (certamente em busca de melhores peças para realizar trocas com os indígenas). Por esse crime especula-se que ele tenha sido degredado no Rio de Janeiro em 1911 e vivido na região por cinco anos, tendo inclusive um filho com uma tupi, resgatado por ele na ocasião da passagem da frota de Fernão de Magalhães. Acaba salvo de seu degredo por espanhóis na Guanabara e, por esse motivo, aparece como um dos pilotos daquela expedição.

14 ▶ "Realizamos aquí excelentes negociaciones: por un anzuelo o por un cuchillo, nos daban cinco o seis gallinas; dos gansos por un peine; por un espejo pequeño o por un par de tijeras, obteníamos pescado suficiente para alimentar diez personas". Antonio Pigafetta, "Primeira viagem ao redor do mundo", 1800, p. 6. Disponível em: <http://redmundialmagallanica.org/wp-content/uploads/2015/09/PIGAFETTA-Primer-viaje-alrededor-del-mundo.pdf>. Acesso em: 10 jul. 2019.

Em tradução livre: "Realizamos aqui excelentes negociações: por um anzol ou uma faca, nos davam cinco ou seis galinhas, dois gansos por um pente, por um pequeno espelho ou um par de tesouras, obtínhamos peixe suficiente para alimentar dez pessoas".

15 ▸ Ibidem, p. 6.

16 ▸ Depoimento dos espanhóis da nau São Gabriel, que estiveram no Rio de Janeiro por volta de 1527: "Declaraciones que algunos marineros de la nao San Gabriel dieron en Pernambuco de 2 de Noviembre de 1528 sobre los sucesos desgraciados que experimentaron después de su separación de la armada de Loaisa en la entrada del estrecho de Magallanes" (NAVARRETE, 1837, p. 318). "Declarações que alguns marinheiros da nau São Gabriel deram em Pernambuco de 2 de novembro de 1528 sobre os acontecimentos horríveis que experimentaram depois da sua separação da Armada de Loaysa na entrada do Estreito de Magalhães".

17 ▸ "E así venimos hasta el río de Genero, e allí el capitán demandó su parecer al maestre e piloto e a todos los compañeros, de lo que les parecía que debían hacer, si irían a Maluco por el cabo de Buena Esperanza, o volverían al Estrecho por la costa..." Ibidem, p. 318. Em tradução livre: "E assim viemos até o rio do Genero [Rio de Janeiro], e ali o capitão perguntou o parecer do mestre e do piloto e a todos os companheiros, o que deviam fazer, se viajavam para Maluco pelo Cabo da Boa Esperança, ou se voltavam para o Estreito pela costa...".

18 ▸ "[...] tienen muchos bastimentos de la tierra como de maíz y cagabi, patatas y una fineta como piñones que llaman los portugueses frisuelos, muchas gallinas, muchos pescados de diversas maneras, muchos venados, dantas, faisanes, y otros muchos géneros de animales y aves" (*Islario general de todas las islas del mundo*, p. 546, Alonso de Santa Cruz, 1908). Em tradução livre: "[...] tem muitos mantimentos da terra, como milho e repolho, batatas e um tipo de pinhões que os portugueses chamam de 'frisuelos' [abacaxis], muitas galinhas, muitos peixes de diversos tipos, muitos veados, antas e faisões, e outros muitos tipos de animais de aves".

19 ▸ O único documento oficial do que ocorreu nessa expedição são os relatos escritos por Pero Lopes de Sousa em seu diário de navegação (*RIHGB*, tomo XXIV, v. 24, 1861).

20 ▸ Diogo Álvares Correia, o Caramuru, foi um náufrago português que passou a vida entre os indígenas da Bahia e foi responsável pelo contato mais ameno entre os primeiros viajantes europeus e os povos nativos do Brasil. Recebeu a alcunha de Caramuru (que significa "moreia") pelos tupinambás.

21 ▸ Ibidem, *RIHGB*, tomo XXIV, v. 24, p. 31.

22 ▸ "Carioca" era o nome de uma aldeia tupinambá. Segundo Léry e Anchieta, o nome significava *Carijó-oca*. Para mais detalhes, ver *O Rio antes do Rio* (SILVA, 2015).

23 ▸ Serrão, 1965, v. I, p. 41.

24 ▸ Considerado o pai da historiografia brasileira, o autor da obra *A História do Brasil* de 1627.

25 ▸ Pero Lopes, *RIHGB*, 1861, tomo XXIV, v. 24, p. 66.

26 ▸ O jesuíta e historiador Simão de Vasconcellos é um dos que confundiram o Martim Afonso Tibiriça com o Martim Afonso Arariboia. Ele escreveu o seguinte no v. II da História da Companhia de Jesus, 1865, p. 73: "Vivia nesta terra um índio, homem de grande coração, o esforço, e na destreza, e prudência militar superior a todos; fiel aos Portugueses, e perfeito Cristão. Tinha obrado grandes façanhas nas guerras passadas em defesa dos Portugueses, primeiro em S. Vicente contra os gentios Tamoios, que tinham posto em grande aperto a terra. Ajudou a defender a Capitania do Espírito Santo com sua gente (cujo Principal era contra os Franceses". Quem defendeu São Vicente na guerra contra os tamoios foi Tibiriça, também batizado de Martim Afonso. A confusão do autor é compreensível, ele fez suas pesquisas por volta dos anos de 1650. Historiadores acabaram reproduzindo o erro do jesuíta.

27 ▸ Aylton Quintiliano, autor de *A Guerra dos Tamoios* (1995), chega a afirmar que a omissão de informações de Pero Lopes, escritor tão específico e detalhista do diário daquela expedição, sobre a segunda passagem que fez à Guanabara em 1532, é justamente a prova do cometimento de barbaridades contra os indígenas. Para ele, Pero Lopes teria feito "muitos prisioneiros, depois de obrigá-los ao carregamento de pau-brasil".

28 ▸ Disponível em: <https://pt.wikipedia.org/wiki/Sublimis_Deus>. Acesso em: 10 jul. 2019.

29 ▸ Na Carta de doação da capitania hereditária de São Vicente, o rei autorizou Martim Afonso de Sousa a ter quantos escravos nativos quisesse e também a remeter 24 escravos por ano ao reino (apud HEMMING, 2007, p. 83).

30 ▸ A referência à forma como os tupinambás da Guanabara se referiam aos portugueses está em Léry (1941, p. 169): "peró-angaipá". *Angaîpaba* (ruindade da alma) – usado como adjetivo (*angaîpab* ou *angaîpá* – maldoso, mau, pecador (NAVARRO, 2013, p. 38).

31 ▸ Anchieta, *Cartas*, Ao General Diogo Lainez, de São Vicente, jan. 1565, p. 196.

32 ▸ Conforme correspondência enviada pelo colono Luís de Góis ao rei d. João III de São Vicente em 1548 (SERRÃO, 1965, v. II, p. 17).

33 ▸ Anotação do jesuíta Simão de Vasconcellos, 1931, v. II, p. 7.

34 ▸ "No Colóquio de entrada ou chegada ao Brasil entre a gente do país chamada tupinambá em língua brasílica e francesa", que é o capítulo XX na obra de Jean de Léry. Um diálogo direto entre um francês chegando ao Rio de Janeiro e um tupinambá. O visitante europeu pergunta por volta de 1550. "– Qual o nome de vossos inimigos?" O tupinambá responde: "– Margaiá (Maracajá), Uetaká (Goitacaz), Ueanã, Caraja e Carijó" (LÉRY, 1941, p. 256). Nessa mesma época também o alemão Hans Staden presenciou execuções e cabeças de maracajás fincadas na entrada da aldeia de Ariró, em Angra dos Reis, do morubixaba Kunhambeba.

35 ▸ "Ruindade da alma" (NAVARRO, 2013, p. 38).

36 ▸ Também conhecida como capitania do Paraíba do Sul, entre Macaé (RJ) e Itapemirim (ES), compreende o atual litoral de Campos dos Goitacazes (RJ).

37 ▸ Carta do Governador Tomé de Sousa ao rei d. João III, jul. 1551 (SERRÃO, 1965, v. II, p. 23).

38 ▸ Carta de Pedro de Góis ao rei d. João III, abr. 1551 (SERRÃO, 1965, v. II, p.19).

39 ▸ A referência está na carta de um dos colonos que acompanhou Martim Afonso de Sousa e ficou em São Vicente. Luís de Góis escreve ao rei d. João III pedindo ajuda e socorro em 1548 porque há "dois anos a esta parte vem sete ou oito naus (francesas) a cada ano ao Cabo Frio e Rio de Janeiro. Já não há navio que ouve aparecer, porque a muitos tem acometidos e alguns tomados" (SERRÃO, 1965, v. II, p. 17).

40 ▸ É Jean de Léry que relata a preparação de uma batalha pelos tupinambás, cujos costumes eram os mesmos dos maracajás. O calvinista conta que o líder principal fazia um discurso lembrando feitos guerreiros do passado e insistindo que os jovens se inspirassem nos exemplos de bravura dos antepassados. "Deixará a nossa covardia que os maracajás e os peró-angaipá que nada valem, invistam contra nós? – Eríma, eríma, tupinambá kunumĩuasú, tã, tã, tã! (Não, não, rapazes tupinambás são fortes!)" Dizia batendo com a mão nos ombros e nas nádegas (LÉRY, 1941, p. 169).

41 ▸ Carta de Tomé de Sousa ao rei d. João III (SERRÃO, 1965, v. II, p. 26).

42 ▸ Carta de um Irmão do Brasil aos Irmãos de Portugal. LEITE, *Monumenta Brasiliae*, 1956, v. I, p. 429.

43 ▸ Como relatou o padre Luís da Grã em carta do Espírito Santo em 1555: "E aquela vontade de ser cristão ele tinha dito (Maracajaguaçu) havia muito, a muitas pessoas, e assim o dissera a Tomé de Sousa". Carta do padre Luís da Grã do Espírito Santo, 1555. *Monumenta Brasilis*, LEITE, 1957, v. II, p. 227.

44 ▸ Staden, 1900, p. 59.

45 ▸ Essa passagem exemplifica que o ritual antropofágico que estava prestes a acontecer também era praticado pelos maracajás quando capturavam um tupinambá (STADEN, 1900, p. 73).

46 ▸ Carta do padre Luís da Grã do Espírito Santo, 1555. Leite, *Monumenta Brasilis II*, 1957, p. 226.

47 ▸ Ibidem, p. 227.

48 ▸ Justamente o número de aldeias relatadas na Ilha do Governador nos anos seguintes por Jean de Léry como sendo dos tupinambás. São elas as de Pindobuçu, Jequeí, Koruké, Pirabiju e Paranapucu. Acreditamos que essas novas aldeias tomam os lugares dos maracajás a partir de 1555. Para mais detalhes, ver *O Rio antes do Rio* (SILVA, 2015, p. 180).

49 ▸ Cerca de um quilômetro.

50 ▸ Léry, 1941, p. 174.

51 ▸ De acordo com a descrição feita pelo cronista francês, os atacantes tupinambás pertenciam justamente às aldeias que ficavam próximas da atual ilha de Villegagnon, a saber: Karióca, Guiráguaçunaê e Jabebiracica.

52 ▸ Léry, 1941, p. 175.

53 ▸ Léry, 1941, p. 89.

54 ▸ Todo esse diálogo é relatado por Jean de Léry, que assistiu a uma dessas cerimônias, em que exatamente um guerreiro maracajá cativo foi morto por tupinambás do Rio de Janeiro em 1557 (LÉRY, 1941, p. 179).

CAPÍTULO 3

PRINCIPAL DO ESPÍRITO SANTO

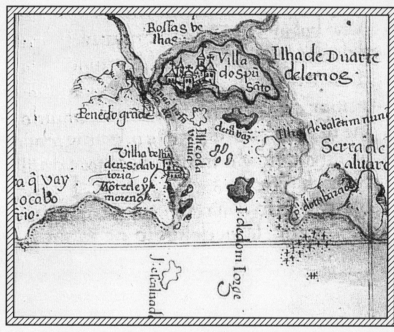

Baía de Vitória, cerca de 1586 – mapa de Luís Teixeira Albernaz.

PEQUENA HISTÓRIA DOS PRIMEIROS ANOS DA CAPITÂNIA DO HERÓI PORTUGUÊS

Os primeiros colonos lusos chegaram ao Espírito Santo em 1535. Eram apenas sessenta pessoas, em sua maioria condenados por roubo e assassinato. Vieram todos numa única caravela batizada com o nome Glória.[1] O donatário daquela porção de terras nomeado por d. João III era um herói de guerra português chamado de Vasco Fernandes Coutinho, fidalgo que havia feito uma brilhante carreira militar nas Índias e na África. Vasco participou da conquista de Malaca, na Malásia, enfrentando pelotões de

109

Representação de Vasco Fernandes Coutinho – donatário do Espírito Santo.

elefantes, combateu contra os turcos em Goa, atualmente um estado da Índia, e conquistou junto com Afonso de Albuquerque a fortaleza de Ormuz, no Golfo Pérsico. Ainda jovem, tomou parte dos principais episódios de conquista do império português na Ásia e no Marrocos.[2] De volta a Portugal, desfrutando de prestígio, foi agraciado pela concessão de uma capitania hereditária no Brasil, no esforço português de tentar ocupar aquelas vastas terras, sob ameaça de invasão de outras nações.

Vasco Fernandes Coutinho foi um dos poucos donatários que se empenharam em fazer cumprir o acordo firmado com o rei.[3] Podia ter envelhecido aproveitando os prazeres da vida em Portugal, depois de tantas aventuras em mares distantes. Não era um homem extremamente rico, por isso decidiu vender todos seus bens, inclusive sua casa, uma Quinta no Alenquer, em busca de cumprir seu compromisso. Trocou-a pela caravela, pediu dinheiro emprestado e financiou, com a Coroa portuguesa, tudo o que fosse necessário para conquistar e colonizar as suas terras no Brasil. Ele também fora seduzido pelo mito do Eldorado americano, que versava sobre a existência de grandes riquezas minerais de ouro e prata, e decidiu arriscar tudo. Sem falar da glória de ser "grão-mestre" numa terra virgem do tamanho dos reinos do outro lado dos mares ocidentais.[4] Assim, no dia 23 de maio de 1535, a caravela Glória chegou à baía que seria inicialmente conhecida como do Espírito Santo,[5] desembarcando na enseada junto ao monte Moreno, à esquerda de sua entrada.

Os indígenas daquela parte do litoral não receberam bem os portugueses. Postaram-se armados em grupos na praia, dispostos a impedir o desembarque. Quando os portugueses fizeram o movimento de descer os barcos pequenos, baixou sobre eles uma nuvem de setas. Os canhões do navio foram acionados para afugentá-los de volta à floresta. Assim foi a chegada de Vasco Fernandes no Espírito Santo, um prenúncio da tremenda dificuldade que ele enfrentaria com os diversos grupos nativos que moravam nos arredores daquela baía há séculos.[6]

Mesmo assim, o herói português desembarcou a pouca gente na praia da atual Vila Velha e começou a construir uma paliçada de madeira para cercar o terreno até a areia. Dentro, os primeiros moradores começaram a erguer suas choças e acharam a terra muito boa. As florestas eram aromáticas, abundavam os pastos para o gado, existiam frutas doces de espécies variadas, a baía e o rio eram abundantes de peixe e nas enseadas e lagunas podia-se apanhar o peixe-boi, cuja carne era igual a de vaca.

A terra era rica, o açúcar foi a primeira coisa que pensaram em plantar. Vasco Fernandes e seus homens se lançaram ao trabalho plantando a cana que tinham levado consigo. Alguns grupos indígenas aparecem em paz para realizar a troca das mercadorias de praxe e ajudam a derrubar as árvores e a abrir clareiras. Entretanto, havia ainda muita desconfiança, e os nativos não pareciam estar de acordo com tudo. De repente, desapareciam e ressurgiam soltando gritos de guerra.

Os grupos hostis agiam sabotando as plantações dos colonos e assaltando o arraial em que os homens de Vasco Fernandes se protegiam atrás de paliçadas. Era preciso manter sentinelas dia e noite. A despeito das tentativas de aproximação com os nativos feitas pelo donatário, que adquiriu inclusive o hábito indígena do tabagismo, os primeiros anos no Espírito Santo foram de guerras, escaramuças e desalento. Os portugueses eram poucos para se impor aos numerosos indígenas. Para piorar, alguns pequenos engenhos de cana-de-açúcar começaram a surgir, e com isso os poucos colonos deram curso às primeiras tentativas de escravização, o que provocava frequentes contra-ataques. Os recursos eram parcos para garantir a ocupação da terra. Eles viviam encurralados, ocupando a enseada junto ao mar, sob o medo constante dos assaltos indígenas.

Não fosse a ajuda de outro fidalgo, Duarte de Lemos, também veterano da Índia, que veio da Bahia com mais gente e recursos em meados de 1536, a situação continuaria a piorar. Vasco Fernandes Coutinho, em agradecimento, doou uma grande sesmaria para o nobre "por muito que lhe devo e por me vir ajudar a suster a terra que sem sua ajuda o não fizera". Essa ajuda é comentada pelo donatário por ter Duarte de Lemos socorrido os colonos e "fazer guerra contra os infiéis, e gentes da terra".[7] O pedaço de terra ofertado ao fidalgo era a melhor e maior ilha da baía, chamada de Santo Antônio, à margem direita e mais tarde sede da capitania. Ao tomar posse da área, o fidalgo distribuiu sesmarias e a fez povoar, dando novo impulso à colonização.

Em busca de metais preciosos, os colonos realizaram uma expedição até o local onde hoje é a cidade de Serra, a fim de explorar, por mar, o restante do litoral da capitania. O donatário da capitania vizinha de São Tomé, Pero de Góis, também ajudou cedendo escravizados e recursos. Apesar da relativa calma, aquelas terras continuavam pertencendo aos numerosos indígenas que resistiam à presença dos brancos. Depois de cinco anos de trabalho, Vasco Fernandes percebeu que precisava trazer mais pessoas e recursos para a sua capitania. Encheu a sua caravela de mercadorias tropicais e voltou a Portugal em busca de ajuda, acompanhado por Duarte de Lemos.

Na ausência dos dois homens fortes da empresa colonial, foi nomeado como capitão d. Jorge de Menezes, um conhecido navegador das Índias que havia caído em descrédito com o rei d. João III por atrocidades cometidas nas Ilhas Molucas (Indonésia) e, por isso, cumpria degredo no Brasil. Enquanto esteve no Espírito Santo, conseguiu o donatário herói português contrapor-se à raiva dos nativos e controlar o ímpeto dos colonos. Mesmo com todos os problemas, aos poucos, a capitania passou de fato a existir. Entretanto, a sua partida foi o sinal verde para que os portugueses ali residentes, a maioria criminosos, retomassem suas ambições escravagistas. Os indígenas foram tão agredidos que empreenderam um massivo ataque contra o arraial português.

Temos um exemplo de como agiam os colonos no testemunho de Pero de Góis, donatário de São Tomé, sobre um acontecimento que deve ter sido determinante para o recrudescimento da guerra. A carta, datada de abril de 1546, é particularmente expressiva sobre o que fez um tal de Henrique Luis, que "saiu da terra de Vasco Fernandes Coutinho" e navegou até a costa do rio Paraíba do Sul numa caravela. Chegando lá, sem autorização de Pero de Góis, foi negociar com os goitacazes, que estavam pacificados e o receberam muito bem. A propósito de mostrar mercadorias no barco, enganou "o maior principal que nesta terra havia e mais amigo dos cristãos e o prendeu no navio pedindo por ele muito resgate". A tribo obedeceu e lhe entregou tudo o que foi pedido; mesmo assim, "por se congraçar com outros índios contrários deste que prendeu, o levou e entregou preso e o deu a comer, contra toda verdade e razão".

Pero de Góis continua a sua irritada correspondência ao rei d. João III relatando que, por isso, "os índios se alevantaram todos dizendo de nós muitos males que se não fiassem em nós, que não mantínhamos verdade". Os goitacazes logo se reuniram e atacaram a principal povoação de São Tomé, que tinha "a gente segura fazendo suas fazendas, deram neles e matarão três homens e os outros fugirão e queimaram os canaviais todos com a mais fazenda que havia e tomaram toda quanta artilharia havia e deixaram tudo destruído".[8]

A revolta goitacaz se espalhou até chegar no Espírito Santo, de onde havia partido o tal criminoso Henrique Luís. Os guerreiros indígenas foram buscá-lo e, sem a liderança do donatário ausente, a defesa da vila do Espírito Santo, hoje Vila Velha, foi vencida pelos goitacazes, que destruíram engenhos e casas: tudo foi posto abaixo e queimado, e muitos portugueses foram mortos a flechadas, inclusive d. Jorge de Menezes. Também seu sucessor foi assassinado e, com medo, a maioria dos moradores fugiu para outras capitanias ou se embrenhou pelas florestas.

Ao saber das notícias do que havia se passado em sua capitania, Vasco Fernandes Coutinho regressou ao Espírito Santo depois de sete anos em Portugal. Encontrou a capitania em ruínas, a vila despovoada e os nativos fortalecidos. Precisou recomeçar, cheio de dívidas. Uma das primeiras medidas foi transferir a sede da capitania para a ilha de Santo Antônio, mais protegida. Conseguiu expulsar temporariamente os goitacazes da região com os reforços que trouxe de Portugal e fundou uma nova vila, que receberia o nome de Vitória. As primeiras casas foram erguidas nos montes, tamanho o receio de novas investidas dos indígenas.

Era em torno de 1549 e, como consequência do fracasso geral do sistema das capitanias hereditárias, a Coroa portuguesa mudou a administração colonial e enviou ao Brasil o primeiro governador-geral, Tomé de Sousa. Uma de suas principais missões era justamente socorrer o Espírito Santo.[9] Primeiro enviou uma missão de ajuda e, depois, foi pessoalmente conferir o que se passava por lá. Suas ações foram decisivas para a continuidade da colonização. Com ele chegaram os primeiros jesuítas, encarregados de dialogar com os indígenas e promover sua integração à sociedade cristã.

O jesuíta Leonardo Nunes passou pelo Espírito Santo em 1550, a caminho de São Vicente.[10] Ele permaneceu pouco mais de um mês na vila de Vitória e foi recebido por poucos moradores que o queriam "por força deter" por estar a terra desamparada. Nesse tempo, ele casou dois homens com mulheres indígenas e todas as noites ensinou "a doutrina aos escravos que ali havia, porque aquelas horas vinham de trabalhar e estavam todos juntos; e porque eram muitos e não cabiam na igreja". Ele reunia os nativos numa praça do arraial da pequenina vila de Vitória para lhes ensinar sobre a vida de Jesus na presença de "muitos homens brancos e mulheres e moços". Ainda sem saber falar o tupi, ele era auxiliado por um "homem casado", com bom domínio do idioma da terra, "que tão de verdade se converteu a Deus" que, ao traduzir suas prédicas, o fazia "com tanto zelo e fervor" que a devoção impressionava os indígenas, que "se consolavam muito de o ouvir".[11]

Quando chegou "a derradeira noite" da despedida "ficaram desconsolados os escravos pelo amor que já me tinham".[12] Os nativos haviam sentido, mesmo que por pouco tempo, a diferença na atenção e na humanidade com que o religioso jesuíta os tratava. A conversa fluía na própria língua, e os indígenas sentiram um importante e confiável canal de comunicação se abrir com os padres. Os jesuítas acostumaram-se a ouvir os nativos numa atitude diferente da maior parte dos colonos, que os queriam apenas como escravizados.

Depois de ter sido obrigado a abandonar sua capitania por conta dos ataques dos goitacazes, Pero de Góis foi nomeado capitão-mor da costa e, a serviço do governador-geral Tomé de Sousa, percorreu o litoral, parando no Espírito Santo por volta de setembro de 1550. Relatou, surpreso, mais uma vez a ausência do donatário por "ter ido não sei lá onde". Por isso, a terra estava "quase perdida por discórdias e desvarios dos homens por não estar Vasco Fernandes nela".[13] A verdade é que, depois de tentar reorganizar administração de sua capitania, o donatário voltou a Portugal – com um carregamento de pau-brasil –, deixando à frente dela Bernardo Sanches Pimenta, um dos colonos mais influentes da época e que tinha a melhor relação com os indígenas. Contudo, continuava a pequena colônia portuguesa no Espírito Santo à deriva, sem um verdadeiro comando, com poucos homens e desprotegida das revoltas indígenas.

A situação era a mesma em 1551, quando desembarcou, na ilha de Santo Antônio, Afonso Brás, o padre jesuíta oficialmente designado para servir naquela região. Foi recebido pelos poucos moradores com "grande prazer e alegria". Demonstrou encantamento pelo Espírito Santo ao afirmar que aquela terra era "a melhor e mais fértil de todo o Brasil".[14] Carpinteiro e mestre de obras, ele começou imediatamente a construir uma igreja para a Companhia de Jesus e um colégio para ensinar aos meninos. Também iniciou a sua missão de reprimir os "maus costumes" dos portugueses ao obrigar o matrimônio com as nativas. Reprimiu duramente os jogos de azar, que "eram muitos". "–Tenho tomado muitos naipes e dados". Os moradores reclamavam, mas o padre os perseguia e ameaçava.

Afonso Brás logo começou a reunir "os escravos dessa vila que são muitos" e os ensinava a religião cristã. Ele ressaltou, porém, que "não ousava os batizar", mesmo que sendo muitas vezes pedido, porque os indígenas, na opinião daquele jesuíta, tinham muita "inconstância" e "pouca firmeza". Ele só abria exceção para aquele que estivesse à beira da morte, para ver se algum milagre acontecia. O jesuíta afirmou que, naquela vila, "tinha-se pouca confiança neles". Os indígenas eram batizados, agradeciam e depois "tornam-se a meter em seus vícios e a comer carne humana". É de Afonso Brás a conhecida passagem de surpresa com o grande povoamento de terra. Diz ele que os nativos eram "tantos e a terra é tão grande, e estão em tanto crescimento, que se não tivessem guerra continua, e se não se comessem uns aos outros, não poderiam caber".[15] Uma evidente percepção de quanto os portugueses estavam ainda acuados em sua ilha no Espírito Santo frente à multidão de nativos que os cercava.

Em dezembro de 1552 é o próprio governador-geral Tomé de Sousa que vai ao Espírito Santo e envia um relato ao rei d. João III sobre a "melhor capitania e mais abastada que há nessa costa". Apesar do elogio, Tomé de Sousa foi seco e direto sobre a situação da capitania, que estava "tão perdida como o capitão dela",[16] e pediu ao rei que enviasse um novo capitão ou que ordenasse que próprio Vasco Fernandes voltasse com brevidade. O governador-geral forneceu armamentos aos colonos, em especial aos poucos senhores de engenho, que receberam artilharia e tiveram ajuda para cercar suas propriedades. A situação só não estava pior porque Afonso Brás já havia terminado de construir o Colégio dos Meninos e os alicerces da grande igreja em homenagem a São Tiago, em Vitória.

A caminho de São Vicente, com o objetivo de realizar uma expedição jesuítica ao sertão a partir de Piratininga, Manoel da Nóbrega pegava carona com Tomé de Sousa e recrutou o auxílio de Afonso Brás. Para o seu lugar, foi designado o padre Brás Lourenço que, vindo de Portugal, só chegaria à vila de Vitória no final de 1553. Ele teria longos anos de serviços prestados a essa parte do Brasil. Em uma carta observou que a terra era abastada, mas não tinha "coisas de Portugal, que não tem por causa que foi despovoada, e se queimaram os engenhos de açúcar, mas agora esperam pelos moradores". Trata-se de um comentário que evidencia a imensa dificuldade que aquela capitania enfrentava nos seus primeiros anos. Brás Lourenço diz também que os poucos moradores estavam inimizados, e que tratou de juntá-los na igreja para exortá-los à razão. Para isso, criou uma confraria religiosa em que os homens não podiam nem jurar nem blasfemar sob uma pena de multa pecuniária que seria revertida para o casamento de órfãs. "E assim se usa e se acabam muitos juramentos e murmúrios, e também se paga muito." A presença do jesuíta impunha medo e respeito aos moradores, tanto que aconteciam coisas dignas de admiração, como a decisão do juiz da vila de Vitória que "era homem honrado" e com a chegada de Brás Lourenço, decidiu "se casar com uma sua escrava [indígena] de que tinha duas filhas", o que servia de grande exemplo para os demais.

Também aos nativos escravizados logo o jesuíta se ocupou enchendo a igreja de São Tiago nas missas aos domingos. Por intermédio de "um língua", um intérprete, ele tentava ensinar aos indígenas deveres cristãos. Para isso, havia instituído entre os homens e as mulheres dois "juízes" que tinham por obrigação levar todos à missa. Brás Lourenço exemplificou seus avanços na conversão dos nativos com o episódio de uma indígena que tinha sido agarrada por um homem e se defendeu chamando pela Virgem Maria e exclamando "– Tu não escutas o que te dizem nos sermões?" Também outras se protegiam dos assédios com ameaças de que chamariam

Brasão e assinatura de
Vasco Fernandes Coutinho.

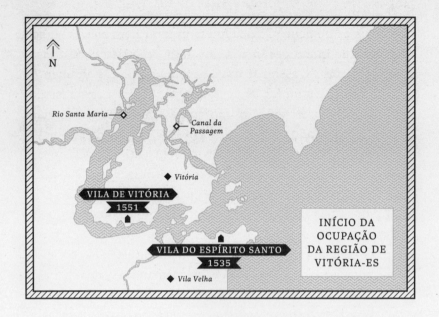

o padre. Isso, de fato, devia acontecer, pois Brás Lourenço completa que "era isso que me ocupa até agora".[17] O jesuíta tinha mais esperança do que a realidade demonstrava. Logo, com sua percepção sob a aceitação dos indígenas, a fé cristã mudaria, não por conta de suas pregações, mas sobretudo pela animosidade dos nativos contra os colonos, que recomeçaria meses mais tarde.

Somente no fim de 1554 é que a situação da capitania começaria realmente a mudar. Vasco Fernandes Coutinho mal aportara de volta à sua capitania e foi surpreendido pela visita do filho de um principal da Guanabara. Era um pedido de ajuda com a promessa de que todos queriam virar cristãos se os portugueses estivessem dispostos a resgatá-los do seu destino fatal na mão dos tupinambás, que àquela altura os cercavam. Eles queriam barcos para que pudessem passar a salvo para o Espírito Santo. A gente do Grande Gato estava a caminho e a sua presença iria mudar de vez a história daquela capitania.

A ALDEIA DE MARACAJAGUAÇU

Antes da chegada dos temiminós ao Espírito Santo, a situação continuava a mesma na capitania: poucos colonos assustados e pensando em abandonar tudo devido aos constantes assaltos dos indígenas hostis que viviam nos arredores. Os jesuítas culparam textualmente "a grande cobiça que tem cá os brancos de os haverem por escravos" pelo caos que existia na capitania. Por isso, os padres da Companhia de Jesus não conseguiam mais juntar os nativos para "a doutrina" porque estavam "mui apartados" e ainda mais distantes de "quererem dar seus filhos" para o ensino cristão.

Os moradores também precisavam lidar com outro problema. Como se já não bastasse a revolta dos indígenas locais e o medo dos navios franceses que sempre passavam por perto, o ano de 1555 também ficou marcado pelo ataque de tupinambás vindos do Rio de Janeiro. O padre Luís da Grã, de passagem pelo Espírito Santo, relatou que em fevereiro os "tamoios" atacaram a vila de Vitória e fizeram um "um salto em que levaram sete pessoas, ainda que nenhuma era algum dos brancos, senão um moço mameluco". Por isso, os tupiniquins haviam se recolhido e não ousavam sequer ir às roças ou pescar, o que causava grandes transtornos aos portugueses, que dependiam muito deles.

Mas havia também boas notícias: o donatário Vasco Fernandes Coutinho tinha finalmente enviado uma expedição ao interior, e os homens voltaram com amostras de prata, ferro, pedras preciosas e até mesmo ouro. Com essa informação, o padre Luís da Grã esperava que o número de colonos pudesse aumentar para que os nativos fossem controlados. "Devemos de dar muitas graças a Deus, porque além de ser bem comum, temos cá todos por mui averiguado que o fruto neste gentio há de ser com vir tanta gente a estas terras que os possam subjugar."

Antes, porém, que acontecesse uma inesperada corrida ao ouro e o súbito povoamento em massa da capitania do Espírito Santo, algo ainda estava para acontecer. Os inimigos dos "tamoios" estavam vindo em fuga para viver ao lado dos portugueses. Maracajaguaçu tinha organizado sua aldeia "com sua mulher, seus filhos e os mais dos seus se queriam fazer cristãos" bem próximo da vila de Vitória. Os olhos do padre Brás Lourenço brilhavam com a oportunidade de finalmente ter indígenas confiáveis ao seu redor. Os temiminós seriam eternamente agradecidos pela decisão tomada por Vasco Fernandes Coutinho de enviar quatro caravelas armadas ao Rio de Janeiro para resgatar a tribo. Eles haviam sido salvos da carnificina porque "daí há muito poucos dias seriam comidos dos contrários".

Os jesuítas também tinham sido responsáveis por convencer o donatário da importância daquela ação. O filho de Maracajaguaçu já estava no caminho de volta a Guanabara, depois de pedir ajuda e ser ignorado. Por sorte, aquele indígena soube do retorno de Vasco Fernandes e retornou à vila de Vitória, onde pôde falar diretamente com o velho herói português. Os jesuítas relatam que pediram a muitos colonos "que sendo certa a extrema necessidade em que diziam estar, pois assim haviam de ser comidos dos contrários, que mandassem por eles porque com isso salvar-se-iam aquelas almas, e principalmente os filhos pequenos e cumpririam os cristãos com o que deviam a tão boa amizade como neles sempre tiveram".

Quando as quatro embarcações portuguesas chegaram à Guanabara, todos os temiminós embarcaram com tanta pressa e medo que chegaram a esquecer as crianças mais fracas na praia, que acabaram também resgatadas. As suas malocas já estavam queimadas e a sua aldeia invadida pelos tupinambás. Os sobreviventes teriam se escondido na mata à espera do resgate, que, milagrosamente, acabou acontecendo pela capacidade de iniciativa do cacique Maracajaguaçu e pela ajuda do donatário Vasco Fernandes, sob as exortações jesuíticas.

Assim que chegaram a Vitória, os companheiros do "Gato Grande" propiciaram grande proteção à tão atacada vila de colonos portugueses. Ele fez sua "aldeia apegada com esta Vila", atestou o jesuíta Luís da Grã. Com isso, o principal arraial português da capitania teria garantia de paz, com centenas de indígenas amigos protegendo-os de ataques de outras tribos e franceses. Eles seriam também de grande importância para que os portugueses conseguissem se aproximar dos tupiniquins.

Como o padre Luís da Grã estava de passagem pelo Espírito Santo, confessou ter mentido aos tupis do Rio de Janeiro. Ele havia prometido ir morar com eles enquanto estivesse por ali. "Fazia eu de conta se estivera aqui ir morar entre eles, mas o padre Brás

Lourenço se ocupará com eles e espero no Senhor Deus que se farão cristãos e que daí ajuntaremos alguns meninos e que serão mais fiéis do que eles costumam ser."

Foi mesmo Brás Lourenço que ficou com mais uma nova função: além de pregar aos moradores, ouvir confissões, ensinar aos meninos, entre outros afazeres, seria ele o responsável pela catequese daqueles indígenas e de seus filhos. Agradecidos pelo gesto de humanidade, os maracajás afirmavam o desejo de se tornarem cristãos, mas na realidade é possível que nem soubessem direito o que aquilo significava. Sentiam, porém, a necessidade de se conformar com seus salvadores. Profetizou o padre Luís da Grã que o trabalho cristão com aqueles indígenas seria o "mais certo fruto do que sinto em nenhuma outra parte que eu tenha visto do Brasil". Ele estava certo. Os maracajás do Rio de Janeiro serviriam os portugueses como tropa militar por mais de cem anos e dariam fim à própria comunidade na formação inicial do povo brasileiro junto aos colonos e aos negros africanos.

Com a ajuda de Brás Lourenço, os temiminós fundam uma aldeia em homenagem à Nossa Senhora da Conceição, santa de devoção daquele padre. É possível que Arariboia tenha ajudado a levantar algumas das primeiras malocas da aldeia, enquanto reconhecia as terras e rios da região. Outros exilados maracajás ainda tentariam formar por essa época mais duas aldeias próximas da sede da capitania. Uma ocupação surgiu no atual bairro de Goiabeiras (em Vitória), e outra em um dos afluentes do Santa Maria, chamado atualmente de Rio das Pedras. Outros indígenas, vindos do Rio de Janeiro, ainda se deslocariam para o litoral norte a partir de Vitória.

No ano de 1556, o jesuíta Francisco Pires faria companhia a Brás Lourenço no Espírito Santo. É por causa de sua presença nesta capitania, logo após a chegada dos temiminós, que temos notícias do que aconteceu nos meses seguintes com os maracajás. Em carta endereçada ao provincial Manoel da Nóbrega, escrita entre abril e junho de 1557, ele relata o batismo de um dos filhos "do Gato". Ele tomaria o nome de Sebastião de Lemos, em homenagem à data do batismo, 20 de janeiro, Dia de São Sebastião. Já o sobrenome Lemos recebeu por causa do mais importante de seus padrinhos, o fidalgo Duarte de Lemos, dono da ilha onde crescia a vila de Vitória. Conclui-se por esse ato a boa relação que estava estabelecida entre aqueles indígenas e as autoridades portuguesas. Contudo, o jesuíta esclarece que essa cerimônia aconteceu "com pouca solenidade porque o indígena estava doente e quase não pode ir à igreja". Também na mesma ocasião os padres trataram de casá-lo com "sua negra".

Deve ter sido este "filho do Gato", muito provavelmente o primogênito, o enviado para buscar ajuda junto aos portugueses dois anos antes. Era ele o responsável por ter conseguido o resgate de sua tribo no Rio de Janeiro a pedido do pai. Conseguiu falar diretamente ao donatário e aos jesuítas, o que criou uma relação de fidelidade e confiança com os portugueses. Os padres o estimavam e queriam promovê-lo a uma posição de liderança entre os temiminós, uma vez que seu pai, Maracajaguaçu, já devia ser idoso. Por isso se lamentaram quando, em abril de 1557, pouco mais de dois meses após seu batismo e casamento, veio a óbito Sebastião de Lemos, o filho do Gato. Ele teria morrido após receber a extrema-unção dos irmãos da Companhia de Jesus[18] como um bom cristão, chamando por Cristo muitas vezes enquanto "abria os braços e se abraçava com o crucifixo". Os jesuítas e o próprio donatário Vasco Fernandes Coutinho viram nesta fatalidade uma chance de mostrar aos temiminós sua importância.

Os jesuítas trataram de organizar uma procissão para buscar o corpo de Sebastião de Lemos na aldeia e trazê-lo para o velório na igreja. O evento contou com a presença do próprio donatário e "com toda a gente da terra". Vieram cantando com uma cruz grande à frente e os meninos do colégio bem vestidos portando pequenas cruzes. Francisco Pires relata que "muito se espantaram e edificaram vendo aquele concerto que dávamos". Nessa mesma noite, em agradecimento, Maracajaguaçu confidenciou aos padres mais uma vez o seu desejo de que "todos deviam ser bons cristãos".

Dias após o enterro de Sebastião de Lemos, foi rezada uma missa em sua homenagem, e Vasco Fernandes Coutinho fez questão de convidar Maracajaguaçu para sentar-se entre ele e seu filho de mesmo nome. Depois, convidou o principal da ilha de Paranãpuã para uma conversa em sua casa, onde fica especificada a razão de tantas demonstrações de respeito e gentileza. O governador queria falar com o cacique sobre uma "revolta [que havia sucedido] entre os da terra e os brancos". Certamente, pediu seu apoio e fidelidade para a proteção dos colonos e do arraial, no que foi atendido.

Todo esse diálogo foi testemunhado pelo próprio Francisco Pires, que, aproveitando o bom entendimento das partes, sugeriu o batismo e o casamento do próprio Maracajaguaçu, tendo testemunhado a amizade entre ele e os brancos. Segundo o relato do padre, o próprio cacique respondeu imediatamente que "muito o queria, e sua mulher que estava presente o mesmo disse". Muito satisfeito com tudo o que se passava, o donatário Vasco Fernandes afirmou que naquele dia do batismo queria fazer uma grande festa, e que gostava tanto daquele principal temiminó que queria que ele tomasse seu nome, a sua mulher, o da sua mãe e os filhos, o dos seus.

Isso, de fato, ocorreu no dia da festa do Espírito Santo, em 6 de junho de 1557, com toda a pompa e circunstância, quando todo o restante da família de Maracajaguaçu foi batizada com louvores e felicidade. O cacique passou a ser apontado nas fontes históricas como Vasco Fernandes e sua mulher, uma indígena maracajá, como Dona Branca. Acompanhando tudo isso bem de perto estaria Arariboia, já experiente e considerado. Talvez possa ter sentido uma ponta de inveja pela importância com que era tratado o "Gato Grande", além dos privilégios e proteções a que um principal batizado recebia dos padres e de outros portugueses. Sentiu nessa ocasião um caminho a seguir no exemplo do líder dos maracajás: alguém que, da morte certa na Guanabara, agora era festejado pelos portugueses, gozando de prestígio e proteção jamais vistos antes. Os fiéis temiminós também cresciam em número, pois alguns tupiniquins das aldeias distantes que já estavam pacificados eram obrigados pelo donatário a "virem e se ajuntar com estes que estão cerca da Vila".

Contudo, o movimento contrário também existiu. Como cresciam com a presença de outros indígenas, os temiminós também começam a se dividir em novas aldeias. É o caso da última notícia de 1557, trazida pela correspondência do padre Francisco Pires. Um dos principais dos maracajás, o "Cão Grande, o irmão do Gato" resolveu se mudar da aldeia da Conceição e levar sua gente para "Goarapari [Guarapari]".[19] Ele combinou com o donatário que teria sua aldeia próxima da costa para que pudesse ser acionado em caso de necessidade. Outros grupos de temiminós do Rio de Janeiro também resolveram afastar-se dos portugueses por algum motivo, ou simplesmente porque procuravam um bom lugar para continuarem sua vida como antes.

Nessa época, navios franceses que traziam colonos protestantes para o Rio de Janeiro passaram pela costa do Espírito Santo. Em março de 1557, Jean de Léry estava nessa frota e relatou ter negociado com um grupo "Margaias", numa localidade que identificou como "Huassu [Iguaçu – rio grande]", algumas léguas ao norte da vila de Vitória. Pelas informações de distância fornecidas pelo cronista, existe a possibilidade de os franceses terem se encontrado com os maracajás de uma aldeia chamada Maraguai,[20] na altura do atual rio Piraquêaçu. Como os normandos souberam identificar aqueles nativos, tiveram medo de sair em terra. Aproximaram-se em botes e, gesticulando, fizeram os indígenas encontrá-los no mar, em canoas. Sem os portugueses entre eles, os maracajás decidiram aproveitar para negociar com os franceses, afinal era uma boa oportunidade. Realizaram, de dentro de seus navios, as trocas de mantimentos, como farinha de mandioca e carne de javali, por anzóis, espelhos e roupas.

Do rio Piraquêaçu, atual município de Aracruz, os navios franceses continuaram "costeando a terra na direção que tínhamos em mira [Guanabara], ao fim de nove ou dez léguas apenas nos deparamos com um fortim português denominado Espírito Santo".[21] Houve troca de tiros de canhões entre a fortificação portuguesa e os navios franceses, "porém como estávamos uns e outros fora do alcance da artilharia não houve danos de parte a parte". Os franceses seguiram viagem e os maracajás, que estavam junto à vila de Vitória e que certamente tinham sido convocados para o combate, não precisaram ser acionados para a defesa da capitania e dos próprios portugueses, como haveria de acontecer algumas vezes nos anos seguintes.

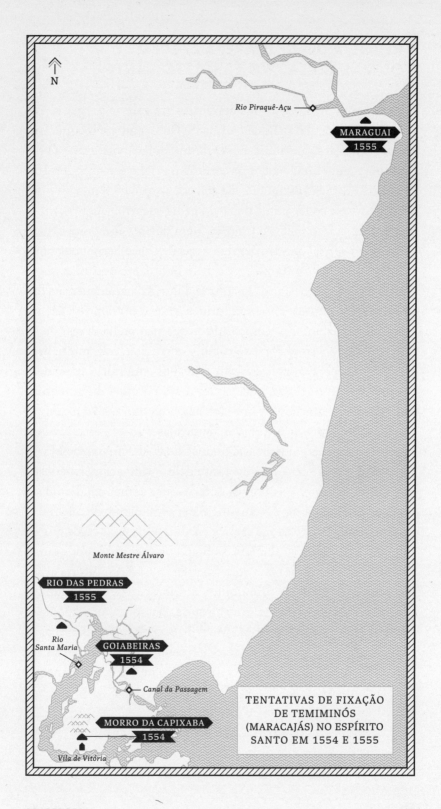

A REVOLTA DO CRICARÉ, A EPIDEMIA E OS MARACAJÁS NO ESPÍRITO SANTO

O tratamento dispensado aos maracajás era valioso porque a "revolta" sobre a qual o cacique da Ilha do Governador e o donatário Vasco Fernandes Coutinho conversaram foi bastante grave. O capitão português fez chegar uma carta ao novo governador-geral do Brasil, Mem de Sá, assim que ele colocou os pés na Bahia no final de 1557. Nessa correspondência, ele pedia socorro. Quem conta o que estava escrito nela é o próprio Mem de Sá: "Como me deram posse do governo logo me deram cartas de Vasco Fernandes Coutinho, capitão da capitania do Espírito Santo, em que dizia que o gentio da sua capitania se alevantara e lhe fazia crua guerra e lhe tinha mortos muitos homens e feridos e que o tinham cercado na vila/ onde dias e noites combatiam e que não podia deixar de se entregar a que o comessem se não o socorressem com muita brevidade".[22] Os portugueses estavam cercados em Vitória, com muitos mortos e feridos, e só não se rendiam porque sabiam que os indígenas os matariam de uma forma ou de outra. Não há informação sobre o desempenho dos maracajás durante essa revolta, mas a julgar pelas evidências demonstradas no batismo de Maracajaguaçu e pela presença constante deles junto aos portugueses nos anos seguintes, é possível inferir que, se não ajudaram os brancos a defender-se, certamente não participaram da revolta. O jesuíta Manoel da Nóbrega escreveria dois anos mais tarde que os indígenas do Gato "entendem-se bem com alguns tupiniquins". Os indígenas que atacavam com frequência a vila de Vitória eram das numerosas aldeias tupiniquins do rio Cricaré, atual município de São Mateus.[23] Em relação ao que se passou com a expedição enviada pelo governador-geral Mem de Sá ao Espírito Santo para liquidar a revolta naquele rio, diz-se o seguinte: "– Mandei a Fernão de Sá, meu filho, com seis velas e perto de duzentos homens". Comandante da expedição, Fernão de Sá foi enviado para auxiliar a capitania onde o donatário implorava por ajuda.

Os voluntários da Bahia que acompanharam o filho do governador estavam mais interessados em capturar escravizados do que em sufocar a revolta, tanto que o abandonaram à própria sorte durante o confronto. Relatando os fatos poucos meses depois, quando a notícia chegou a Salvador, o irmão jesuíta Antonio Blasquez, em carta ao "padre-geral" da Companhia de Jesus, escreveu que Fernão de Sá e seus homens tinham subido aquele rio e combatido as primeiras "cercas" (aldeias), "onde mataram muita gentilidade e prenderam muitos índios". O filho do governador prosseguiu e encontrou uma terceira aldeia mais acima e se meteu entre os indígenas. Ocupados em capturar o maior número de nativos, os outros capitães esqueceram-se de Fernão de Sá e o abandonaram com apenas dez homens lutando. "E o deixaram todos os seus, só com dez homens a pelejar e se recolheram aos navios, uns para curarem algumas feridas de pouco momento, outros para arrecadarem suas peças [escravizados], o que eles mais desejavam."

Fernão de Sá continuou combatendo e "já tinham a cerca [aldeia] rendida". O filho do governador, contudo, foi imprudente porque a pólvora acabou e o fato foi percebido pelos indígenas, que recobraram o ânimo e contra-atacaram. A flechadas e golpes de tacapes, os nativos partiram em revide. Os poucos homens juntos a Fernão de Sá bateram em retirada defendendo-se até onde os navios haviam estacionado. Ao chegarem à praia, contudo, perceberam que os barcos tinham se distanciado. "E ali na praia combateram um grande tempo aguardando o socorro dos navios, e estes não vieram, e ali mataram o Capitão, filho do Governador com cinco, porque os outros se salvaram a nado."[24] Fernão não sabia nadar.

O que aconteceu depois quem conta é o próprio governador-geral Mem de Sá. Em uma carta ao rei, diz que o capitão chamado Diogo de Morim assumiu o comando da expedição e rumou para "a vila donde estava Vasco Fernandes [o donatário] mas já descercado". Os indígenas que já sabiam "da destruição das fortalezas [no rio Cricaré] se recolheram a uma fortaleza em que tinham grande confiança". Os portugueses da armada então "a combateram, entraram e mataram os mais que nela estavam". Foi tão terrível a vingança que os tupiniquins pediram as pazes e "se submeteram a toda obediência". Completou o governador-geral que "fica [a capitania do Espírito Santo] agora muito pacífica e o seu gentio tão castigado: mortos tantos e tão principais/ que parece que não alevantaram a cabeça tão cedo".[25]

Não sabemos se os maracajás participaram dessas ações. Por conta da ausência de informações a esse respeito, é possível crer que não tomaram parte naqueles acontecimentos e permaneceram neutros. Os maracajás estavam muito ocupados com as doenças e, principalmente, com a morte dos parentes. Entre 1557 e 1558, houve a primeira grave epidemia. Foi um verdadeiro choque para os maracajás verem muitos de seus parentes perecer em poucos meses. Velhos, adultos e crianças estavam morrendo por toda a costa desde o Rio de Janeiro.

Essa foi a maior causa para o encolhimento da população nativa do Brasil nos primeiros anos da colonização. Doenças como a gripe eram rapidamente disseminadas pelo contato com os europeus e se transformavam em calamidades, matando sobretudo crianças e velhos, sem poupar também os adultos.[26] Os indígenas não tinham defesa imunológica para as doenças as trazidas pelos europeus, devido aos séculos de isolamento no continente americano. Os nativos dependiam da capacidade de resistência do próprio organismo para sobreviver.

Essa primeira epidemia tinha como principais sintomas febre e diarreia. Havia começado no Rio de Janeiro um par de anos antes, após a chegada em massa dos franceses, e explodiu no Espírito Santo em meados de 1558. Uma carta de Nicolas Barré, piloto do vice-almirante Villegagnon, relata mais de oitocentos mortos na Guanabara,[27] entre eles o temido cacique tamoio Kunhambeba. No Espírito Santo, a epidemia assustou os jesuítas, que relataram grande mortandade de nativos: "os levava, a uns com prioris [problemas pulmonares], a outros com câmaras de sangue [problemas intestinais]." O desespero era tão grande que os padres resolveram não mais tanger o sino nas procissões de enterro porque isso assustava os nativos: alguns chegavam a desmaiar ao ouvir os badalos da morte. "Finalmente que em breve tempo achamos por conta a seiscentos escravos serem mortos."[28]

Indefesos e sem saber o que fazer, surgiam indígenas de todos os lados, com mulheres e filhos, porque achavam "que escapariam estando perto dos brancos". Os que estavam para morrer, os jesuítas logo corriam para batizá-los, fazendo o ritual de despejar um pouco d'água na cabeça dos moribundos entre rezas e crucifixos. Com isso, os padres buscavam uma boa ação ao interceder por suas almas no além, mas entre os nativos o efeito foi inverso. Como na sequência do ato de molhar a cabeça em geral os enfermos morriam, os indígenas associaram a água do batismo ao suspiro final e rapidamente se espalhou um boato, com a ajuda das "velhas", de que a água dos padres era a causa de tantas mortes.

Os nativos começaram a esconder os doentes dos padres e, se os achassem enrolados em suas redes, tentavam levantar para mostrarem que estavam bem. "Pediam água pera se lavarem, porque chegando o padre lhe parecesse que estavam valentes, e perguntando-lhes como estavam respondiam que bem e que já não estavam doentes." Com ou sem o batismo, os mais fortes em geral conseguiam sobreviver; houve até mesmo o caso de uma das "velhas" acusadas pelos padres de disseminar tal boato. Como uma dessas senhoras estava irredutível de ser tratada pelos padres, recorreram a um parente, cujo nome não é mencionado, mas que diziam ser "fervente e desejoso de ser cristão e já bem instruído dos padres".[29] Ele falou à senhora sobre a morte e a paixão de Cristo com fervor, e a ladainha acabou surtindo efeito. A velha permitiu, enfim, que os jesuítas a batizassem, e para felicidade dos religiosos, ela acabou sobrevivendo "para matar a imaginação às outras, mas muitas morriam com sua pertinácia".

Enquanto os padres tentavam fazer algo para salvar os indígenas, também sofria a capitania do Espírito Santo a constante ameaça de invasão dos franceses, desde a chegada do vice-almirante francês Villegagnon com centenas de colonos à Guanabara, em 1555. Agora existia uma rota regular para o Rio de Janeiro que rondava o litoral do Espírito Santo. O medo era tanto que inclusive navios portugueses eram confundidos e a pequena vila de Vitória logo se colocava em posição de defesa.[30]

Os padres anotaram que em 1558 entrou uma nau com bandeira da França no porto para tentar negociar pau-brasil e escravizados com os portugueses. Tamanha audácia sinaliza que esse comércio entre franceses e portugueses deve ter existido em épocas anteriores, quando na ausência do donatário Vasco Fernandes. Agora, contudo, os tempos eram outros. Como os franceses ancoraram na boca do rio Santa Maria, "temeu a gente da povoação" e determinou-se o envio de um representante da vila acompanhado de um francês "aqui morador e bom homem". Os normandos os receberam bem e os diplomatas trataram de contar falsamente como aquele arraial estava bem protegido e armado. "Informando-se os franceses da vila e gente, de um homem lhe faziam cem, de um barco muitos, de quatro canoas quatrocentas, de um padre dois mosteiros." Os inimigos haviam caído na mentira e, quando amanheceu, levantaram âncora para tentar negociar em outra parte do litoral.

Os portugueses ficaram sabendo que eles estavam na altura de Itapemirim, "a algumas 20 léguas, para ali carregarem de [pau-] brasil". Os lusos resolveram então atacá-los de surpresa, mas não sem antes convocar os maracajás, que desde que tinham chegado ao Espírito Santo eram usados para a defesa da capitania. Assim, os portugueses contam que "levaram Vasco Fernandes, aliás Gato, com sua gente". No caminho, as boas canoas com mais de vinte remeiros foram bem mais rápidas do que os barcos a vela dos portugueses. Os maracajás chegaram antes no lugar em que os franceses estavam e encontraram muitos em terra. Agiram por conta própria e, como são mestres em emboscadas e ataques rápidos, sem muito esforço cercaram e trouxeram presos mais de vinte franceses, além de duas chalupas aprendidas, "uma ferraria e muito resgate e roupas".

Os "índios gatos" voltaram todos muito bem vestidos, com seus prisioneiros enlaçados, ao encontro dos portugueses que ainda estavam no meio do caminho. É bem possível que, à frente de uma dessas canoas, trajando uma elegante jaqueta, calça e chapelão com penas francesas, estivesse Arariboia. O feito de guerra dos temiminós contra os temidos franceses, sem que os lusos tivessem que disparar uma única carga de pólvora, fez a fama dos maracajás do Rio de Janeiro na colônia. A notícia rapidamente chegaria aos ouvidos do governador--geral Mem de Sá.

O DESENCANTO DOS VASCOS, MANEMOAÇU E OS FILHOS VENDIDOS

Mesmo com a ajuda enviada pelo governador-geral, com a vila já "descercada" e os tupiniquins derrotados, Vasco Fernandes Coutinho estava entregando os pontos. Todos aqueles dias de tensão haviam abatido o donatário. Além disso, ele estava velho, doente e completamente endividado. Queria desistir da capitania, sabendo que os filhos ainda moços só teriam problemas ao assumir o seu lugar. Em maio de 1558, ele escreveu a Mem de Sá um relato de seus infortúnios e motivos. Na carta, começa se desculpando por não visitar o governador na Bahia pela "razão de minha doença" e agradece pelo reforço mandado, pois a terra ficou "despejada dos inimigos e em termos melhores do que nunca esteve". Afirmou que a ação do governador "salvou aquela gente do muito risco e perigo em que estávamos/ ainda que lhe custasse tanto [referência à morte de Fernão de Sá]". Agora a capitania estava segura porque era "a terra despovoada" dos indígenas. Os maracajás ganhavam importância ainda maior depois da revolta, pois passaram a ser a única comunidade indígena que realmente vivia próxima dos colonos.

Vasco Fernandes reclama dos colonos que faziam "desordens" e que conspiravam "muitos ódios e muitos desmandos entre eles". É o próprio donatário quem explica o porquê da revolta dos tupiniquins: eles se sentiam enganados pelos portugueses. "Isto causou se alevantarem os negros [indígenas] com os resgates que levaram [mantimentos] e pelos digo [fiados] e como os não traziam ficavam logo alevantados". Os portugueses não cumpriam os acordos de "resgates" e escambos com os nativos. Além de mantimentos, negociavam os cativos para escravizá-los e não pagavam o que deviam, talvez de propósito, para fazerem guerra.

Vasco Fernandes declarou que tentaria voltar ao reino para "ver se posso achar quem a povoe e fazer algum partido ou vender" a capitania. Disse que a terra estava "tão deserta, como está e tão desamparada", e que era necessário resolver essas pendências "antes que morra, porque já sou muito velho e muito cercado de doenças e morrendo desta maneira corre a alma muito risco".[31]

ARARIBOIA

A carta é escrita de Ilhéus, onde ele se encontrava doente, o que evidencia mais uma vez a sua ausência da capitania tão anotada nas fontes históricas.

O recém-batizado Vasco Fernandes, o indígena Gato Grande, também estava desiludido. Ele havia se afastado da vila de Vitória por ser tão "importunado" pelos brancos e decidiu transferir toda a sua aldeia para "a outra banda" do rio. Reclamou ao irmão jesuíta Antônio de Sá e ao padre Brás Lourenço que "a todo momento e horas" os cristãos "o estorvam" e "metem coisas em sua cabeça que o faziam andar daquela maneira", sem querer ter contato com eles. São informações de uma relação estremecida entre o chefe dos maracajás e os portugueses, principal preocupação de uma carta que o irmão Antônio de Sá enviou aos padres superiores na Bahia, datada de 13 de junho de 1559.[32]

Sabedores como ninguém da dificuldade em que se encontravam os portugueses do pequeno povoado, ameaçados por franceses e nativos, os padres viram nos maracajás a missão de suas vidas. Eles investiram muitos dias do ano de 1559 para fazer com que Maracajaguaçu continuasse a cumprir com sua nova condição de batizado, cristão e bom aliado. Ele devia ser um exemplo para os outros indígenas por ser um grande principal. No entanto, Maracajaguaçu declarou-se estar muito "arrependido e posto noutro propósito do que antes tinha" de ser cristão. O principal de Paranãpuã, que havia enfrentado os tupinambás e outros grupos inimigos durante toda a sua vida, achava os colonos portugueses *kunumĩs*, crianças, que não tinham palavra e se lastimava aos jesuítas que sentia falta dos "velhos", como seu padrinho Vasco Fernandes, sempre ausente da capitania. Seus três filhos eram ainda capitães moços, sem barba.[33] Devia ser muito deprimente, constrangedor e desestimulante para um maioral tupi ter de lidar com jovens em questões de suma importância. Achou melhor se afastar como o próprio Araribóia o fez, ao rumar ao interior e organizar sua aldeia distante dos brancos e perto dos tupiniquins.

Com o despovoamento do Espírito Santo depois da revolta, os maracajás viram-se alvos de novas investidas dos colonos por escravizados, que na falta de cativos os coagiam a vender as filhas.

132   CAPÍTULO 3 ◆ PRINCIPAL DO ESPÍRITO SANTO

Nessa mesma carta jesuítica de Antônio de Sá, são relatados as repreensões e os castigos que os padres aplicavam aos indígenas que trocavam as parentes por roupas e ferramentas. Os padres lutavam contra esse costume e pediram ao então capitão Miguel de Azeredo uma ordem para proibir tal comércio, sob pena de multa de "tantos ducados".

O padre Brás Lourenço "pôs a mão neste negócio falando aos moradores com quanto perigo de suas almas tinham aquelas peças".[34] Conseguiu até reunir os homens e fazê-los assinar um acordo de proibição dessa prática, mas os colonos não respeitaram por muito tempo "por que estavam pobres de peças [escravizados], por que todas lhes haviam morrido com a doença do ano passado, e que, se não compravam estas, que não tinham outra parte donde pudessem resgatar". Naqueles tempos, os homens brancos que tinham mais "peças" eram os mais ricos.

Já os indígenas que vendiam seus filhos eram ameaçados pelos padres. Os jesuítas diziam que os enterrariam com os animais se morressem e os ignoravam para mostrar o seu desprezo. Para que fossem perdoados, os padres pediam que se açoitassem em público, ao mesmo tempo que anunciassem em voz alta seu pecado. Como a amizade com os padres era estimada pelo acesso que eles propiciavam na intermediação de inúmeras questões com os colonos e autoridades portugueses, e também pelos ensinamentos, ajudas e histórias que contavam, até mesmo os grandes caciques eram capazes de ferir-se em público para conseguir estar de bem com eles.

Um deles, "principal tão grande" dos maracajás, foi batizado como Gonçalo. "Deram a ele a mesma penitência que ao outro, e foi por toda a vila [de Vitória] nu, açoitando-se, pregando muito alto e manifestando sua culpa." Ele havia vendido uma sobrinha, e logo depois sua filha morreu; entendeu, por isso, como sugerido pelos jesuítas, ter sido amaldiçoado. Foi até a igreja e postou-se de joelhos aos pés de Brás Lourenço, "e pediu ao Senhor que lhe perdoasse/ com as mãos levantadas pedindo misericórdia, que já não queria roupa nem ferramentas". Era Gonçalo um indígena "grande afamado no Rio de Janeiro e foi Principal de quatro aldeias", salientou o irmão Antônio de Sá.

Foi esta a importância que os padres assumiram na vida dos maracajás pelo convívio pacífico e constante, além da promessa que fizeram de morar na aldeia para ensiná-los e assim protegê--los dos assédios dos colonos, algo que motivou Maracajaguaçu a se comprometer a "ser melhor cristão que eles [os colonos]". Para tanto, o Gato Grande adulava os religiosos ao dizer que era por causa exclusivamente do amor que sentia por eles que "tinha vindo do Rio de Janeiro". Uma vez que os padres prometiam ficar na aldeia em definitivo, aceitou se mudar para onde estes quisessem, assegurando não mais praticar a antropofagia e se casar com uma única mulher depois de batizado. Ainda prometeu trazer "outros principais que lhe haviam de ajudar".

Esse processo de conversão dos costumes dos indígenas não era nem um pouco fácil, muito pelo contrário, como relatou o próprio irmão Antônio de Sá em carta de 1559. Segundo ele, os nativos temiam "a perda que há de receber com a nossa estada [pois seriam vigiados constantemente]" e muitos relutavam com desculpas "para impedir o começado". Os padres os repreendiam por "sua inconstância, comparando-os aos meninos que por nada se enojam". Entretanto, o acesso que tinham e a facilidade com que se comunicavam com os tupis os tornavam seus amigos íntimos, chamando-os todos pelo nome. Os nativos confiavam nos jesuítas e acreditavam que eles buscavam "por todas as vias o seu proveito". Os padres e irmãos esperavam que a liderança dos "principais" fosse determinante para obrigar toda a aldeia à conversão.

A cena idílica da catequese cristã comandada por um cacique tupi é narrada neste documento histórico. Em uma das inúmeras visitas dos religiosos à aldeia do "principal Vasco Fernandes", este "foi logo pelas casas pregando para que se ajuntasse a gente, e juntos todos os principais e a outra mais gente". Assim, o intérprete dos padres pode fazer-lhes "uma prática [a catequese], a qual não conto por ser muito grande". Ao término daquelas lições de bons costumes cristãos, se levantou "Vasco Fernandes perante eles disse que a par de nós outros havia de viver [como os padres], que se queria apartar daqueles demônios, entendendo pelos seus [falando pela aldeia]".

Em 1559, Maracajaguaçu já tinha "roçado o sítio" onde os padres iriam viver e feito um "tijupar", uma espécie de pequena cabana, no meio da aldeia para os jesuítas reunirem as crianças. O irmão Antônio de Sá faz referência à influência da mulher do Gato, batizada com o nome de "d. Branca", que muito era devota, e o religioso trabalhava para "estar bem com ela, por que a tendo de minha parte, tenho toda aldeia e não se faz nada senão o que ela quer". Já nessa época os padres sabiam da importância de falar o tupi porque acreditavam que não seria possível converter os nativos por meio da língua portuguesa. "De outra maneira dificultosamente se lhes meterá na cabeça, ainda que lhes vozem [falem] cada hora e cada momento. Eles me dizem que nosso romance [idioma] é muito trabalhoso de tomar, mas nem por isso lhes deixo de ensinar todos os dias, e acodem-me todos quantos há na aldeia, por que os levo por minha simples maneira e algumas vezes falo em língua brasílica com eles o que sei e contentam-se muito".

Maracajaguaçu é muito elogiado por sua postura convertida, e Antônio de Sá escreve que estava muito contente com ele, o julgava "muito prudente e sagaz", e anotava que depois de batizado o Gato Grande, agora Vasco Fernandes, era "muito obediente nas coisas que pertencem à lei de Deus". Ele se tornaria um dos maiores exemplos para o cacique que o sucederia dali a um par de anos e que tinha o nome de cobra. O líder dos maracajás já tinha perdido seu principal filho, Sebastião de Lemos, morto por uma doença poucos meses após ter sido batizado em 1557. Outro filho dele não tinha boa reputação, pois, apesar de também ter sido batizado, foi anotado pelos padres por nome tupi: Manemoaçu.

Embora catequisado, ainda agia como nos velhos tempos dizendo-se perseguido pelos demônios e assustando-se com tempestades. Uma vez desapareceu por três dias dizendo ter sido arrastado e maltratado por espíritos ruins. O surto do filho entristecia e envergonhava Maracajaguaçu perante os padres. Na falta de sucessores diretos, via-se o velho cacique na situação de observar o crescimento de novas lideranças fora dos seus círculos mais próximos. O próximo morubixaba, chefe de gente, dos maracajás do Rio de Janeiro "no exílio" ia ser resolvido à moda antiga. A liderança se impunha pelo exemplo, argumentação, inteligência e valentia nas batalhas que travavam. A arara voa alto e a cobra prepara o bote.

OS MARACAJÁS VOLTAM AO RIO DE JANEIRO — A BATALHA DO FORTE COLIGNY

A próxima batalha dos "índios do Gato" seria ao lado do governador-geral Mem de Sá, que já havia "pacificado" a Bahia, o sul do Nordeste e o Espírito Santo com guerras, massacres e aprisionamentos. Dessas batalhas, o governador ou seus capitães faziam participar aquelas tribos que eram aliadas dos portugueses. Como havia pouca gente para combate, eram recrutados centenas de indígenas pelos jesuítas. Assim, conseguiam que a contenda ficasse bastante desequilibrada. Os nativos enfrentavam não só os portugueses com armas de fogo, bestas, canhões e cavalos, como também precisavam se preocupar com um grande número de nativos aliados. Nas batalhas eles serviam de escudos para proteger os brancos, que podiam armar e disparar com folga sem serem incomodados. Os indígenas eram a infantaria e tomavam a frente, enquanto os portugueses formavam a artilharia nos ataques, muitas vezes montados em cavalos, o que os deixavam ainda mais em vantagem.

Quando os portugueses tratavam de combater indígenas revoltosos, apesar da morte de alguns, o saldo quase sempre era de vitória total, com chacinas e escravização dos nativos, além do consequente despovoamento do território. No entanto, a situação na Guanabara, em 1560, não tinha paralelo na pequena história colonial brasileira. Com a chegada em massa dos franceses, comandados por Nicolas Villegagnon, em fins de 1555, o cenário era crítico. O vice-almirante francês determinou, assim que pôs os pés na ilha de Serigipe,[35] próxima à barra da baía, a construção de um robusto forte esculpido em pedra a partir dos montes que ficavam nos extremos daquele lugar. Pela primeira vez, os portugueses se viam em grande desvantagem, porque teriam que atacar uma fortaleza bem armada, cheia de pólvora e canhões, defendida por dezenas de europeus auxiliados por uma multidão de tupis inimigos e raivosos.

O jesuíta Manoel da Nóbrega estava na esquadra com dez embarcações comandadas pelo governador-geral Mem de Sá, que partiu da Bahia no dia 16 de janeiro de 1560. Depois de apenas um mês e cinco dias, eles chegaram à barra da Guanabara. Mem de Sá foi com a "armada correndo a costa, de todas as capitanias levou gente que por sua vontade o quiseram acompanhar nesta empresa".[36] Na capitania de "Vasco Fernandes Coutinho", escreveu o padre Nóbrega, "achou uma pouca de gente, em grande perigo de serem comidos dos índios e tomados dos franceses". Os moradores imploraram para que o governador assumisse a administração da capitania do ausente donatário, ou então que "os levasse dali, por não poderem já mais (se) sustentar". Ele requeria Vasco Fernandes que, estando ainda ausente, havia deixado cartas em terra com esse propósito.[37] O governador-geral prometeu que o faria assim que voltasse daquela armada com seu objetivo cumprido – expulsar os normandos do Rio de Janeiro.

Antes de seguir viagem, porém, as autoridades lusas puderam conhecer a fama dos maracajás. O padre Nóbrega salientou, em correspondência, que a Companhia de Jesus por ali tem "uma casa, onde se faz fruto com cristãos e com escravos, e com uma geração de indígenas, que ali está que se chamam do Gato, que aí mandou vir Vasco Fernandes do Rio de Janeiro; entendem-se também com alguns tupiniquins".[38] O próprio Mem de Sá escreveu ao reino que, no Espírito Santo, "os padres da Companhia" muito têm feito "com o gentio, há muitos cristãos e bem doutrinados".[39]

Por essas evidências, os historiadores aceitam a tese de que os melhores guerreiros entre os indígenas, nas palavras de Nóbrega, "que se chamam do Gato" acabaram então recrutados para participar dessa missão extremamente difícil que o governador Mem de Sá tinha pela frente. Contudo, não existem quaisquer informações nas fontes primárias sobre a participação dos maracajás na empreitada, ou mesmo se teriam sido realmente recrutados no acometimento do forte Coligny.[40]

As informações sobre os maracajás no Rio de Janeiro partem de evidências históricas e obras mais distantes, nem por isso menos relevantes. O francês André Thevet afirmou, em livro publicado quinze anos depois da derrota francesa, que a tomada do forte teve a participação dos *margageaz* como principal força auxiliar dos portugueses.[41] O historiador jesuíta Simão de Vasconcellos reforça essa percepção em sua obra sobre os feitos da

Companhia de Jesus no Brasil, publicada cem anos depois daqueles acontecimentos, ao escrever que alguns indígenas se "assinalaram no combate à fortaleza" e que o principal deles teria sido "um que depois do batismo teve por nome Martim Afonso". Para Vasconcellos, Arariboia era "homem de coração e valor" e, naquele combate, teria sido decisivo e feito um ato heroico, sendo ele o responsável direto pela vitória dos portugueses. O guerreiro indígena teria conseguido escalar o "penedo da pólvora, [onde] ele lhe pusera o fogo, que foi a maior causa de desmaiarem os tamoios, e após deles os franceses, desamparando a fortaleza com a pressa que vimos".[42]

Sobre o que aconteceu nas batalhas do forte construído por Villegagnon na Guanabara, há três relatos: uma carta do padre Manoel da Nóbrega, testemunha ocular dos acontecimentos, outra do próprio governador Mem de Sá e, por último, uma obra de exaltação daquele feito redigida em forma de poesia latina por José de Anchieta, certamente valendo-se do testemunho de seus participantes. Conta padre Nóbrega que a esquadra do governador-geral queria surpreender os franceses "e mandou o governador a um que sabia bem aquele Rio, que fosse adiante guiando a armada". Os portugueses queriam descer em terra sem serem percebidos, mas "isso aconteceu de outra maneira do que se ordenara, porque este guia, ou por não saber, ou por não querer, fez ancorar a armada tão longe do porto que não puderam os bateis chegar (a terra) senão de dia, com andarem muita parte da noite, e foi logo vista e sentida a armada". Os canhões do forte Coligny atiraram os primeiros petardos, e as cornetas ressoaram estridentes, avisando os demais franceses em terra e os milhares de tamoios que deviam se preparar para a guerra. Uma nau francesa "que estava no Rio para carregar de brasil" foi atacada de imediato por uma galé a remo. A tripulação francesa que ali estava, ao ver tantos navios, resolveu abandonar o barco e fugir a nado, ao lado de alguns indígenas, para a praia. Ao voltar com a nau francesa presa à popa para junto dos demais barcos, chovem "projéteis incendiários" e "bolas de fogo" do forte na tentativa de impedir que prosseguissem. No poema épico "De Gestis Mendi de Saa [Os feitos de Mem de Sá]", José de Anchieta relatou que a galé não foi atingida, e o primeiro combate acabou mal para os normandos porque "a pólvora explodiu no paiol inimigo a uma centelha, e o fogo em turbilhão num momento envolveu e engoliu desprevenidos a sete soldados".[43]

Mem de Sá escreveu que, quando o "capitão-mor e os mais da armada viram o forte e a sua fortaleza: a aspereza do sítio; a muita artilharia e a gente que tinham, a todos pareceu que todo trabalho era debalde".[44] Os capitães portugueses se reuniram com o governador e eram da opinião de que seria impossível tomar aquele forte, ainda mais porque "os franceses tinham consigo os índios da terra". Contou padre Nóbrega que "toda a sua gente o contradizia, porque já tinham bem espiado tudo e parecia-lhes impossível entrar-se coisa tão forte, e sobre isso lhe fizeram muitos desacatamentos e desobediências". O governador relatou à regente Catarina que havia no forte pouco mais de 110 franceses e "muito mais de mil homens dos do gentio da terra, tudo gente escolhida, tão bons espingardeiros como os franceses". Já o contingente português contava apenas com 120 homens e outros "140 dos do gentio, os mais desarmados e com pouca vontade de pelejar, a armada trazia [apenas] dezoito soldados e moços que nunca viram peleja".[45]

O governador tentou, ainda, a via diplomática por três semanas, ao trocar cartas com Bois-le-Comte, sobrinho de Villegagnon, que estava no comando do forte na ausência do tio, que havia voltado à França em busca de reforços meses antes. Os franceses declararam que só abandonariam aquela praça se o próprio rei da França assim mandasse, e que tinham ordens para resistir. Com as correspondências, Mem de Sá ganhou o tempo necessário para que chegassem os reforços pedidos a São Vicente. De lá vieram os filhos de João Ramalho junto com, nas palavras de Anchieta, "a flor dos guerreiros brasis, na mão esquerda o arco e na direita as rápidas flechas". Tupiniquins de São Vicente teriam se juntado aos tupinambás trazidos da Bahia e aos maracajás recrutados no Espírito Santo.

Mem de Sá reuniu o conselho e proclamou que estava "decidido a atacar a fortaleza",[46] porém, os capitães tinham opinião contrária: com medo, achavam "que não era possível com armas algumas escalar o forte, cercado por rochas enormes". Com o governador determinado a realizar o ataque, "alguns por vergonha e outros por vontade"[47] acertaram a estratégia de como deviam combatê-la.

No dia 15 de março de 1560, o ataque começou. Os portugueses cercaram a ilha com seus navios e iniciaram os bombardeios em direção à fortaleza, também alvo de seus canhões. Enquanto isso, outro grupo tentava alcançar a ilha pelo único ponto frágil da fortaleza, o pequeno porto escondido na retaguarda e que dava acesso à "colina da Palmeiras". Era o único lugar que permitia que os portugueses se entrincheirassem. No entanto, era justamente por isso que ali estavam posicionados centenas de tupinambás,

Os maracajás voltam ao Rio de Janeiro: a batalha do forte Coligny – gravura da obra de André Thevet, 1575.

que afastavam com chuvas de setas as "canoas velozes, prenhes de soldados e armas fulgentes". Percebendo que seria impossível o desembarque com tantos defensores, Mem de Sá tem a ideia de distrair os inimigos e manda os barcos navegarem em direção à praia. "Era para que o incauto inimigo cresse nos apertava grande falta de água e enganado por essa ideia abandonasse a colina".[48] Preocupados em proteger a aldeia onde estavam seus filhos e mulheres, os guerreiros tupinambás "precipitaram-se da colina em desordem e sobem às canoas ligeiras" e, assim, conseguem chegar antes à praia.[49] Com menos defensores no porto que dava acesso à colina, os portugueses e indígenas aliados "rompem como chama de fogo, pelo meio das rochas, escalam de um salto à colina, ocupam-lhe os cimos, escavam fundas trincheiras e no alto do cume fincam vitoriosa a bandeira da cruz".[50]

A se acreditar na versão do jesuíta Simão de Vasconcellos, Arariboia teria sido um dos soldados a saltar por entre as pedras, rastejar colina acima e proteger-se, agachado, das flechas e tiros que partiam de dentro do forte. Tomada a colina, logo foi possível aos lusos levar para esse lugar um "falcão", um tipo de pequeno canhão, que "postado no cume" passou a "vomitar incêndios, da boca tremenda, e a arrojar pelouros, forçando a cantaria das casas". Completando a ação, os demais navios pelo outro flanco passaram concentrar o bombardeio nas paredes do forte que se elevavam entre os rochedos da ilha, e que de tanto serem atingidas acabaram ruindo. Franceses e tupinambás buscaram refúgio no alto de uma torre oposta à "colina da Palmeiras" tomada, abandonado a cisterna de água do forte aos inimigos. Encerrado o primeiro dia de batalha, a noite caiu com "mil luzes de estrelas" e nas trincheiras e na torre "cada qual preparava suas armas".[51] Arariboia contava suas flechas e catava outras espalhadas devido à intensa luta daquele dia.

Com a perda do monte das palmeiras e da parte central da fortaleza, onde estava a cisterna de água, era imperativo que os franceses tentassem retomá-la para continuar resistindo. Assim que o dia raiou, tupinambás e franceses saíram a campo para tentar expulsar os portugueses de suas posições. Arariboia disparava as flechas tão rápido quanto podia, guardando-se atrás das pedras nos intervalos. Os portugueses e seus indígenas só não foram expulsos de suas posições porque a artilharia das naus os protegiam do mar.

Ao entardecer, "quando o sol já transpusera o zênite", houve mais um ataque desesperado para reconquistar "as águas perdidas", e que chegou a troca de golpes de espadas e ibirapemas, arte que Araríboia dominava como poucos. Segundo José de Anchieta, os portugueses já estavam quase sem forças para resistir ao massivo ataque e prestes a recuar, quando dois franceses de armadura completa são atingidos de uma só vez por um tiro de canhão e caem "estraçalhados, no chão pernas e braços e o sangue que salta tinge armas e pedras em volta".[52] O infortúnio tira o ânimo dos franceses e tupinambás, que voltam ao que restou da sua parte do forte "arrastando os corpos despedaçados dos infelizes colegas".

A batalha ainda estava incerta. Manoel da Nóbrega revela que, depois de dois dias de combate com navios avariados e mortos mais de dez homens, as forças lusas estavam para desistir por falta de pólvora. "Não se podendo entrar [na fortaleza] e não tendo já os nossos pólvora, mais que a que tinham nas câmaras para atirar; e tratando-se já como se poderiam recolher aos navios sem os matarem todos, e como poderiam recolher a artilharia que haviam posto em terra". Antes que fizessem esse movimento, precipitou-se a decisão dos inimigos com tantas derrotas e outros muitos mortos que "deu tão grande medo nos franceses e nos índios que com eles estavam, que se acolheram da fortaleza e fugiram todos, deixando o que tinham sem o poderem levar".[53] Do alto do monte onde estavam, foram lançadas cordas "muito longas e de nós numerosos, vão-se acolhendo as barcas", descem todos pelas rochas e "agitadas ondas" com destino ao litoral.

Não existe qualquer menção ao ato heroico de Araríboia, citado pelo historiador jesuíta, de meados do século XVII, Simão de Vasconcellos, nas cartas-testemunho de Manoel da Nóbrega e Mem de Sá, tampouco no poema épico de José de Anchieta. Talvez por ser ainda, naquela época, o "valoroso índio"[54] apenas mais um guerreiro misturado aos demais, e não um grande principal de sua gente. Mas qual teria sido o "grande medo" citado por Manoel da Nóbrega e que fez os temidos normandos e tamoios fugirem, como ratos pela noite, do forte Coligny, pelo qual tanto haviam lutado para construir e defender? Faz sentido pensar que foi justamente nesse instante derradeiro, quando os portugueses se preparavam para retirar-se, que teria ocorrido o momento decisivo do combate e o ato de heroísmo de Arariboia. Resolveu o Cobra Arara escalar o "penedo da pólvora", o último refúgio dos inimigos, carregando um facho de fogo e, sem que percebessem, ele foi capaz de incendiar a alvenaria da torre, como consta na descrição de José de Anchieta. "Um só caminho escarpado e estreito conduz à altura: talhou-o na pedra, à força de golpes teimosos e muito suor, o duro picão dos franceses. E protegeu-o com baluartes de alvenaria. No cume ergue-se a torre sob armação de grossos madeiros defendida por bombardas e pela estratégia do posto". Como uma cobra, Arariboia teria escalado pelas fendas das pedras daquele rochedo que todos diziam "inacessível e se lança às alturas qual gigantesca montanha e inexpugnável penhasco".[55] Com a torre pegando fogo, fica crível a versão apresentada por Manoel da Nóbrega do "grande medo" que fez, nas palavras de Simão de Vasconcellos, "desmaiarem os tamoios, e após eles os franceses, desamparando a fortaleza com a pressa que vimos".[56] Terminada a batalha pelo forte, Mem de Sá usou o pouco da pólvora de que ainda dispunha e mandou atacar, segundo o padre Nóbrega, "uma aldeia de índios e matou muitos".[57] Contudo, não dispondo da quantidade necessária de homens para povoar a terra nem pólvora suficiente para conquistá-la e com os barcos avariados, o governador determinou o recolhimento dos canhões e tudo o mais de utilidade que encontrou na fortaleza, e a mandou queimar e destruir de todas as formas. Partiu para São Vicente, levando todos que com ele tinham lutado e deixando de novo a Baía de Guanabara sem defesa. Tal fato não agradou a rainha regente Catarina, tampouco deve ter agradado os maracajás, que sonhavam em retornar às suas antigas aldeias na ilha de Paranãpuã, depois de tão renhida batalha. Voltaram todos para suas casas, sem qualquer prêmio, a não ser alguns tupis capturados nas aldeias atacadas e objetos apreendidos no forte dos franceses.

ARARIBOIA E A ALDEIA DE SÃO JOÃO

Arariboia voltou ao Espírito Santo depois de participar da tomada do forte francês e se embrenhou com os seus parentes para uma nova aldeia no interior, onde havia se juntado com alguns tupiniquins. Caso esteja correta a notícia legada pelo jesuíta Simão de Vasconcellos das proezas deste guerreiro maracajá na batalha do bastião normando da Guanabara, faz sentido pensar que ele já havia alcançado a posição de maioral, morubixaba de sua gente. Homem formado, experimentado nos combates e laureado pelo heroísmo demonstrado em tão diversas e importantes situações, desde o Rio de Janeiro até o Espírito Santo, era de se esperar que tomasse a decisão de formar sua própria aldeia. Estava na hora, pois teria por essa época mais de quarenta anos, idade com que os homens de destaque tornavam-se líderes de novos agrupamentos familiares. É no ano de 1562 que se tem notícia, pela primeira vez, da presença do guerreiro que mudou a história do Brasil.

É uma carta de um jesuíta ou irmão desconhecido que, em junho de 1562, transmite notícias daquela capitania aos seus superiores em Lisboa. Nessa correspondência os religiosos reclamam que estão esquecidos por ali (no Espírito Santo) e sem notícias do que se passava fora por não passarem por ali os "navios do Reino", uma vez que a terra estava sem "engenhos d'açúcar". Apenas dois padres trabalhavam no Espírito Santo naquele ano, tomando conta dos brancos, dos escravizados e dos indígenas "do Gato" no Espírito Santo. Padre Brás Lourenço já estava por ali há nove anos e se ocupava "em pregar e confessar aos brancos e em lhes ensinar seus filhos", talvez por ainda não saber falar tupi tão bem quanto o ex-irmão e agora padre Fabiano de Lucena.

Este era o responsável pela "conversão dos índios porque para isto lhe deu Nosso Senhor muito bom talento". Ele também tinha a missão de "doutrinar a escravaria dos cristãos que aqui é muita". Os padres ensinavam "5 ou 6 meninos deste gentio, já cristãos", e era com eles que o padre Fabiano entrava numa canoa todos os dias para subir o rio Santa Maria a caminho da "aldeia dos índios" (maracajás). Era uma grande aldeia onde viviam mais de mil indígenas "que para aqui vieram do Rio de Janeiro estes anos passados".

Cumprindo a promessa de alguns anos antes, quando havia se apartado dos portugueses, Maracajaguaçu tinha feito uma "uma grande igreja mui airosa e bem guarnecida" em homenagem à Nossa Senhora da Imaculada Conceição, como essa aldeia ficaria então conhecida. Também já estava construída "uma casa" onde os religiosos se hospedavam. As mulheres eram ensinadas na arte de fiar tecidos e se casavam com "mancebos já doutrinados e instruídos nos bons costumes".

Isso não seria possível sem a perseverança do padre Fabiano, que "todos os dias haverá dois anos" partia "antes da manhã" numa canoa "ora contra a maré, ora com chuva e frio" para visitar a aldeia de Nossa Senhora da Conceição. Ao amanhecer, um "índio porteiro" convocava os moradores para que "não vão fora antes de irem aprender à igreja". Segundo essa carta, o padre Fabiano era "temido e amado por eles". Isso porque ele ordenou o cacique Maracajaguaçu, "ouvidor" da aldeia, e quando alguém pecava era "trazido diante dele" e muitas vezes mandado para o "tronco em que mandam meter os quebrantadores de leis e os castigam conforme a seus delitos". As leis tinham sido ditadas pelos padres quando "o principal perguntava o castigo que davam por cada um dos delitos". A título de exemplo, tomemos um caso de amor extraconjugal. "Foi acusado o adúltero e condenado que perdesse todos seus vestidos para o marido da adúltera e foi metido no tronco. De modo que ficarão tão atemorizados os outros que não se achou dali por diante fazerem outro adultério." A obediência dos maracajás do Rio de Janeiro era importante para a capitania, já que, "depois que o governador Mem de Sá destruiu a fortaleza no Rio de Janeiro", os franceses começaram a aparecer com mais frequência em frente à vila de Vitória. O religioso anônimo conta que, em 1561, apareceram "duas naus mui grandes e bem artilhadas e se puseram de fronte desta povoação, cousa para causar assaz terror por serem os moradores poucos, as casas cobertas de palha, e sem fortaleza". Mesmo assim, os moradores se juntaram, trouxeram os escravizados e chamaram os maracajás no esforço de enfrentar os normandos. Até padre Brás Lourenço se juntou aos defensores no lugar de combate "tomando a bandeira do bem-aventurado Sam Tiago nas mãos". Houve uma intensa troca de tiros de canhão e espingardas "dos quais nenhum fez dano aos da povoação nem a ela, mas antes um dos nossos lhe deu com um falcão ao lume d'água" em uma das naus, e os franceses acabaram abandonando o porto sendo perseguidos nas canoas "com muita escravaria às frechadas até os lançarem fora do porto". Também no ano seguinte outra nau apareceu e foi enxotada pelos moradores e indígenas.

Com medo dessas investidas, o novo capitão nomeado por Mem de Sá em 1560, um morador antigo da capitania e importante personagem na conquista do Rio de Janeiro, Belchior de Azevedo, foi atrás de reforços que estavam dispersos no interior. Após abdicar da capitania oficialmente, o donatário Vasco Fernandes Coutinho acabou voltando já muito doente e pobre; no ano de 1661, quando faleceu, nas palavras do cronista Gabriel Soares, encontrava-se tão pobre "que chegou a darem-lhe de comer por amor de Deus, e não sei se teve um lençol seu, em que o amortalhassem".

Para os padres, o capitão Belchior de Azevedo era "pessoa mui nobre" tanto por "sua virtude" quanto por "ter ele ânimo para sujeitar estes índios e resistir aos grandes combates dos franceses". O capitão já conhecia aqueles nativos que tinha ido buscar das batalhas travadas. Certamente conhecia Arariboia e tinha testemunhado sua bravura na tomada do forte Coligny ou em outras ocasiões. Preocupado com os ataques franceses, ele vai atrás dos "parentes" daqueles indígenas do Rio de Janeiro que estavam na aldeia de Nossa Senhora da Conceição e que "estavam misturados como os tupinaquins [tupiniquins], que aqui perto vivem". O capitão conseguiu convencer Arariboia e sua gente a se "mudar para um bom sítio que está por este rio arriba e tem muitas e boas terras" e, assim, aqueles guerreiros ficavam "muito mais à mão e melhor aparelhados"; e melhor ainda, "apartados dos tupinaquins", que os padres desprezavam por considerá-los gente "pouco aparelhada para se fazer fruto".

Eles contam sobre a primeira visita que fizeram à futura aldeia de São João e sobre a impressão que tiveram do "seu principal", que na opinião dos religiosos era um "homem entendido e desejoso de se fazer cristão". Arariboia alimentou os padres com "duas galinhas e caça do mato", além de ter mostrado o lugar "que já tinha limpo para nos mandar fazer a igreja". Por essa carta, ficamos sabendo que o Arara Cobra ainda não havia sido batizado, apesar de ser um "homem entendido", termo pelo qual é possível inferir toda a sua trajetória de contato com os portugueses. Também é anotado pelos padres que aquele cacique tinha uma única esposa, "que é uma moça dos seus", a quem a mulher do capitão Belchior de Azevedo ensinava "em bons costumes". Os padres anotam os planos que tinham para aquele principal e determinam "de o casar cedo, fazendo-o cristão".[58]

Nessa correspondência de 1562, aquele novo "principal" não é revelado por seu nome próprio. Contudo, as evidências indicam se tratar de Arariboia, pela existência de outra carta jesuítica enviada do Espírito Santo, que relata acontecimentos de 1564, dois anos depois. É quando chegam novos padres da Companhia de Jesus, em substituição a Brás Lourenço e Fabiano de Lucena, que seguem para outras capitanias. São eles Manoel de Paiva, Diogo Jacome e Pedro da Costa, autor da referida correspondência.[59] Este jesuíta afirma que existiam, então, duas principais aldeias no Espírito Santo e que nelas haviam duas igrejas – "na aldeia do Gato, uma de Nossa Senhora da Conceição, e na aldeia de Arariboi, outra de S. João". É a primeira vez que o nome do "valoroso índio" é escrito em fontes históricas. Assim é informado que aquele "principal, homem entendido e desejoso de se fazer cristão", ressaltado na carta de 1562, cuja lealdade foi resgatada por Belchior de Azevedo, era Arariboia.

Os padres se dividiram. Manoel de Paiva ficou na vila de Vitória, Diogo Jacome foi viver na aldeia de Nossa Senhora da Conceição e Pedro da Costa foi mandado para a aldeia de São João. Profundo conhecedor da língua tupi, este último também era responsável pela catequização de mais "duas ou três aldeias que estão légua e meia ou quase duas da de S. João". Por volta de 1564, houve grande dispersão dos indígenas nessa capitania devido à epidemia de varíola. Chamada pelo religioso de "doença das bexigas", a varíola era "tão nojosa e de tão grandes fedores" que ficavam os nativos espantados pelo grande apodrecimento "da carne que se apareciam os ossos". Essa epidemia começou na grande aldeia de Maracajaguaçu, tendo os jesuítas muito trabalho para ajudar os enfermos e batizando-os para "bem morrer". Pedro da Costa releva que era "tão geral a doença, que por todas as casas havia enfermos, que parecia um hospital", e que por dia se enterravam três ou quatro mortos com extrema dificuldade por não se acharem voluntários para abrir as covas. A epidemia durou meses, tempo necessário para que a aldeia da Conceição, que era "grande e de muita gente", visse por "força da doença" seu contingente diminuir consideravelmente, porque os sobreviventes "determinaram de se mudar daquele lugar". Boa parte deles foi parar justamente na aldeia de Arariboia, e outros foram ainda para mais longe.

Pedro da Costa diz que "nesta povoação em que estou [aldeia de Arariboia] se faz muito fruto", mas descreve que os indígenas já não estavam "tão sujeitos como no tempo que aqui estava o padre Brás Lourenço". Diz que na aldeia de São João mais de "quatrocentas almas" já haviam sido batizadas, mas que muitos haviam morrido "no tempo das bexigas". Essa informação leva a crer que o batismo de Arariboia, quando foi lhe dado o nome de Martim Afonso, donatário de sua capitania de origem, tenha se dado logo no início da formação da aldeia, origem do atual distrito de Carapina, em Serra,[60] no Espírito Santo. Anos mais tarde, o principal Maracajaguacu decidiu viver na aldeia de São João e, vindo ali a falecer, teria sido enterrado nos arredores desta igreja. É por isso que Arariboia é considerado também um dos fundadores do município de Serra.

A igreja de São João de Carapina, cuja construção se iniciou no século XVI, e que teve o terreno capinado e limpo por Arariboia, permanece ainda hoje no mesmo lugar e pertence ao Patrimônio Arqueológico e Histórico do Espírito Santo. É uma linda e pequena igreja de arquitetura quinhentista que fica no alto de uma colina e pode ser avistada por quem passa pela BR-101. Felizmente ela está conservada, embora necessite de pintura na fachada. Ao seu redor não há nenhuma placa com informações sobre a importância histórica do local, muito menos de seu fundador. Quando estive lá, fui desaconselhado pelos moradores por estar em local ermo e de domínio da criminalidade local. Ainda assim só con-

segui acesso à igreja porque escalei o monte a partir da rodovia, uma vez que não existe acesso facilitado a ela. Ao ser construída por ali, a BR-101 preservou a igreja, mas destruiu parte do morro onde ela se localiza, deixando o terreno bem íngreme. Como não há sinalização que indique o local em que a igreja se encontra, quem quiser visitá-la terá um belo desafio por entre as estreitas ruas de um bairro periférico de Carapina, onde me perdi várias vezes, decidindo por voltar à rodovia. Depois de escalar por entre os matos cortantes e usar como escada de acesso a canaleta de águas pluviais da colina a partir da BR-101, pude notar, ao chegar da Igreja de São João, que, poucos dias antes, o mato à sua volta tinha sido queimado, fato que ameaçou a própria igreja de incêndio. Por minha conta e risco, subi até lá como se estivesse invadindo a aldeia de São João, consegui tocar a igreja e vê-la de perto por todos os ângulos. Foi incrível imaginar a presença de Arariboia e dos temiminós naquela paisagem. Da igreja de São João, terra da aldeia dos exilados da Guanabara, a primeira aldeia de "Martim Afonso" como cacique, é possível ver os montes ao longe que marcam a localização da atual cidade de Vitória, assim como os charcos que levam ao final do rio Santa Maria e que outrora dava acesso à aldeia por canoa. A aldeia de Arariboia tinha vista privilegiada da baía de Vitória e também da vasta planície até a ilha da vila em frente. Era realmente um local estratégico de defesa de toda aquela terra.

Pouco mais de dois anos depois de fundar o início da colonização definitiva daquelas terras, Arariboia partiu para uma viagem sem volta. Em janeiro de 1564, foi convocado por sua fama e bravura para a missão mais difícil de sua vida: ele teria finalmente a oportunidade de se vingar de seus inimigos, e dessa vez em definitivo.

NOTAS »— CAPÍTULO 3

1 ▸ Grorya, nome da caravela que se encontra nos registros da época.

2 ▸ "No ano de 1510 Vasco Fernandes Coutinho é referido como 'homem bem mancebo'. Novo e forte e sem recear nada deste mundo: levantava um mouro do cavalo com a ponta da lança, atirava-o ao chão e matava o infiel./ Sob as ordens do grande Afonso de Albuquerque, Vasco Fernandes ajudou à conquista de Goa aos turcos. Em 1511, partiu como conquistador para o Extremo Oriente e fez frente a uma carga de elefantes na tomada de Malaca./ Comandou um navio da esquadra que Albuquerque deixou de vigia no estreito de Malaca, mas em 1514 encontramo-lo de novo na Índia. No ano imediato partiu com Albuquerque para Ormuz, no Golfo Pérsico, tomou parte na morte do guazil Ras Ahmede e trabalhou com outros fidalgos na construção da fortaleza. [...] Após cinco anos de serviço com Afonso de Albuquerque, não é provável que Vasco Fernandes pudesse continuar a servir sob o comando pouco estimulante do sucessor do grande Governador. Parece que o jovem Vasco voltou a Portugal em 1516, mas regressou à Índia em 1521, durante o governo de d. Duarte de Menezes. Dali acompanhou o irmão Martim Afonso de Melo Coutinho à China, onde encontraram Duarte Coelho navegando por aqueles mares, e juntos combateram contra os juncos chineses./ Quando Vasco Fernandes regressou a Portugal não se sabe ao certo nem o que fez antes de 1529. Provavelmente esteve algum tempo numa das fortalezas de Marrocos. Os documentos dão-no como tendo servido não só no Oriente, mas também na África, e este parece ser o único intervalo de tempo em que tal serviço podia ter sido desempenhado" (SANCEAU, 1956, p. 141-143).

3 ▸ Embora fossem doadas, as capitanias não eram propriedades privadas, mas sim unidades administrativas da colônia. O que o capitão-donatário recebia e legava a seus herdeiros era uma parte do poder de governo, cedida pela Coroa portuguesa: o comando militar, o direito de exercer a justiça, de arrecadar taxas e administrar. O donatário era um governador subordinado às normas, à orientação e ao controle da administração portuguesa, que também colocava alguns funcionários seus na capitania e reservava para si algumas taxas, monopólios e a mais alta instância judiciária. Quanto às terras da capitania, o donatário deveria distribuí-las gratuitamente, em sesmarias, aos que tivessem condições de cultivá-las, e reservar determinada área para uso próprio e dos futuros titulares da donataria. As "sesmarias" eram doadas aos poderosos, que nem sempre as cultivavam. Para exercer o poder e cobrar as taxas, porém, era preciso dar existência real à capitania, isto é, conquistar e colonizar o território até então ocupado pelos indígenas. E isso deveria ser realizado pelo donatário, às suas custas, com os recursos materiais e humanos que conseguisse obter.

4 ▸ Expressão utilizada por Elaine Sanceau (1956, p. 143), no capítulo biográfico a respeito de Vasco Fernandes.

ARARIBOIA

5 ► Por ser comemorado nesse dia a Santíssima Trindade no calendário católico.

6 ► São nebulosas as informações sobre a origem desses indígenas. Ao que tudo indica, os portugueses toparam com os goitacazes, que habitavam toda a costa a partir do rio Paraíba do Sul até o litoral norte do Espírito Santo. Contudo, entre eles também é relatada a presença de tupiniquins e de outros grupos que viviam no interior, como os aimorés e puris. A Baía de Vitória, na época da chegada dos colonos portugueses, parece ter sido uma região de disputa entre várias etnias, como em outros pontos do litoral brasileiro. As fontes que relacionam a presença de temiminós no Espírito Santo são da época em que teria ocorrido a migração da Guanabara para aquela parte do litoral.

7 ► Do alvará de doação (apud OLIVEIRA, 2008, p. 42). A menção a infiéis se deve ao fato de Duarte de Lemos ter também protegido a insipiente capitania da ameaça de invasão de embarcações francesas.

8 ► *Corpo cronológico*, parte I, 77, 120, apud OLIVEIRA, 2008, p. 57.

9 ► No Regimento passado a Tomé de Sousa, primeiro governador-geral, todo um parágrafo é dedicado à capitania do Espírito Santo. O soberano devia ter boas informações sobre o Espírito Santo para fazer recomendações tão minuciosas como estas, com ordem expressa de ir a Vitória: "Ireis visitar as outras capitanias [...] e por que a do Espírito Santo que é de Vasco Fernandes Coutinho esta alevantada ireis a ela com a mais brevidade que poderdes e tomareis informação por o dito Vasco Fernandes e por quaisquer outras pessoas que vos disso saibam dar razão da maneira que estão com os ditos gentios e o que cumpre fazer pera se a dita capitania se tornar a reformar e povoar e o que assentardes poreis em obra trabalhando todo o que for em vos porque a terra se assegure e fique pacífica e de maneira que ao diante se não alevantem mais os ditos gentios e na dita capitania do Espírito Santo estareis o tempo que vos parecer necessário pera fazerdes o que dito". Regimento de Tomé de Sousa (17 dez. 1549). Documento pertencente à Biblioteca Nacional de Lisboa – Arquivo da Marinha, liv. 1 de Ofícios de 1597 a 1602, fl. 1 apud OLIVEIRA, 2008, p. 67.

10 ► O padre jesuíta Leonardo Nunes veio na primeira leva de jesuítas ao Brasil em 1549. Andava tão rápido por entre as matas e trilhas que teve sua história marcada pelo apelido que recebeu dos indígenas de São Vicente: abarebebê (o padre voador). Conhecido por ser bom catequisador, acabou falecendo precocemente, vítima de um naufrágio na costa do Brasil em 1554.

11 ► Matheus Nogueira foi o primeiro irmão leigo da Companhia de Jesus no Brasil. Soldado no Marrocos, veio ao Brasil com Vasco Fernandes depois de descobrir ter sido traído pela mulher. Aqui combateu contra os indígenas no Espírito Santo. Era ferreiro e foi casado com uma nativa quando o padre Leonardo Nunes chegou ao Espírito Santo de passagem, em 1551. Fluente na língua dos tupis, acabou abandonando tudo para seguir o jesuíta em suas andanças no sul do Brasil. Serviu o resto da vida na Companhia de Jesus. Faleceu em São Paulo, em 1561 (LEITE, 1953, p. 221).

12 ► Carta do padre Leornardo Nunes aos padres e irmãos de Coimbra, 1550. *Monumenta Brasiliae*, v. I, 1956, p. 200.

13 ► Carta de Pero de Góis a d. João III, abril de 1551 (SERRÃO, 1965, v. II, p. 21).

14 ► "Ay en ella mucha caça, muchos puercos monteses y es muy bastecida de pescado." Comentário posterior a esta afirmação na carta de Afonso Brás de 1551.

Monumenta Brasiliae, v. I, 1956 – Carta do padre Afonso Brás de 1551, p. 275. "Tem nela muita caça, muitos porcos monteses e está bem abastecida de peixe."

15 ▸ *Monumenta Brasiliae*, v. I, 1956, p. 271 – Carta de Afonso Brás do Espírito Santo em 1551.

16 ▸ Carta do governador-geral Tomé de Sousa ao rei d. João III, abril de 1551 (SERRÃO, 1965, v. II, p. 26).

17 ▸ *Monumenta Brasiliae*, v. II, 1957, p. 47 – Carta de Brás Lourenço do Espírito Santo, de 26 março de 1553.

18 ▸ Um deles, que se chamava Fabiano de Lucena, se ordenaria padre e o responsável por levar a localização da aldeia da Conceição para a atual cidade de Serra, no Espírito Santo.

19 ▸ Carta do Padre Francisco Pires de 1557 – *Monumenta Brasiliae*, 1957, v. II, p. 371.

20 ▸ Serafim Leite vê no nome Maraguai uma corruptela para Jaraguai (de maracajá) e afirma que seria o lugar para onde teria ido morar o próprio Maracajaguaçu e parte de sua gente que havia se retirado para o sertão antes da morte do filho (LEITE, *História da Companhia de Jesus no Brasil*, tomo I, livro III, p. 235).

21 ▸ Léry, 1941, p. 70.

22 ▸ Carta de Mem de Sá, que dá conta a El Rey de se haver alenvantado uma capitania nos estados do Brasil. Feita na cidade de Salvador a 1º de junho de 1558. *Anais da Biblioteca Nacional do Rio de Janeiro*, 1905, p. 225.

23 ▸ Informação transmitida pelo próprio Mem de Sá ao Rey de Portugal. "[...] em chegando a capitania do Espírito Santo entrou por conselho dos que consigo levava pelo 'Rjo de cicaree' (Cricaré) e foi dar em três fortalezas muito fortes que se chamavam *marerique* donde o gentio fazia e tinha feito muito dano e mortos muitos cristãos as quais rendeu com morte de muito gentio e ele [Fernão de Sá] morreu ali pelejando" (Ibidem, p. 235).

24 ▸ Carta que o irmão Antonio Blasquez escreveu da Bahia do Salvador, das partes do Brasil, o ano de 1558, a nosso padre geral. *Cartas avulsas*, 1887, p. 179. Entre os que morreram ao lado de Fernão de Sá, estariam dois filhos mamelucos de Diogo Álvares, o Caramuru, chamados de Manuel Álvares e Diogo Álvares.

25 ▸ Carta de Mem de Sá que dá conta a El Rey de se haver alevantado uma capitania nos estados do Brasil. Feita na cidade de Salvador a 1º de junho de 1558. *Anais da Biblioteca Nacional do Rio de Janeiro*, 1905, p. 232.

26 ▸ Foram muitas epidemias que massacraram os indígenas ao longo da história do Brasil. Segundo Lourival Ribeiro (1971), as principais doenças que acometeram os nativos foram as febres (amarela, tifoide, paratifoide e malária), a varíola e a disenteria. Além disso, os métodos usados para a cura naquele tempo causavam ainda mais fraqueza nos pacientes. O tratamento para quase todas as doenças era o sangramento do paciente, que tinha as veias cortadas para espiar os males ao perder sangue. "Os médicos ainda se regiam pelas ideias de Hipócrates e Galena expressas no conceito de que as doenças decorriam das desarmonias e da corrupção dos humores e, por consequência, todo o esforço da medicina curativa visava a refazer esse desequilíbrio e eliminar a corrupção, daí as sangrias e os purgantes serem considerados dois grandes remédios e se utilizarem indistintamente em todas as doenças" (RIBEIRO, 1971, p. 141).

27 ▶ Carta de Nicolas Barré do Rio de Janeiro, em 24 de maio de 1556 (apud GAFFAREL, 1898, p. 395).

28 ▶ CA, CARTA ESCRITA DO ESPÍRITO SANTO SEM IDENTIFICAÇÃO DE AUTORIA NEM DATA, p. 207 – Por referências na própria carta, os pesquisadores concluíram ser uma narrativa de fatos passados no ano de 1558 e escrita nos primeiros meses de 1559, provavelmente em fevereiro. (Tudo indica que o autor da carta é também o então irmão Antônio de Sá que foi aceito pela Companhia de Jesus no Espírito Santo por volta daquele ano e que depois veio a se tornar sacerdote. Sabia falar muito bem a língua tupi, como a maioria dos irmãos da Companhia de Jesus no Brasil, aceitos por serem úteis como intérpretes dos padres. Ele escreveu outra carta conhecida meses depois, no mesmo ano de 1559, outro indício de que é também ele o autor desta. Antônio de Sá era íntimo dos indígenas e capaz de se comunicar plenamente com eles. Informações adicionais em Leite, *Monumenta Brasiliae*, 1958, v. III, p. 94. "Diz o Catálogo de 1567: 'Antônio de Sá, sacerdote, escolar, de 30 anos de idade: há oito que entrou na Companhia no Brasil, estudou algum latim e casos de consciência. Sabe a língua dos índios'".

29 ▶ Seria Arariboia? Isso não possível afirmar, mas a forma como esse nativo foi qualificado, "como desejoso de ser cristão", é muito parecida com a primeira menção a Arariboia em cartas jesuíticas nos anos seguintes. Entretanto, muitos indígenas demonstravam esse desejo pelos mais diversos motivos.

30 ▶ Fato acontecido e relatado em carta do ano de 1559, escrita pelo irmão Antônio de Sá. "A 23 dias de abril chegou aqui Diogo de Morin, e com sua chegada pôs a toda vila em medo e alvoroço, pensando que fossem franceses, e com estar os mais deles doentes, o medo os fazia sãos, e todos punham a mão ao trabalho, fazendo uma cerca de pipas e tonéis aterrados, esperando a nova certa porque tinham para si que uns nove franceses que daqui fugiram os dias passados iriam dar rebate ao Rio, onde estão os outros franceses. Enfim, indo a ver, acharam o que era; mas não estão com tudo isto seguros, porque todo o povo os espera cada dia." Carta de Antônio de Sá, aos irmãos do Espírito Santo, em 13 de junho de 1559. *Cartas avulsas*, 1887, p. 213.

31 ▶ Documento pertencente ao Arquivo da Torre do Tombo, Corpo Cronológico, I, 102, 96 (apud OLIVEIRA, 2008, p. 139).

32 ▶ Carta do irmão Antônio de Sá aos padres e irmãos na Bahia, *Monumenta Brasiliae*, 1958, v. III, p. 164.

33 ▶ Mem de Sá transmitiu ao rei d. Sebastião de 1560 que "no Espírito Santo estão três filhos de Vasco Fernandes, todos moços sem barba e capitães" (Ibidem, p. 235; Carta de Mem de Sá para o reino, 31 mar. 1560; *Anais da Biblioteca Nacional*, 1905).

34 ▶ Manoel da Nóbrega relatou, em carta de 1559 a Tomé de Sousa, ex-governador-geral, que "este costume, mais que em nenhuma capitania, achei no Espírito Santo, capitania de Vasco Fernandes, e por haver ali mais disto se tinha por melhor capitania". *Cartas Jesuíticas I*, 1931, p. 201

35 ▶ *Sery + iy + pê* – "siri + água + lugar" – a ilha "dos siris" ou a ilha "onde os siris ficam". Isso por conta das muitas pedras que a rodeavam.

36 ▶ Assim afirmou o cronista Gabriel Soares de Sousa no *Tratado descritivo do Brasil* em 1587, p. 107.

37 ▶ Trecho de carta enviada por Mem de Sá à regente Catarina, em 31 de março de 1560. "Em chegando à capitania do Espírito Santo, achei uma carta de Vasco Fernandes Coutinho, em que rogava ao ouvidor da capitania que em seu nome renunciasse a capitania, e lhe mandava por isso procuração bastante; os moradores estavam já todos para se ir, e quando isto souberam se foram a mim com as mulheres e os meninos, pedindo que a tomasse para Vossa Alteza; assim o fiz como Vossa Alteza pode mandar ver por um auto que disso fiz com parecer dos capitães até o fazer saber a Vossa Alteza. Filo (porque) se não perdesse uma tão boa capitania" (SERRÃO, 1965, v. II, p. 40).

38 ▶ Carta de Manoel da Nóbrega ao Infante Cardeal d. Henrique, 1º jun. 1560. *Cartas jesuíticas I*, 1931, p. 227.

39 ▶ *Anais da Biblioteca Nacional*, 1905, Carta de Mem de Sá ao reino, 31 mar. 1560, p. 235.

40 ▶ O forte francês foi batizado com o nome do almirante Gaspar de Châtillon, conde de Coligny, o maior incentivador da França Antártica e um dos líderes dos calvinistas na França.

41 ▶ "O nosso referido forte foi tomado pelos portugueses e *margageaz.*" São os maracajás ou margaiás, como eram chamados entre tupinambás (THEVET, 2009, p. 31).

42 ▶ O jesuíta, porém, complementou que não tinha fontes para tais afirmações: "Não acho em escritos esse feito notável" (VASCONCELLOS, 1931, p. 308).

43 ▶ Anchieta, 1986, p. 53.

44 ▶ Carta de Mem de Sá à rainha regente d. Catarina, de 17 de junho de 1569 (SERRÃO, 1965, v. II, p. 42).

45 ▶ Padre Nóbrega relata números parecidos. "Na fortaleza estavam passantes de sessenta franceses de peleja, e mais de oitocentos índios..." *Cartas jesuíticas I*, 1931, Carta de Manoel da Nóbrega ao Infante Cardeal d. Henrique, de 1º de junho de 1560, p. 225.

46 ▶ Anchieta, *De Gestis Mendi de Saa*, 1986, p. 203.

47 ▶ Manoel da Nóbrega, carta ao cardeal d. Infante de São Vicente em 1560, *Cartas jesuíticas I*, 1931 p. 223.

48 ▶ Anchieta, ibidem, p. 207.

49 ▶ Anchieta, ibidem, p. 207.

50 ▶ Anchieta, ibidem, p. 207.

51 ▶ Ibidem, p. 211.

52 ▶ Ibidem, p. 215.

53 ▶ Manoel da Nóbrega, ibidem, p. 225.

54 ▶ Ver nota 1 do capítulo 1 (p. 57).

55 ▶ Anchieta, ibidem, p. 207.

56 ▶ "Entre os índios se assinalaram alguns no combate da fortaleza. O principal de todos foi um, que depois do batismo teve por nome Martim Afonso. D'este pública a fama, que com os seus, de que foi principal e capitão, fez façanhas tais, que mereceu ser premiado pelo governador-geral, e por el'Rei, com hábito de Cristo, e tença [pensão], que depois gozaram também alguns seus descendentes. Do mesmo grande Martim Afonso, homem de coração, e valor, como mais ao diante veremos, acrescentam alguns, que no conflito maior do acometimento do penedo da pólvora, ele lhe pusera o fogo, atribuindo a este feito muito principalmente a causa de desmaiarem os Tamoyos, e após d'eles os franceses, desamparando a fortaleza com a pressa que vimos. Porém não acho em escritos este feito notável. O certo é que fez este soldado façanhas dignas de memória, que até hoje duram" (VASCONCELLOS, 1865, p. 317).

57 ▸ Outro depoimento de Sebastião Álvares, um dos portugueses que foi testemunha dos fatos, salientou que foram duas as aldeias atacadas (ABREU, v. I, 2010, p. 117).

58 ▸ Todos as referências da carta estão no documento "Carta do Espírito Santo, para o padre doutor Torres, por comissão do padre Brás Lourenço, de 10 de junho de 1562, e recebida a 20 de setembro do mesmo ano". *Cartas avulsas*, 1887, p. 337 e seguintes. O termo "por comissão" significa que outra pessoa escreveu a carta para o padre, talvez um ajudante ou irmão.

59 ▸ "Carta que escreveu o padre Pedro da Costa do Espírito Santo aos padres e irmãos da casa de S. Roque, de Lisboa no ano de 1565". *Cartas avulsas*, 1887, p. 456.

60 ▸ Após a epidemia de varíola de 1564, a aldeia de Nossa Senhora da Conceição acaba por ser transferida mais uma vez de Cariacica, próximo ao rio Santa Maria, para o sopé do monte conhecido por Mestre Álvaro, atual município de Serra. A sua localização definitiva no centro desta cidade é fruto de outra mudança ocorrida no século XVIII.

CAPÍTULO 4
A VINGANÇA ETERNA

A VIAGEM SEM VOLTA

Ainda antes de que a epidemia de varíola se espalhasse, Arariboia recebeu a visita, no fim de janeiro de 1564, de três autoridades portuguesas. O capitão-mor Estácio de Sá e o ouvidor-geral Brás Fragoso foram à aldeia de São João, acompanhados do capitão do Espírito Santo, Belchior de Azevedo. A aldeia ficava a poucas horas de canoa a partir da vila de Vitória, pelo rio Santa Maria. Eles foram fazer honra e convidar pessoalmente Arariboia. Ao que parece, foram capazes de convencer aquele indígena principal dos maracajás e amigo dos jesuítas de participar da conquista do Rio de Janeiro. O próprio Arariboia lembraria anos mais tarde daquele encontro em documento. "Que ele dito Estácio de Sá, veio ter a Capitania do Espírito Santo, onde ele suplicante (Arariboia) era morador, e ele dito Estácio de Sá, com o ouvidor Brás Fragoso, falaram a ele suplicante quisesse vir em sua companhia servir El Rei Nosso Senhor e ajudar a povoar este Rio de Janeiro".[1] Não precisou de muitos dias para animar, por intermédio dos padres, Arariboia e seus guerreiros da aldeia de São João a se bater mais uma vez contra seus inimigos íntimos, os tupinambás da Guanabara. Contudo, eles não passavam de algumas dezenas.[2]

Com os reforços do Espírito Santo, Estácio de Sá partiu para a Guanabara, onde chegou em 6 de fevereiro. José de Anchieta relatou os acontecimentos da primeira passagem daquela frota pelo Rio de Janeiro. O jesuíta afirmou que os tupinambás os receberam, a princípio, como amigos. Aproveitando os primeiros encontros em uma desconfiada paz, Arariboia subiu em uma pedra mais alta e, à moda dos caciques tupis, pôs-se a falar aos "irmãos de raça" tentando convencê-los "a confiarem na amizade pacífica que lhe ofereciam os portugueses".[3] Uma atitude muito inteligente e também surpreendentemente diplomática. É possível que os jesuítas que acompanhavam aquela viagem tenham pedido que tentasse algo nesse sentido. Arariboia concordou porque sabia que seria melhor evitar uma guerra muito difícil de ser vencida contra aquela multidão. Entretanto, era praticamente impossível aplacar com promessas ou discursos o ódio, as enganações e as aspirações vingativas que norteavam o modo de vida dos tupis. Aquela guerra já tinha mais de 25 anos.

Os primeiros dias de paz com tupinambás foram apenas uma estratégia para que ganhassem tempo na convocação da "gente das aldeias, a qual junta, com quase cem canoas, acometeram uma nau e um barco".[4] Nada menos que 2.500 tamoios. O ataque surpresa deu certo e "puseram-os em tanto aperto que, se não fossem as grandes ondas que faziam, haveriam de tomar". Alguns franceses acompanhavam os tupinambás dentro das canoas, e os orientaram a tentar afundar a nau utilizando golpes de machado no casco junto à água. Os atacantes ainda conseguiram matar alguns portugueses e flecharam outros tantos. Os que estavam no barco ficaram tão feridos que poucos conseguiram se recolher à nau, que finalmente conseguiu escapar por causa do mar bravo. Também os tupinambás sofreram perdas e acabaram "mortos, feridos e queimados com pólvora". Anchieta ainda relata outro ataque em que foram mortos "oito homens e feriram todos os mais que tomaram em uma barquinha que se desmandou". Só não mataram todos porque foi enviado "socorro mui depressa".

Não sabemos se Arariboia e os maracajás se envolveram diretamente nesses primeiros ataques porque, ao que parece, os alvos dos tupinambás foram escolhidos por estarem isolados e mais fáceis de serem atacados. Por exemplo, o caso de outro ataque narrado pelo jesuíta Simão de Vasconcellos, que aconteceu quando alguns batéis foram em busca de água "em uma ribeira" e um deles, que estava à frente, "foi acometido por sete canoas dos tamoios, de cujas mãos escapou, com morte de quatro marinheiros". Logo as praias se encheram de "tamoios empenados, ferindo o chão e os ares", com ameaças de guerra. Estácio de Sá tentou responder à altura as provocações, mas um ataque direto de suas forças e nativos aliados mostrou o tamanho da dificuldade que enfrentariam se ousassem bater de frente com os tupinambás em terra firme, porque saíram "dos encontros soldados feridos e outros mortos",[5] sem que o ataque tivesse surtido qualquer efeito. Nesse primeiro combate, Arariboia estava presente e conseguiu sair vivo, ou pelo menos é a lógica que se impõe. Os tupinambás não o pegaram quando lutava apenas com a sua tribo em Paranãpuã; ele certamente era precavido o bastante para não se deixar em posição vulnerável ao lado de portugueses armados com pólvora.

Estácio de Sá e os seus se encontravam mal preparados para aqueles dois meses na Guanabara, eram poucos e estavam perdidos. Os tupinambás não ousavam outro ataque massivo por mar, e os portugueses sabiam não ter forças para conquistar por terra. O capitão-mor esperava ansiosamente a chegada do jesuíta Manoel da Nóbrega, a quem havia mandado buscar em São Vicente para decidir o que fazer. O padre Nóbrega e o ainda irmão José de Anchieta partiram daquela capitania no dia 19 de março de 1564 para encontrar Estácio de Sá na Guanabara e chegaram onze dias depois, uma "Sexta-feira Santa".

Entraram pela barra "à meia-noite com grande escuridão e tormenta de vento" e ficaram perdidos sem saber para onde ir. Quando o dia começou a amanhecer, não viram os navios da esquadra e foram desembarcar "a terra em uma ilheta que foi dos franceses".[6] Acharam as cabanas construídas pelos portugueses queimadas e alguns corpos de indígenas que "ali haviam morrido" e cujos cadáveres tinham sido "desenterrados e as cabeças quebradas", informação que os leva a concluir que houve vítimas entre os temiminós durante os combates travados. Os feridos que pereceram foram enterrados na ilha, e os tupinambás aproveitaram a debandada portuguesa para cumprir o ritual de vingança ao quebrar o crânio daqueles mortos em combate. Sem as cabeças intactas, seus inimigos nativos não teriam a doce recompensa da "terra sem mal" dos antepassados. Os religiosos portugueses ficaram horrorizados e não tinham dúvida de que, ficando ali sozinhos, seriam os próximos a serem "tomados e comidos". Pensaram em fugir da baía, mas o vento era contrário e, nas suas próprias palavras, de "nenhuma maneira podíamos sair". Desnorteados, foram salvos por esse mesmo vento contrário, que acabou fazendo com que a esquadra fosse obrigada a retornar à Guanabara, de onde tinham zarpado apenas dois dias antes no anseio de se livrarem dos perigos que os cercavam. Os padres agradeceram a Deus, que "mandou-lhes aquele vento de través, que é o mais furioso que há nesta costa, com o qual nenhuma outra cousa poderia fazer ainda que quisessem senão tornar a entrar em o Rio".[7] Reuniram-se todos na ilha onde o forte Coligny foi arrasado apenas quatro anos antes e decidiram ir embora para São Vicente, porque a armada estava "muito desbaratada". Precisavam, ainda, de mantimentos e mais embarcações a remo. Os jesuítas rezaram uma missa na Páscoa, dia 2 de abril de 1564, e mais tarde levantaram âncora, chegando poucos dias depois a Santos. Estácio de Sá foi obrigado a esperar dez meses para prosseguir com sua missão. Enfrentou resistência dos capitães da armada, que não confiavam na vitória por ser "o inimigo inumerável, fortificado em casa própria, com mantimentos à mão, com embarcações tão ligeiras". Os soldados que tinham experimentado aqueles meses na Guanabara não acreditavam ser possível vencer os tupinambás que tinham, inclusive, "armas que jamais lhes podiam faltar, industriados na guerra pela gente Francesa".

Os moradores de Piratininga e São Vicente também cobravam o capitão-mor que protegesse a capitania dos diversos ataques que recebiam de tupiniquins rebelados do sertão e dos tamoios pelo litoral. Os representantes da Câmara de Piratininga ameaçavam abandonar tudo, caso seus anseios não fossem atendidos. Em carta a Estácio de Sá, escreveram que se ele não fosse "fazer a dita guerra (contra os tupiniquins), como lhe requeremos, e de encampar esta dita vila e fazendas, [nosso intuito] é nos irmos todos em sua companhia, no caminho das vilas do mar, e despovoarmos esta vila e ele [Estácio] ser obrigado a dar conta de tudo a Deus e a El Rei Nosso Senhor".[8]

Outro problema era a falta de reforços indígenas para a missão: – os jesuítas não conseguiam convencer as aldeias tupiniquins de que eram próximos e que alguns meses depois foram finalmente pacificadas, a se juntarem à expedição. "Os quais prometendo de vir, não vieram senão mui tarde e poucos, e tornaram-se logo de São Vicente, sem quererem com os nossos vir ao Rio, a qual foi a principal causa de muita detença que a armada fez em São Vicente". Apenas os indígenas já batizados de Piratininga, discípulos antigos dos jesuítas, se mostravam mais dispostos ao combate. Tais problemas foram aos poucos sendo resolvidos pela "constância" do padre Manoel da Nóbrega e pela firmeza de Estácio de Sá e do ouvidor Brás Fragoso, "que sempre resistiram a todos estes encontros e contradições".[9] Por todo esse tempo, Arariboia e seus guerreiros aguardaram pela resolução para entrar na Guanabara. Alguns pensam ter sido durante esses meses de estacionamento em São Vicente o momento em que "Martim Afonso" tenha sido batizado por Anchieta, Manoel da Nóbrega, entre outros jesuítas, em uma cerimônia na praia. Tibiriçá já estava morto desde o Natal de 1562. Em 1564, o padre Pedro da Costa revela que já existiam na aldeia de São João mais de quatrocentos temiminós batizados. A informação comprova que o batismo cristão de Arariboia e seu posterior casamento aconteceram nos anos iniciais da construção da aldeia de São João, ou seja, entre 1562 e 1563, no Espírito Santo. O nome recebido por ele, Martim Afonso de Sousa, o donatário das terras da Guanabara, é mais uma evidência da sua real origem. Em São Vicente, Arariboia aguardava a decisão de Estácio de Sá, o que só foi acontecer depois de meses, mesmo assim com muita indecisão. A pequena frota só levantou velas e remos em 22 de janeiro de 1565.

Era apenas um galeão onde vinha Estácio,[10] cinco navios pequenos, sendo três deles a remo, e mais oito canoas, onde vinham os mamelucos de São Vicente, Arariboia e os maracajás, além de mais alguns "discípulos cristãos de Piratininga". Anchieta estimou o contingente em até duzentos homens, o "que era bem pouco para se poder povoar o Rio". A viagem de volta à Guanabara não foi fácil, "teve muitos ventos contra", e o galeão de Estácio acabou se separando do resto dos barcos e canoas com "a verga do traquete quebrado, e rendido o mastro grande".

Os demais mamelucos e nativos, junto com Anchieta, que os acompanhava por falar bem a língua tupi, ficaram acolhidos na Ilha Grande, onde atacaram uma aldeia em busca de mantimentos. Depois, continuaram o caminho pelo mar até chegarem à restinga da Marambaia. Por fim, resolveram esperar "pelos navios numas ilhas que estão uma légua fora da boca do Rio [de Janeiro], às quais eles chegaram sem nenhum encontro de Tamoios, ou outro perigo algum". Esperaram uma semana inteira nessas ilhas onde não havia abrigo ou porto, talvez somente as elevações de pedra das ilhas Cagarras. Sobreviveram pescando e comendo alguns palmitos. A água foi extraída de uma poça de chuva. As condições eram precárias, e os homens começaram a passar mal "de câmaras".[11] Estavam já perdendo a esperança dos navios chegarem tão cedo e se "determinaram de partir cada um para sua terra, a saber: os temiminós do Espírito Santo com três canoas para a sua, e os mamelucos com os tupiniquins para São Vicente". Com essa informação, temos individualizados os maracajás que participavam daquela expedição com apenas três canoas de guerra, que conformariam até 75 pessoas no grupo dos maracajás, a se basear em fontes que afirmam a capacidade de cada canoa grande abrigar em média 25 pessoas.[12]

Quando todos os indígenas e mamelucos estavam prestes a cumprir o combinado de abandonarem a expedição, "viram um dos navios, que a força de braços e remos vinham já perto das ilhas, com cuja vista se alegraram". Mais dois dias esperaram e os outros quatro navios pequenos foram se aproximando; entretanto nas ilhas existia "uma pouca d'água, e a gente era muita; e as secas grandes, acabou-se e não havia mais que para beber um dia". No dia seguinte choveu, o que trouxe um alívio para a situação em que se encontravam. Contudo, a nau capitania de Estácio não aparecia no horizonte "donde nasceu tornarem-se a amotinar não somente os índios e mamelucos, mas também alguns dos capitães dos navios querendo entrar dentro do rio, contra o regimento que o capitão-mor tinha dado".

Anchieta pedia calma e teve "muito trabalho em os aquietar, porque em verdade o porto em que estávamos era mui perigoso", as ilhas não propiciavam sombra de ventos e as embarcações faziam muita água, de modo "que era necessário grande parte do dia dar à bomba" para que não afundassem. Os indígenas reclamavam que não tinham o que comer e "os portugueses não tinham para lhes dar". Era muito tempo esperando e "finalmente determinaram os índios de não esperar mais que um dia, e se a capitania não chegasse, ou se meteriam dentro do rio, ou se iriam para suas terras, o que fora causa de grande desconsolação".

Para Arariboia, era melhor enfrentar os tupinambás ou partir de vez para o Espírito Santo do que ficar ali morrendo de fome. A situação era insustentável, mas a sorte mais uma vez ajudou e finalmente eles avistaram, no mesmo dia, "três navios, que vinham da Bahia com socorro, de mantimento"; no dia seguinte, "a capitania e outro navio" apareceram no horizonte. Anchieta rezou em tupi com os temiminós e demais nativos. Com a esquadra reunida, todos juntos "em uma mesma maré, com grande alegria entramos pela boca do Rio de Janeiro".[13]

ENTRE TUPINAMBÁS E TRANQUEIRAS

No primeiro mês de permanência, cerca de duzentos homens, mais da metade indígenas e mamelucos, aportaram "no último de fevereiro, ou 1º de março" de 1565. É nesse período que o irmão José de Anchieta ficou na pequena fortificação que Estácio de Sá começou a erguer. O capitão-mor deu o exemplo e foi um dos primeiros a desembarcar no istmo entre os morros do Pão de Açúcar e o Cara de Cão, bem na entrada da Baía de Guanabara. Os indígenas, mamelucos e portugueses "começaram a roçar em terra com grande fervor e cortar madeira para a cerca, sem querer saber dos tamoios nem dos franceses". Junto a seus homens, com machados nas mãos, Arariboia foi cortar madeira, carregá-la nos ombros e levá-la até uma pequena praia que existia para o lado de dentro da Baía de Guanabara. Ali, eles tinham pressa para construir uma "tranqueira", um tipo de trincheira ou cerca com paus, pedras e terra, de modo a se fortificar.

A água era escassa: existia por ali apenas uma pequena lagoa "de ruim água, e esta era pouca". Porém, no dia em que desembarcaram na retaguarda do Cara de Cão "choveu tanto que se encheu [a lagoa], e rebentaram fontes em algumas partes, de que bebeu todo o exército em abundância". Dias depois, cavaram um poço e se achou uma fonte de água boa e, mais adiante, outra fonte que escorria "num penedo". Anchieta diz que não tardou para os tupinambás perceberem aquela movimentação e "começaram logo a fazer ciladas por terra e por mar", enquanto eles tentavam terminar a cerca e construir torres de taipa e telhas para posicionarem a artilharia. Já no dia "6 de março", "quatro canoas dos tamoios" espreitavam sorrateiramente os arredores da cerca e capturaram um dos nativos catequisados de Piratininga que se afastou para pescar. Alertados pela algazarra, "os nossos [indígenas] deitaram as suas canoas no mar" e perseguiram os inimigos, que fugiram rapidamente para a margem. Araribóia parece ter estado nessa ação no comando de uma das canoas, gritando aos inimigos que os enfrentassem se fossem valentes, enquanto mirava algumas flechas a longa distância.

Os tupinambás não quiseram medir forças naquele momento, estavam apenas em missão de reconhecimento. Chegando à margem, eles fugiram "pelos matos, deixando as canoas, arcos, flechas, espadas", não sem antes matar o refém de Piratininga que haviam sequestrado. Araribóia desembarcou e tentou segui-los "pelo mato um bom pedaço", mas já haviam desaparecido. Era melhor que voltassem logo à fortificação, trazendo "as canoas e suas armas, que haviam deixado".

Não houve combate nesse dia, e os nativos aliados dos lusos tinham perdido um dos seus; mas para Anchieta o acontecimento foi encarado como "um grande triunfo para os nossos cobrarem ânimo". Afinal, "os tamoios enfraqueceram e temeram". Contudo, a missão dos tupinambás tinha dado certo: eles perceberam que os portugueses e seus aliados estavam preparados e "daí por diante não ousavam aparecer senão de longe, e muitas canoas juntas".

Quatro dias depois, os homens de Estácio e Arariboia avistaram uma "nau francesa, que estava légua e meia da povoação dentro do rio". No dia seguinte, o capitáo-mor resolveu dar combate àquela embarcação francesa e, com alguns navios, "deixando na cerca a gente que parecia necessária, que ainda não era acabada", foi atacá-la. Quando chegou à distância dos tiros de canhão, os navios começaram a disparar. Tudo não passava de mais uma cilada dos tupinambás, que "saíram detrás de uma ponta em 48 canoas cheias de gente, e arremeteram a cerca com grande ímpeto". Alguns conseguiram entrar no arraial e houve um combate corpo a corpo, momento em que os portugueses e aliados indígenas – Arariboia entre eles – lutaram bravamente por suas vidas. Anchieta e Gonçalo de Oliveira, o outro jesuíta que participava daquela missão, tentavam se proteger das flechas que choviam do céu, sem que tivessem onde se abrigar. Não só eles, mas todos os combatentes passaram perigo "andando no meio do terreiro descobertos, e chovendo flechas sobre eles, não os feriram". Eles foram capazes de resistir àquele ataque, que tinha um número estimado em 1.200 tupinambás.[14] Anchieta escreveu que os portugueses, Arariboia e os outros guerreiros "mataram alguns dos inimigos, e feriram muitos", usando com destreza as armas de fogo, o que enfraqueceu o ímpeto dos tupinambás que, em confusão, começaram a retroceder e finalmente foram forçados para "fora da cerca" e fugiram em suas canoas. Também deve ter ajudado para tanto o contra-ataque de Estácio de Sá, que largou o combate com a nau francesa e "meteu-se num navio de remos por lhes ir acudir".

O navio normando acabou por se entregar e naquela noite houve "falas dos franceses" que estavam em terra com os tupinambás, com a ajuda de um "seu parente, que estava num dos navios [portugueses]".[15] Os capitães lusos tentaram convencê-los a irem em paz, sem perseguições, se concordassem em abandonar as aldeias onde viviam metidos entre os tupinambás. Os franceses argumentaram que eram apenas "uns pobres mercadores que vinham ganhar a vida, e que estavam já de caminho para levar de volta alguns franceses dos que estavam em terra para

França". Os tupinambás ficaram irritados quando aquela conversa começou a prosperar entre os normandos; alguns decidiram se entregar e vieram ao encontro dos portugueses em canoas. Porém, talvez por pressão dos tupinambás, no meio daquele processo, houve uma reviravolta, e os franceses desconfiaram das promessas e "vendo chegar" os navios portugueses "lançaram-se ao mar, e a nado: fugiram à terra, à vista dos nossos sem se seguir trás deles".

Segundo Anchieta, o número de franceses no Rio de Janeiro por aquela época era em torno de "trinta homens, repartidos em diversas aldeias, e todos homens baixos, que vivem com os índios selvagens". Avisado de toda aquela negociação, Estácio de Sá "determinou de cumprir o que seus capitães tinham prometido" e, depois de mais algumas "contradições de homens, que mais olham seu próprio interesse que o bem comum", foi acertado que "os devia deixar ir em paz", uma vez que isso abriria o "caminho para mais facilmente se povoar e sustentar o Rio de Janeiro". Os franceses que quiseram partir tiveram, então, um salvo-conduto na Guanabara, não sem antes terem sua pólvora e artilharia apreendidas para a fortificação da "tranqueira"; além disso, os portugueses pediram que eles deixassem cartas para aqueles compatriotas que haviam decidido ficar, "que se fiassem de nós, e se saíssem dentre os selvagens".

Antes que a nau francesa com os desertores partisse, inconformados com a atitude de seus aliados, fizeram "os tamoios outra cilada de 27 canoas" para tentar tomá-la de volta, o que resultou em derrota ainda pior para eles, que viram seus aliados lhes darem "muitos e bons tiros". Anchieta acreditava que isso ajudaria a fazer com que os tupinambás parassem de lhes dar "crédito e amor". Os portugueses e temiminós participaram desse combate. "Meteram esses nossos [indígenas aliados] a mão com tanto pulso que foi flechada a gente de seis aldeias que se fez em terra para os defender". Depois foram à terra de onde vinham as canoas para "uma brava peleja, em que foram feridos dez ou 12 dos nossos, e alguns de flechadas mui perigosas". Os tupinambás também saíram com muitos "feridos, os quais os nossos viam levar a rasto pela praia, e meter nas canoas". Arariboia e seus guerreiros continuaram perseguindo os tupinambás que fugiam "quase até meio caminho de suas aldeias, e tomaram-lhes uma canoa, e tornaram-se com grande vitória (e prisioneiros)". Arariboia deve ter sido o comandante indígena de todos esses confrontos, em terra e mar – ora usando seu arco e flecha, ora disparando com a arma de fogo que os portugueses o ensinaram a usar, ora manejando seu ibirapema, ora protegendo-se com seu escudo de pele de anta, ou casca de árvore. Também devia trazer consigo algum tipo de armadura para o peitoral e a cabeça, além de espada e facas à sua disposição. Quando Anchieta foi embora, no último dia de março, para a Bahia, por ordem de Manoel da Nóbrega, a fim de se fazer padre com o bispo, os portugueses e temiminós já "tinham feito muitas roças ao redor da cerca e plantado alguns legumes e inhames". O baluarte [torre] "mui forte de taipa de pilão com muita artilharia dentro" já estava pronto, assim como "quatro ou cinco guaritas de madeira e taipa de mão, todas cobertas de telha que trouxe de São Vicente". Ainda outras torres estavam sendo construídas "e os indígenas e mamelucos faziam já suas casas de madeira e barro, cobertas com umas palmas feitas e cavadas como calhas e telhas, que é grande defensão contra o fogo".

Os tamoios não iam desistir, chegaram notícias à fortificação de que eles estavam convocando guerreiros de todas as aldeias "para dar grande combate na cerca" e que "já havia dentro do Rio oitenta canoas". Anchieta diz que eram esperadas mais de duzentas canoas de combate por aqueles dias, o que daria mais de 5 mil guerreiros reunidos, preparando "grandes mantas de madeira para se defenderem da artilharia", que foi a grande causa das derrotas anteriores. Arariboia e os maracajás sabiam que aquela força era poderosa e trataram de preparar-se para o confronto fabricando enorme quantidade de flechas, calibrando os arcos e testando seus escudos. Arariboia e outros certamente já tinham sido treinados para manejar as armas de fogo que eram a melhor estratégia de combate contra as tropas nativas. Já estava "feito o pé no Rio de Janeiro", agora eles precisavam resistir, e José de Anchieta estava a caminho da Bahia para relatar a situação e pedir reforços com máxima urgência.

DUZENTOS CONTRA 4 MIL

O grande ataque dos tupinambás à fortificação portuguesa aconteceu provavelmente no início de junho de 1565.[16] O padre Quirício Caxa, que veio a ser o primeiro biógrafo de José de Anchieta, estava na Bahia e recebeu notícia daquele acontecimento pela gente da nau Capitania (de Estácio de Sá), que chegou à Baía de Todos os Santos "para se consertar [por] estar muito desbaratada"[17] e também para informar ao governador-geral Mem de Sá sobre o andamento da missão. Quirício Caxa relatou a grande mobilização dos tupinambás para aquele ataque, junto com os poucos franceses que com eles estavam. Eles acreditaram ser o momento oportuno para se fazer um grande ataque, pois os portugueses, a gente de Araribóia e outros indígenas aliados eram poucos.

A chegada de três navios franceses no Cabo Frio para carregar pau-brasil era a notícia que esperavam para iniciar o combate. Os tamoios do Rio de Janeiro acabariam reunindo um grande exército, formado, nas informações transmitidas ao padre Caxa, por 160 canoas e cerca de 4 mil guerreiros bem armados, com "espadas, espingardas e bombardas, que os franceses lhes dão".[18] Para se defender da artilharia dos portugueses e conseguir se aproximar da fortificação, eles haviam feito cercas de paus e cipós, "de modo que, uns por terra outros por mar, determinaram de concluir a que vinham".

Os tupinambás apenas esperavam que as naus francesas aparecessem ao longe da barra para iniciarem o ataque massivo. Quando os portugueses viram as embarcações se aproximando, comemoram por achar que eram as que esperavam por trazer mantimentos; mas, ao chegarem mais perto, "reconheceram serem francesas". No susto, rapidamente apontaram um canhão em direção à capitania francesa, que vinha "com estandartes e bandeiras de seda, pífaro e tambor de guerra". Teve sorte o artilheiro português, pois, antes que a capitania francesa iniciasse o ataque, acertou um tiro que a varou de ponta a ponta, "da popa à proa". Com o estrago que causou, viram-se os franceses à deriva na entrada da Baía de Guanabara com "alguns mortos", e a embarcação acabou batendo perigosamente na atual ilha da Laje, um afloramento de pedra bem na entrada da baía. Os franceses a chamavam de *Le Ratier*, "A Ratoeira" . O galeão só não foi a pique porque alguns tupinambás que acompanhavam o início da batalha foram até ela "com suas canoas e com chalupas, e com a maré que enchia a tiraram fora". Estácio de Sá e muito provavelmente Arariboia se aproveitaram daquele desespero, pois o capitão português se fez acompanhar de "muitos flecheiros, e não achando resistência fez neles muita destruição".

Os outros dois barcos franceses conseguiram entrar na Guanabara, mas também acabaram atingidos. Os portugueses ainda não tinham ciência de que os tupinambás esperavam o melhor momento para iniciar seu derradeiro ataque; os atacantes aguardavam escondidos no mar e em terra. Estácio de Sá resolveu ir atrás dos franceses e meteu "quase toda a gente da fortaleza à nau capitania por haverem de abalroar e pelejar com os franceses que eram muitos". Foi quando caiu "uma grande tormenta", como nos filmes de guerra, só para deixar tudo mais complicado. Quando estavam se aproximando dos franceses, ouviram tiros e "muito fogo" de dentro da fortificação portuguesa. Era finalmente o ataque surpresa dos tupinambás. "Os índios por terra haviam dado com muita força, por lhes parecer que nela não achariam resistência pelos poucos que haviam ficado." Quirício Caxa revela um ataque por terra à fortaleza dos portugueses, o que sempre se acreditou ser impossível, por estar em lugar de difícil acesso, cercado por penedos e mar. Os tupinambás conheciam seus domínios como ninguém e deviam saber de um atalho capaz de levar até as portas do inimigo. Contudo, o ataque acabou sendo uma tragédia para eles, talvez pela chuva ou pela passagem estreita porque "sucedeu-lhes muito às avessas, porque eles foram fugindo, ficando muitos mortos, e muitos dos que fugiram quebrados os braços e pernas e muitos mal feridos dos tiros".

Os franceses, com seus dois barcos, e centenas de tupinambás, ao avistarem os portugueses recuando, apressados, de volta à fortificação e ouvindo que já acontecia o ataque por terra, "surgiram defronte do porto da cidade" e "começaram a se pôr em som de guerra". Atiraram "algumas bombardas" durante o caminho e logo saltaram em terra junto com os franceses. Quando chegaram às trincheiras e cercas, as defesas já estavam preparadas. Foram alvos de intensa fuzilaria, e mesmo aquelas multidões "vendo que não faziam fruto, antes recebiam muito dano" ficaram a se proteger "pelas tranqueiras e cercas que tinham feitas". Arariboia e outros guerreiros atiraram flechas incendiárias sobre eles, e as proteções acabaram por pegar fogo. Não restou outra opção a não ser abandonar o cerco que tanto tempo haviam preparado. Os barcos franceses fugiram para o mar aberto depois de combaterem contra a nau capitania de Estácio, que, segundo Simão de Vasconcellos, fez neles muitos mortos e feridos.

Ainda segundo esse cronista, também teriam partido barcos em contra-ataque aos tupinambás e em "duas aldeias especialmente fizeram prisioneiros os moradores todos: com que ficou assaz atormentado o inimigo".[19] Dentro da fortificação, os homens comemoraram e ficaram entusiasmados por resistir a tamanho ataque sem que ninguém tivesse morrido.[20] Os tupinambás voltaram às suas aldeias; e a última notícia que Arariboia soube deles foi que, mais uma vez, estavam tentando reunir grande contingente de guerreiros e se preparavam para estar prontos assim que "uma armada grossa de França" chegasse para ajudá-los. Juravam vingança.

UM ANO E MEIO DE ATAQUES E CILADAS

Para os tupinambás, havia um grande problema: o fato de que não estava a caminho nenhuma "armada grossa" da França, como gostariam de acreditar até mesmo os amigos franceses que estavam entre eles. O rei Henrique II, que impulsionou oficialmente a tentativa de colonização na Guanabara, havia morrido em 1559, e a sua sucessão turbulenta esfriou novos planos para o Brasil. O vice-almirante Nicolas Villegagnon chegou à França em busca de reforços e não os encontrou. Os únicos barcos franceses que ainda apareciam pelo Atlântico Sul eram mercadores em busca de pau-brasil, escravizados e animais, mais interessados em sair rapidamente com a carga do que se envolver com os nativos em suas guerras contra os portugueses.

Empolgado com as vitórias que obteve nos primeiros meses daquela missão, o capitão-mor Estácio de Sá passou à ofensiva, mesmo com poucos homens. Começou a atacar as aldeias "em busca de presa".[21] Em outubro de 1565, sete canoas das forças portuguesas, provavelmente com Arariboia e os maracajás dentro delas, foram em busca do inimigo. Ao passarem por uma das muitas enseadas da Guanabara, depararam-se com 67 canoas de tupinambás em tocaia, que, gritando e assoviando, tomaram a direção deles "ao remo velocíssimo". Os tupinambás os cercaram por "todas as partes juntamente [e] despediam flechas contra eles". Nas palavras do jesuíta Simão de Vasconcellos, teve lugar uma "peleja bem ferida de uma e outra parte". Arariboia e os maracajás, junto com outros indígenas aliados, mamelucos de São Vicente e portugueses, defenderam-se como puderam com escudos e armaduras, mas do jeito como foram emboscados não demoraria muito para serem tomados e mortos pela massa dos tupinambás.

Em 64 canoas, estariam pelo menos 1.600 guerreiros tupinambás, que, em pouco tempo, seriam capazes de tomar as sete canoas portuguesas que traziam até 170 homens.[22] Acontece que da fortificação, ao verem o que acontecia, partiu novo reforço de outras sete canoas que, por chegarem de surpresa e pela retaguarda dos tupinambás, acabaram surpreendendo os inimigos. Os portugueses e seus aliados ganharam fôlego e houve "larga peleja". Arariboia e os maracajás, exímios na luta dentro de canoas, foram capazes de tomar quatro delas e de virar outras tantas, e os tupinambás, expostos às armas de fogo, puseram-se em fuga mais uma vez.

Simão de Vasconcellos conta, ainda, outro ataque planejado por Estácio de Sá contra uma aldeia tupinambá no mesmo ano de 1565. Quando estava no rumo para o lugar do conflito com soldados e indígenas aliados, "teve notícia no caminho, como em outra mais afamada se tinha ajuntado numerosa quantidade de índios, por causa de certa devoção chamada a Santidade" (um grande pajé). A respeito dessa informação, é curioso pensar que, entre os homens do exército de Estácio de Sá, eram os maracajás e Arariboia os responsáveis por guiar os portugueses em direção aos locais exatos das aldeias, assim como a capacidade de obter notícias por meio de informantes. Estácio de Sá mudou, então, o ataque em direção àquela aldeia onde os tupinambás se reuniam com o grande pajé (Santidade) e "a oprimiu a ferro, e a fogo, que exceto poucos que puderam fugir, todos os outros, ou morreram, ou se entregaram cativos: passaram de trezentos". Também os portugueses tiveram uma baixa e alguns feridos.

Em 1566, os lusos e seus aliados nativos continuavam a empreender ataques pela Guanabara sem, contudo, terem força suficiente para a conquista definitiva da terra. De São Vicente, padre Manoel da Nóbrega enviava mantimentos e gente em canoas, "que agenciava com o povo, e os índios". Em julho, sem notícias há muito do que prepararam os tupinambás, Estácio de Sá escreveu que "os tamoios" andavam "muito ousados e atrevidos". Por duas vezes, apareceram perto da fortificação armando ciladas e desaparecendo em seguida. Numa delas, "mataram um moço que se desmandou a flechar peixes" e, na outra, "um moço índio".

Para tentar obter informações, Estácio mandou uma expedição comandada por Belchior de Azevedo, capitão do Espírito Santo, a um lugar "aonde ainda não foram as canoas da nossa gente".[23] Belchior comandava uma galé, barco a remo, e se fez acompanhar de sua "gente e escravos", assim como "amigos" em uma canoa e mais oito igaras recrutadas entre os que estavam na cidadela. Por ser também parte daquela "gente" que tinha vindo do Espírito Santo, é provável que Arariboia e parte dos macarajás também tivessem embarcado nessa missão. O objetivo anunciado por Estácio era "para ver se podiam fazer presa e tomar língua". Combater os indígenas era uma especialidade do capitão do Espírito Santo, de onde vinha sua fama e ascensão. O padre Brás Lourenço escreveu, em carta de 1562, que o capitão tinha "ânimo para sujeitar esses índios". Certamente era um dos portugueses mais próximos de Arariboia, tendo sido ele um dos responsáveis por resgatar o líder dos maracajás do interior. Eles estariam juntos naquela missão para procurar notícias do inimigo e tentar encontrar algum francês com informações. O local nunca antes visitado pelos soldados ficava a "6 ou 7 léguas" da fortificação portuguesa e, pela distância, pesquisadores supõem se tratar dos arredores da ilha de Paquetá.

Belchior de Azevedo, Arariboia, os guerreiros e soldados chegaram ao local de noite e "se puseram em cilada", tática que os tupis dominavam. Uma estratégia que deve ter sido combinada com o cobra arara Martim Afonso. Os maracajás puseram-se a espiar a costa da ilha e, na manhã do dia seguinte, 13 de julho de 1566, um dos guerreiros voltou correndo para informar que uma canoa "bem equipada e preparada de gente" estava a caminho. Depois de esperarem "com muita quietação" a chegada dos inimigos, Belchior deu sinal de ataque a Arariboia e aos outros. Os tupinambás foram surpreendidos e acabaram emparelhados por muitas canoas maracajás. Estácio de Sá escreveu que os tupinambás se defenderam "pelejando valentemente" até que o principal foi derrubado por uma "setada" disparada pela besta do próprio capitão Belchior. A canoa foi rendida e "a gente dela tomada, morta alguma, e a mais cativa, sem escapar nenhum dos que nela vinham".

Pressionados, os prisioneiros revelaram que estavam a caminho para se encontrar com outras canoas "que adiante estavam juntas", e ainda foram obrigados a situar o ponto de encontro. Os portugueses decidiram, então, averiguar a informação e logo avistaram mais canoas tupinambás ao longe. Como a galé e algumas canoas estavam cheias de prisioneiros, Belchior de Azevedo teve receio de que pudessem se rebelar durante o combate que se seguiria e simplesmente mandou matar a todos. Uns foram passados pelas espadas, outros, amarrados e arremessados ao mar. Só dois cativos foram poupados. Ao ver a cena da matança, as canoas dos tupinambás partiram "em alvoroço e grandes gritos" na direção dos lusos. Para não desaminar os portugueses, que já contavam com aqueles escravizados, Belchior invocou a fé de cada um, pedindo que lutassem como "bons cristãos" e que "Nosso Senhor lhes havia de dar outro maior vencimento, do que tinha já havido com a dita presa". Ao restante dos portugueses, Arariboia e os outros indígenas aliados responderam com "bom ânimo e que essa confiança tinham" e que "pelejariam e morreriam com ele".

As forças tupinambás traçaram a estratégia de se separar em três partes: "Um magote de três canoas, outro de oito e outro de nove", o que permite verificarmos que pertenciam a três aldeias diferentes. O "primeiro magote" tomou a iniciativa e contra a gente de Belchior; este, por sua vez, ordenou que as canoas do seu grupo fossem também ao ataque, mas de repente os tupinambás recuaram e tomaram direção contrária para saltar em terra. O capitão português entendeu que os tupinambás tentavam atraí-los para uma cilada, receou deixar a retaguarda livre para o ataque das outras canoas e o ordenou que todos voltassem as atenções ao restante da frota inimiga. O "magote" de três canoas, ao perceber que "já atrás ficavam", voltou disparando "flechadas e arcabuzadas". Remando "pelo largo do dito Rio", as embarcações de Belchior de Azevedo seguiam na direção de algumas canoas "que lhe saíram por detrás de umas poucas que vinham a eles". As forças lusas perceberam que ficariam cercadas no mar, combatendo em várias frentes. Assim, mudaram de novo o curso para enfrentar as três canoas que vinham pela retaguarda. Quando viraram de direção perceberam que em uma das três canoas estava "o principal delas que vinha muito soberbo em uma poderosa canoa e bem equipada".

Dando exemplo ao tomar a dianteira, gritando e ameaçando os portugueses para animar os guerreiros, o cacique cumpria o seu ritual de guerra. Contudo, o capitão português ficou ultrajado com o "atrevimento e ousadia" do cacique tupinambá e ordenou "à sua gente que arremetessem" contra as outras duas canoas, e que deixassem aquela do "dito principal" para ele. "Ainda que tivessem muitas flechadas e arcabuzadas", ordenou Belchior de Azevedo que seus homens não remassem e "não atirassem mais com os arcabuzes, e sua besta". Esperou que os inimigos chegassem bem perto e "investiu com a dita canoa e abalroou a dos contrários". Segundo o relatório de Estácio de Sá, o capitão português "a todos meteu a espada". Tomando essa arma e uma "rodela" por escudo, lutou de "tal maneira que matou seis índios dos ditos contrários" e os demais cativos. Com o principal já dominado, ele mandou um de seus indígenas escravizados matar "por [ele] desprezar os contrários".

Nesse meio-tempo, as outras canoas estavam já em luta contra o restante daquele grupo de tupinambás. Belchior de Azevedo

176 CAPÍTULO 4 ♦ A VINGANÇA ETERNA

retornou, fazendo com que os inimigos, vendo chegar o reforço, tornassem a fugir para junto das outras canoas. Os portugueses se reuniram de novo, e o saldo era de um escravizado e três indígenas feridos, provavelmente maracajás. Mas, a luta ainda não tinha acabado. As canoas inimigas tornaram-se a se juntar com as outras dezessete que ainda não tinham combatido. Belchior de Azevedo "tornou a ajuntar sua gente" e "pôs-se em caminho direto" com o barco a remo e mais nove canoas para "onde vinham as que ainda não tinham havido castigo". Quando as dianteiras das frotas de canoas se encontraram, houve luta aberta com tantos mortos para o lado dos tupinambás que o mar ficou "tão tinto em sangue" e não restou outro remédio além de "apanhar e recolher" os feridos. As outras canoas que vinham mais atrás acabaram recuando e se "puseram em fugida, acolhendo-se logo a terra".

São combates como esses, no mar, em cima da canoa, que fizeram a fama de Arariboia. Nos primeiros anos da fundação do Rio de Janeiro, ele será respeitado e reverenciado pelos colonos e moradores a partir dos feitos memoráveis que realizou ao lutar contra os temidos "tamoios". Arariboia era celebrado nos primeiros anos da cidade com a encenação dessas batalhas, nas quais ele aparecia com indumentária indígena e trajes portugueses de gala. O combate embarcado, onde é preciso se equilibrar em pé dentro das canoas, ao mesmo tempo que se luta corpo a corpo, era uma arte na qual os nativos eram bem superiores aos portugueses e, por isso, foram tão importantes aliados naqueles anos. A guerra, porém, ainda estava longe de acabar. Simão de Vasconcellos será a última fonte, ainda que recolhendo documentos já desaparecidos e testemunhos já distante dos fatos, a relatar que naquele ano de 1566 "os sucessos da guerra do Rio foram vários". "Deixando outros de menor conta, direi o último sucesso, digno da memória dos séculos." O episódio registrado pelo historiador jesuíta foi mais uma batalha de canoas, e este teria sido trágico para os portugueses e os temiminós não fosse o azar de um artilheiro. É um episódio que poderia ser classificado como uma derrota, mas que acabou sendo tratado como milagre de salvamento pelos cronistas religiosos. Foi o caso de uma enorme cilada, muito bem planejada pelos tupinambás e que, por sorte, acabou frustrada.

Os líderes tamoios sabiam que, se não fossem capazes de juntar muitos guerreiros para efetuar um grande ataque, acabariam derrotados pelas armas de fogo, armaduras, espadas e bestas dos portugueses. Assim, reuniram a maior esquadra de canoas de que se tem notícia nas crônicas: "Cento e oitenta canoas bem armadas, guiadas pelos mais destros Capitães seus, e da nação Francesa (cem d'estas capitaneava um afamado bárbaro por nome Guaixará, senhor do Cabo Frio)". Todo esse contingente se acolheu "em segredo até certa paragem (detrás de uma ponta), cousa de uma légua distante do arraial dos portugueses", talvez em alguma enseada de Niterói. Um pequeno grupo de igaras foi em direção à fortificação como isca, e encontraram no caminho uma canoa dos portugueses. Os tupinambás a cercaram e começaram a atacá-la com "detença manhosa". As sentinelas da fortificação deram o alarme, e o capitão-mor Estácio de Sá correu para o socorro, mas só achou quatro canoas no arraial "porque as demais, ou eram à pesca, ou se tinham acolhido enfadadas da guerra, especialmente as dos mamelucos/ que pouco antes tinham partido para S. Vicente". Nessa situação de poucos recursos, segundo Simão de Vasconcellos, Estácio de Sá mandou "o melhor dos capitães da guerra", a quem julgo ser ninguém menos do que o próprio Arariboia, pois era com este elogio de grande capitão que ele será muitas vezes identificado em cartas e crônicas históricas.

Quando as canoas de socorro lideradas pelo Cobra Arara chegaram próximas de combater os tupinambás, estes se puseram em retirada de forma mais lenta para que pudessem ser alcançados próximos à ponta onde a grande força naval aguardava de tocaia. Eram apenas quatro canoas contra 180.[24] O massacre era dado como certo. Os milhares de inimigos partiram em direção a Arariboia e seus poucos homens em canoas "ligeiras como o vento", recheadas de "remeiros e flecheiros, açoitando as águas, atroando os ares, enchendo as nuvens de frechas". Só restava aos temiminós e portugueses se defender da melhor forma possível com suas armas de fogo para tentar resistir; e assim aconteceu que "de improviso" ao dispararem "uma roqueira [pequeno canhão de fogo] na fúria maior da peleja tomou fogo a pólvora da canoa". Uma indígena, mulher de um dos principais, que era levada por costume para ser clarividente nas guerras, assustou-se e fez "um grande alarido/ dizendo a vozes, que havia um incêndio mortal, que havia de consumir aos seus, que fugissem, fugissem à pressa". Assustados com o esperneio da mulher, que naquele momento era interpretada como um canal de comunicação com os espíritos ancestrais, acabaram os tupinambás por retroceder e desistir do ataque. Ficaram atônitos os franceses, e mais ainda a gente de Estácio.

Tamanha reviravolta diante de uma derrota certeira foi motivo para os jesuítas creditarem aquela salvação à aparição de São Sebastião no meio do fogo. Araribóia era devoto desse santo, e o jesuíta Pero Rodriguez, anos mais tarde, contará que era justamente ele que espalhava o testemunho de que o santo católico, a quem chamava de "Irmão Capitão", era visto "correndo pelas canoas, amparando os nossos e fazendo nos inimigos estragos".[25] Para Simão de Vasconcellos, é o milagre daquele dia, em que os homens correram para agradecer ao santo, que institui a "festa das canoas" que "costuma celebrar-se todos os anos em dia do mártir São Sebastião".

Apesar do livramento divino, Araribóia, os maracajás e os portugueses ficaram "desassombrados", enquanto voltavam rapidamente para a fortificação, surpreendidos "com o número extraordinário de embarcações" dos inimigos que tentavam contar. Para vencer aquela guerra contra as tribos tupinambás, que depois de tantas lutas e derrotas ainda eram capazes de reunir milhares de guerreiros, era preciso muito mais gente. Para isso, um exército estava a caminho e não demoraria a chegar.

ARARIBÓIA, URUÇUMIRIM E PARANAPUCU

Eis os três principais caciques das batalhas decisivas para a conquista definitiva da Guanabara. Dois deles ficariam conhecidos por batizar com seus nomes os grandes combates travados em janeiro e fevereiro de 1567. Araribóia foi o vencedor de ambos e, contrariando a maioria das fontes portuguesas, relataria em carta escrita a partir de suas próprias palavras que naquela guerra toda teve "muita gente sua morta e diminuída" e também a ele "fizeram muito mal",[26] o que nos leva a crer que ele tenha sido ferido algumas vezes ou mesmo que tenha perdido parentes.

Mem de Sá chegou à Guanabara em 18 de janeiro de 1567 com uma grande esquadra[27] e alguns milhares de homens. Era a esperada ajuda que tanto ansiavam os soldados e temiminós que acompanhavam Estácio de Sá e Arariboia há dois anos e viviam entre trincheiras, ciladas e expedições de ataque a aldeias e canoas tupinambás, sem nunca terem saído de vez da cidadela fortificada no istmo entre o Pão de Açúcar e o Cara de Cão. Os tupinambás já esperavam a chegada de reforços inimigos, tanto que construíram três grandes bastiões de defesa. O primeiro, no atual morro do Outeiro da Glória, local chamado por eles de *rery-pê* (caminho ou local das ostras),[28] ficou conhecido na época como fortaleza de Uruçumirim.[29]

Só existe um único e resumido relato sobre o que aconteceu nessa batalha, escrito pelo próprio Mem de Sá, um famoso documento intitulado "Instrumentos de serviços", datado de 1570. Nesse relatório enviado ao reino pelo governador-geral, ele diz que a fortificação dos tupinambás estava num "paço muito alto e mais fragoso com muitos franceses e artilharia". Pode-se perceber que um ataque direto a este ponto bem protegido, em que os inimigos podiam defender-se de uma posição privilegiada, não deve ter sido nada fácil para os portugueses e seus aliados. O próprio governador-geral reconhece que, durante a batalha, "foram mortos e feridos muitos dos cristãos". A luta foi tão encarniçada que até mesmo o capitão-mor, Estácio de Sá, visado pelos guerreiros tupinambás, que miravam em sua direção poderosas flechas, acaba atingido. Estácio agonizaria durante um mês da infecção causada pela flecha mortal.[30] O governador-geral não explicou como aquele "paço muito alto e mais fragoso" acabou tomado pelas forças lusas. Diz ele apenas que os soldados não sentiram "menos fervor no cabo que no começo" até que "renderam" a fortificação de Uruçumirim e "cativaram nove ou dez franceses, e mataram outros". Quase cem anos após a batalha, Vasconcellos acrescentará que cinco normandos teriam sido "pendurados num

A morte de Estácio de Sá por Antonio Parreiras (óleo de 1911) – na pintura, Arariboia é representado como a figura central.

pau" para causar temor nos outros que ainda resistiam, ao lado dos tupinambás, nas outras fortificações. Não há nenhuma menção a Arariboia, mas parece claro que ele estava presente em todos aqueles acontecimentos. Com o considerável reforço de soldados portugueses que haviam chegado com armaduras e armas de fogo, além de outros nativos aliados de todas as partes coloniais portuguesas, é possível que os temiminós tenham pelo menos se mantido na retaguarda em um primeiro momento.

Contudo, os tupinambás ainda não estavam liquidados. Assim que o sítio de Uruçumirim foi tomado, muitos ainda teriam conseguido fugir para a segunda fortificação localizada na Paranãpuã dos tupis, a atual Ilha do Governador. Foi chamada de "fortaleza do Parnapocu"[31] por Mem de Sá, protegida por grandes cercas e "mais de mil homens de guerra e muita artilharia". Para poder derrubar as cercas, os portugueses posicionaram canhões em terra e durante "três dias a combateram continuamente". Quando finalmente as cercas foram postas abaixo pelos tiros de canhão, as forças lusas a "entraram com muito trabalho e maior risco e mortes de alguns brancos". O governador-geral fez questão de salientar que os tupinambás "se defenderam esforçadamente". Simão de Vasconcellos complementa seu relato ao informar que, depois de rompidas as cercas de Paranapucu, os indígenas ali tinham se recolhido em uma "casa forte entrincheirada e valada" e que foram "postos em cerco". Acabaram "apertados de maneira" que todos decidiram se entregar com "partida da vida, mas não da liberdade".³²

Mem de Sá menciona que existia ainda outra fortaleza dos tupinambás e franceses e que esta era "mais forte que todas", que "tinha três cercas fortíssimas, muitos baluartes e casas fortes". Entretanto, depois daquelas duas derrotas tão significativas, alguns franceses fugiram e outros, acompanhados de morubixabas, "vieram a pedir pazes", que o governador-geral aceitou com a condição de ficarem "vassalos de sua alteza".³³ Com tantas vitórias em tão poucos dias, Arariboia deve ter sentido grande satisfação: seus inimigos foram mortos, cativos ou fugidos. Também deve ter se sentido aliviado ao pensar que toda aquela luta teria finalmente acabado. O líder dos tupis catequisados e principal nome nativo aliado dos portugueses sabia, porém, que teria pela frente batalhas ainda mais perigosas e decisivas.

NOTAS ⟩—⟩ CAPÍTULO 4

1 ▸ Petição da Carta de Sesmaria de Martim Afonso de Sousa, em Joaquim Norberto de Sousa. Memória Histórica e Documentada das aldeias de índios da província do Rio de Janeiro, *RIHGB*, 1854, v. 62, p. 304.

2 ▸ É José de Anchieta que nos legou a informação da presença dos indígenas de Arariboia e de seu reduzido número, desde o início daquela expedição. Diz ele, em carta escrita da Bahia em 1565, ao descrever parte da frota de Estácio de Sá: "Os navios pequenos eram cinco somente, e os três deles de remos, e com eles vieram oito canoas, as quais traziam a seu cargo os mamelucos de São Vicente, com alguns índios do Espírito Santo, que no ano passado haviam ido com o capitão-mor" (ANCHIETA, *Cartas*, 1933, p. 258).

3 ▸ Anchieta (apud ALMEIDA, 2013, p. 72).

4 ▸ Ao geral Diogo Lainez, de S. Vicente, jan. 1565, Anchieta, *Cartas*, p. 247. Com uma média baixa de 25 guerreiros por canoa, poderiam ter participado desse ataque até 2.500 tupinambás.

5 ▸ Vasconcellos, 1931, v. II, p. 36.

6 ▸ A ilha de Villegagnon, a Serigipe dos tupis, próxima à foz do rio Carioca.

7 ▸ Anchieta, *Cartas*, ibidem, p. 247.

8 ▸ Requerimento da Câmara de São Paulo a Estácio de Sá, capitão-mor da Armada Real, de 12 de maio de 1564. *Monumenta Brasiliae*, 1960, v. IV, p. 154.

9 ▸ Anchieta, *Cartas*, Ao padre Diogo Mirão, Da Bahia, a 9 de julho de 1565, p. 257.

10 ▸ O outro galeão comandando pelo ouvidor-mor Brás Fragoso ficou no conserto em São Vicente e seguiria seu curso quando estivesse pronto.

11 ▸ "Doentes de câmaras": resfriados com tosse, doença no pulmão. Muito provavelmente por ficarem à mercê das intempéries em ilhas de pedra, nas quais existia pouco abrigo contra o vento.

12 ▸ As fontes sobre a capacidade de tripulantes das canoas não são unânimes, até porque as canoas eram feitas a partir do tronco de uma única árvore e também variavam de tamanho. Hans Staden deu o número de dezoito tripulantes por canoa; Anchieta, certa vez, anotou a capacidade de vinte pessoas por embarcação. Ambos afirmaram, porém, que cabiam mais pessoas e elevaram a estimativa para mais de trinta pessoas. Pigafetta, cronista italiano da expedição de Fernão de Magalhães, aumentou a contagem para quarenta pessoas por canoa. Os franceses André Thevet e Jean de Léry mencionaram canoas com capacidade de até cinquenta pessoas.

13 ▸ Anchieta, *Cartas*, ibidem, p. 261.

14 ▸ A conta de 48 canoas vezes 25 homens para cada uma resulta em torno de 1.200 guerreiros.

15 ▸ Era Marin (ou Martim) Paris, francês desertor da França Antártica que se juntou às tropas de Estácio de Sá em São Vicente, em 1565. Depois da conquista da Guanabara, recebeu sesmarias no Rio de Janeiro como recompensa por sua ajuda.

16 ▸ Segundo o jesuíta Simão de Vasconcellos, 1931, v. II, p. 45.

17 ▸ A carta de Quirício Caxa é datada de 13 de julho de 1564. *Monumenta Brasiliae*, v. IV, 1560, p. 256.

18 ▸ Considerando-se, mais uma vez, a média de 25 homens por canoa. Como o próprio relato de Quirício Caxa evidencia, também participou do ataque um grande contingente de indígenas por terra. O número de temiminós a se levar em conta nas três canoas de Arariboia e sua tribo, mais algumas baixas que já haviam sofrido, seria, na melhor das hipóteses, de cerca de sessenta pessoas.

19 ▸ Vasconcellos, 1931 v. II, p. 46.

20 ▸ Segundo Vasconcellos (1931 v. II, p. 46), "não se achou morto algum; sendo que da parte inimiga o foram muitos, e os vivos postos em fugida; porque não estava também ociosa no mesmo tempo da tormenta nossa artilharia".

21 ▸ É o jesuíta Simão de Vasconcellos quem reuniu testemunhos já antigos e leu cartas jesuítas do período, hoje desaparecidas. Trata-se do único cronista a dar conta do que se passou na guerra da Guanabara entre o período de julho de 1565 e janeiro de 1567.

22 ▸ Tomamos como parâmetro sempre o número de 25 pessoas em média por canoa.

23 ▸ A expedição de Belchior de Azevedo foi documentada pelo próprio Estácio de Sá em "Fé de Ofício que deu o governador Estácio de Sá a Belchior de Azevedo, extraído da Torre do Tombo" em *Annaes do Rio de Janeiro*, 1941, tomo I, Baltazar Lisboa, p. 94 e seguintes.

24 ▸ Mais uma vez a se levar em conta o número médio de 25 pessoas por canoa, teríamos um combate de cem guerreiros contra 4.500 tupinambás.

25 ▸ Anchieta, de Pero Rodriguez, 1955, p. 74.

26 ▸ Petição da Carta de Sesmaria de Martim Afonso de Sousa, em Joaquim Norberto de Sousa. Memória Histórica e Documentada das aldeias de índios da província do Rio de Janeiro, *RIHGB*, v. 62, 1854, p. 304.

27 ▸ A frota que saiu em novembro de 1567 de Salvador era composta por três galeões, enviados de Portugal para aquela missão, e mais dois navios e seis caravelões de Salvador; depois a esquadra foi acrescida de outras embarcações e gente, em Porto Seguro, Ilhéus e no Espírito Santo. Além disso, contou com mais portugueses e indígenas que vieram de São Vicente.

28 ▸ Deste nome vem a forma aportuguesada para aquele local no início da cidade, o morro do Leripe.

29 ▸ Em documento chamado "Instrumento de serviços", Mem de Sá escreve o nome deste cacique como sendo Biraoaçu-mirim, algo como o "Grande arvorezinha – Ibirá + açu + mirim". Contudo, ainda cabe a interpretação deste cacique de suceder seu pai na liderança e chamado por isso de Biraoaçu-mirim (filho). O nome de Uraçumirim ou Uruçumirim ficou celebrizado depois dos escritos do jesuíta Simão de Vasconcellos. O significado varia para o sentido de Yrá ou Eirá, o mel, cera, ou a abelha que faz o mel.

30 ▸ Segundo Vasconcellos (1931, v. II, p. 56), Estácio de Sá teria sido atingido no rosto. A flecha, então, teria entrado pela viseira de sua armadura.

31 ▸ Referência ao principal chamado de *Parana + buçu (puçu)* – mar grande. É citado por Anchieta em suas cartas como um grande guerreiro e filho de outro cacique, mais velho, chamado de Pindobuçu.

32 ▸ Simão de Vasconcellos, 1931, v. II, p. 55.

33 ▸ *Instrumentos de serviços prestados por Mem de Sá*, op cit., p. 135-136.

CAPÍTULO 5

SENHOR DE SÃO LOURENÇO

TERRAS PARA O DEFENSOR DA CIDADE DE SÃO SEBASTIÃO

Terminadas as grandes batalhas contra os tupinambás e feitas as exéquias do enterro de Estácio de Sá, o governador determinou a edificação definitiva da cidade de São Sebastião do Rio de Janeiro num outeiro, que, por fim, ficaria conhecido como morro do Castelo. Em cima dessa colina "de um mato espesso, cheio de muitas árvores e grossas em que se levou assaz trabalho para cortar e limpar", Mem de Sá mandou construir uma cidade "cercada de muro e por cima com muitos baluartes e fortes cheios de artilharia".

O medo de novos ataques dos nativos era evidente. Por isso, Arariboia e seus homens foram ordenados a ficar, naquele primeiro ano de 1567 e nos primeiros meses do ano seguinte, instalados bem próximos do sopé do morro, na várzea da praia que era chamada de Piaçava,[1] a guardar a recém-transferida cidade.[2] A localização era estratégica. Logo após a conquista da Guanabara, ocorreu a dispersão natural das forças portuguesas, que aos poucos voltavam para suas capitanias de origem. Os maracajás de Arariboia haviam se tornado os principais guardiões dos co-

187

lonos que queriam ficar no Rio de Janeiro. Antes de ir embora da Guanabara no início de março de 1568, Mem de Sá ainda determinou, com a ajuda dos temiminós, o ataque "a uns principais que estavam em umas fortalezas (aldeias) de muitas cercas", que resultou em mais mortes e cativos, "o que foi causa de tornarem novamente a pedir pazes".[3]

Este último ataque serviu para que os colonos tivessem mais segurança na terra, além de propiciar escravizados para os moradores e fazendas que começavam a surgir. O papel desempenhado pelos indígenas de Arariboia naquele período era crucial, e as autoridades portuguesas sabiam que precisavam daqueles homens para sua própria proteção. Entretanto, durante todas as guerras desde que vieram do Espírito Santo, não foi a eles oferecida nenhuma recompensa pelos grandes serviços prestados. O próprio Estácio de Sá já havia praticamente doado aos portugueses os principais lotes de sesmarias ao redor da Guanabara, de modo que quase não haviam mais terras disponíveis.

É por isso que, no início de 1568, provavelmente após aqueles ataques a outras aldeias tupinambás, Arariboia teve uma audiência com o governador-geral Mem de Sá para cobrar-lhe promessas antigas, de forma engenhosa, sem que assim soasse. Nessa ocasião, ele declarou que "folgou muito" em acompanhar Estácio de Sá "na dita empresa" e que "trouxe muita gente sua de peleja, e muitas armas e mantimentos" para ajudar "a conquistar o inimigo e povoar este Rio de Janeiro". Contudo, agora que os maiores perigos já haviam passado e por ter "muita gente sua morta e diminuída", estava ele muito "disperso" e "gastado" e, por isso, pedia licença ao governador-geral para "sair com sua gente e repousar dos trabalhos passados por haver quatro anos que andava naquela conquista".[4] Tal afirmação deve ter alarmado Mem de Sá, que certamente não contava com a saída dos indígenas aliados da Guanabara, justamente por não ter gente para defender a incipiente cidade.

Era tão importante que permanecessem juntos aos colonos para a proteção da Guanabara portuguesa que o governador-geral encontrou rapidamente uma solução até então inédita na administração colonial: a doação oficial de terras a um indígena.

Mem de Sá solicitou a Antônio de Mariz, importante morador de São Vicente e provedor da fazenda do rei, que abrisse mão de uma sesmaria que havia recebido do outro lado da baía. Em troca, ele receberia outras ainda maiores. Tudo aconteceu no mesmo 16 de março de 1568. Antônio de Mariz e sua mulher assinaram uma "escritura de renúncia de terras a favor do capitão Martim Afonso de Sousa". As terras descritas nesse documento começavam "a medir das barreiras vermelhas, que são da Banda de Além, correndo ao longe desta baía acima caminho de norte até acabar uma légua, até ao longo da baía salgada, e duas léguas para o sertão".[5] As terras cedidas desfrutavam de alta concentração de argila nas encostas, local que mais tarde ficaria conhecido como Praia Vermelha, entre as atuais praias da Boa Viagem e do Gragoatá. A Praia Vermelha de Niterói foi soterrada na década de 1970 para a construção de uma via litorânea. A sesmaria de Araríboia ia dali, ou seja, um pouco depois do atual forte do Gragoatá, até a região do atual rio Maruí, atual divisa dos municípios de Niterói e São Gonçalo.

A toda essa extensão de terras subscreveram os antigos proprietários que "desistem, como de fato desistiram e renunciaram nas mãos do governador" "para que ele as possa dar a Martim Afonso de Sousa, gentio desta terra". Os motivos estão muito bem explicados no documento, e eles abriam mão daquelas terras tanto em seus nomes como no de seus descendentes em caráter perpétuo, com a condição de que Araríboia venha com "sua mulher e filhos, e gente, a residir e morar neste dito rio".

Assim, no mesmo dia da assinatura da "escritura de renúncia" por Antônio de Mariz e Isabel Velha, também foi lavrado o documento chamado "Carta de sesmaria de Martim Afonso de Sousa", onde constam a "petição" de Araríboia e o "translado de regimento (das terras)" assinado por Mem de Sá. É na petição de Araríboia que ele mesmo teria ditado ao escrivão Pedro da Costa que consta um pequeno resumo de quem era e por que havia de merecer aquela sesmaria. Nesse documento ele afirma ser um dos "principais homens do gênero temiminó",[6] depois menciona toda a ajuda que deu a Estácio de Sá durante quatro anos naquelas guerras e a intenção de voltar para o Espírito Santo por já estar "gastado". A resposta de Mem de Sá foi a de que gostaria que ele "folgasse de ficar na terra com a sua gente para favorecer e ajudar a povoar".

Com a promessa de receber terras em sesmaria, da mesma forma como os mais importantes portugueses haviam sido recompensados, Arariboia respondeu que "desejava fazê-lo", e que traria "sua mulher e muita gente sua". Por fim, pedia que se "lhe faça mercê de umas terras, que estão na Banda de Além, que foram de Antônio de Mariz e que estão defronte desta cidade". O documento prossegue com a anuência de Mem de Sá que, "visto ser justo e havendo respeito ao proveito que se pode seguir da serje [coisa] república", dá sequência à doação da sesmaria "onde pede para se aposentar [Arariboia] na dita terra e fazer sua fazenda". Aquelas terras ainda estavam em "matos maninhos" e Mem de Sá "tudo lhe concedeu" nas "terras e ribeiros que estiverem dentro do termo". A Carta de Sesmaria devia ser entregue "ao suplicante Martim Afonso" para que "ele haja posse e senhorio das ditas terras para sempre para ele e para todos os seus herdeiros, sucessores ascendentes e descendentes que após deles vierem".

É realmente incrível a forma como Arariboia havia conquistado aquelas terras em seu próprio nome, e não em nome dos jesuítas. Cristão e aliado fiel dos portugueses, acabou sendo agraciado em igualdade com os demais soldados e homens importantes daquele tempo. Devia ser um homem não só forte e guerreiro, mas sobretudo inteligente o bastante para saber barganhar aquele pedaço de papel que valia mais do que qualquer palavra. Sem dúvida um ato *sui generis* – nenhum outro indígena havia recebido tamanha "mercê" dos portugueses e, como menciona o próprio Mem de Sá, isso "era justo". Pelo seu caráter, tenacidade e fidelidade, havia conquistado o respeito ímpar dos jesuítas, assim como de todos os demais portugueses que haviam lutado ao seu lado e testemunhado sua bravura. O historiador jesuíta do século XVII, Simão de Vasconcellos, irá declarar esse sentimento ao escrever que Arariboia era um "homem de grande coração, e no esforço, e na destreza, e prudência militar superior a todos; fiel aos portugueses e exemplo de cristão", e continua dizendo que ele "fez tamanhas façanhas em armas" que "mereceu ser reputado entre os principais capitães de conta".

Com a confiança e a fidelidade de Arariboia renovadas com as cartas recebidas, mandou Mem de Sá, antes de voltar a Salvador, que ele levasse sua gente e aldeia para outro lugar, antes de se mudar definitivamente para o lado oposto da baía. Era um sítio chamado pelos portugueses de Gebiracica, Geribiracica, entre outras corruptelas, próximo à foz do atual Rio Comprido, em uma sesmaria que pertencia aos jesuítas e que daria origem aos bairros da Tijuca, São Cristóvão e outros vizinhos.

No local para onde o defensor do Rio de Janeiro transferiria sua gente, tinha existido uma das maiores aldeias dos tupinambás.[7] Era um lugar estratégico para barrar qualquer ameaça terrestre de indígenas inimigos contra a insipiente fortificação dos portugueses. Para se chegar à cidade, no antigo morro do Castelo, qualquer grupo guerreiro inimigo, por conta da geografia da região, teria antes que passar por "Gebiracica" e enfrentar os guerreiros da "aldeia de Martinho", nome pelo qual essa parte da cidade será chamada em documentos históricos a seguir. Além disso, os jesuítas tinham a garantia da proximidade com os temiminós tanto para continuar com a catequese quanto para salvaguardar suas próprias terras de colonos invasores. Arariboia e seus homens teriam se mudado para essa antiga aldeia tupinambá em maio de 1568, e pouco mais de um mês depois ele enfrentaria talvez a mais importante batalha de sua vida, cujo resultado eternizaria de vez a fama de seu nome.

A BATALHA DE GEBIRACICA E O HÁBITO DE CRISTO

Depois de ser merecidamente agraciado com terras por Mem de Sá, Arariboia foi fielmente cumprir sua missão. Em meados de maio, levantou acampamento na várzea, junto à praia de Piaçava (hoje praça XV), e talvez de canoa, por ser mais rápido, se foi com os seus para as terras passadas aos jesuítas. Estas ficavam junto ao rio Iguaçu, muitas vezes apontado em fontes históricas com a corruptela do nome da antiga aldeia tupinambá que ficava ali perto.[8]

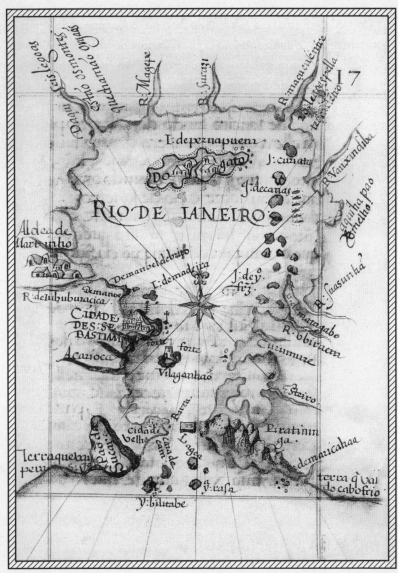

Mapa de Luís Teixeira Albernaz – c. 1574 –, onde é possível ver a localização da aldeia de Arariboia nos primeiros anos pós-conquista da Guanabara.

A aldeia de Arariboia no Rio de Janeiro era próxima à foz dos rios que formam a várzea da Tijuca. Como a carta de sesmaria das terras da Banda de Além é datada do ano de 1568, os historiadores antigos acreditavam que todas as referências à aldeia de Arariboia eram relativas ao surgimento de Niterói. No entanto, no ano de 1903, o pesquisador José Vieira Fazenda refutou essa tese com base em evidências documentais e afirmou que teria demorado ainda alguns anos para que Arariboia fosse definitivamente morar na "Banda d'Além".⁹ Pelo menos até o final da década de 1990, ainda se debatia quando e onde Arariboia teria construído sua aldeia primitiva.¹⁰ Hoje, sabe-se que, mesmo que tenha existido algum tipo de ocupação dos temiminós na sesmaria doada a Martim Afonso a partir do ano de 1568, essas terras não foram, pelo menos até 1574, a residência oficial de Arariboia e seus principais guerreiros, como revela o mapa de Luís Teixeira Albernaz, na página anterior.

Outro importante documento histórico é o mapa do espião francês e piloto normando Jacques de Vau de Claye, que esteve no Rio de Janeiro em 1579. O mapa contém informações precisas das forças de defesa da incipiente cidade. Marcou onde estavam

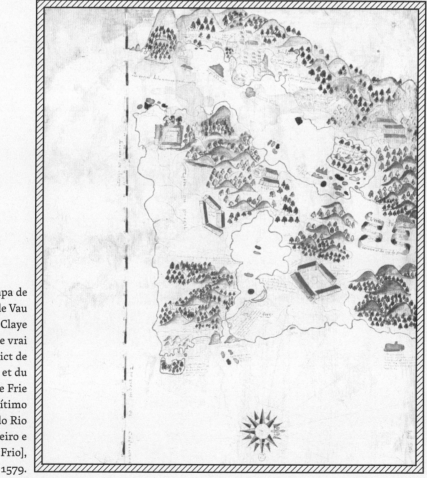

Mapa de Jacques de Vau de Claye – Le vrai pourttraict de Genevre et du Cap de Frie [O legítimo retrato do Rio de Janeiro e do Cabo Frio], 1579.

Recorte do mapa de Vau Claye, de 157 apenas da pa referente à B da Guanabar onde se pode ver dezenas c anotações so os lugares e a forças de def da cidade.

os canhões e os melhores lugares para atacar os portugueses. No mapa, ele localiza a aldeia de "Araroue" (Arariboia) e faz uma anotação. O francês assinalou: "Ce village fut pris par les françois le boyage de la sallemende", ou seja, "Essa vila foi tomada pelos franceses, a sabotagem do (navio) a sallemandre [a Salamandra]." Isso remete ao ataque francês à aldeia de Arariboia, ocorrido em junho de 1568. Pela data do mapa, pode-se afirmar que pelo menos até o final da década de 1580 Arariboia ainda mantinha sua aldeia do lado carioca, alternando com a ocupação de suas terra de São Lourenço.

Detalhe do mapa francê de 1579, ond o nome de Arariboia aparece com referência para o atual litoral da Zor Norte do Rio de Janeiro (entre os rio Tijuca e o Ca

Era preciso proteger antes o Rio de Janeiro, e os guerreiros tinham de estar por perto, principalmente para evitar os ataques dos tupinambás, que ainda ameaçavam os colonos nas atuais Zonas Norte e Oeste da cidade, assim como de toda a Baixada Fluminense. Por isso, em junho de 1568, Arariboia postou sua gente na antiga aldeia tomada dos rivais tupis. É mais uma vez o historiador jesuíta Simão de Vasconcellos[11] quem vai relatar em detalhes, para a glória do "homem de grande coração", os seus feitos de guerra.

Em junho de 1568, enquanto Martim Afonso e sua gente ainda se ajeitavam na antiga aldeia dos "Tamoyos" em Gebiracica, apareceram no Cabo Frio quatro naus francesas que buscavam pau-brasil. Aqueles navios eram muito aguardados pelos tupinambás que, depois de tantas derrotas, esperavam apoio francês para finalmente contra-atacar. Eles sabiam exatamente quem deviam buscar na Guanabara se quisessem ainda ter alguma chance de vitória contra os portugueses. O alvo daquele ataque tinha nome: Arariboia.

Segundo Vasconcellos, entraram pela barra da Guanabara naquele mês as quatro naus francesas, oito lanchas guerreiras e um número expressivo de canoas inimigas "ao som de guerra". A cidade de São Sebastião ainda não estava cercada nem fortificada, "sem forças e artilharia que lhe impedisse o passo". Os colonos ficaram aterrorizados. Havia pouco que Mem de Sá partira levando boa parte dos homens e como não havia meios de enfrentar aquela esquadra franco-tupinambá, "fizeram os nossos corações, mandaram embaixadores aos franceses sobre o intento de sua vinda: responderam que eles iam entregar nas mãos dos tamoios a Martim Afonso de Sousa". A resposta dos franceses talvez fosse uma tática para fazer com que os portugueses não se envolvessem naquele combate. Contudo, as autoridades ficaram "desassombradas", pois sabiam que se eles tivessem "vitória do [sobre] Índio" voltariam suas atenções sobre a cidade sem defesas.

Era a resistência e valentia daquele capitão "Índio" a única esperança dos colonos naquele momento. O recém-nomeado governador do Rio de Janeiro, Salvador de Sá, despachou informantes "a toda pressa a São Vicente em busca de socorro de canoas, e gente". Preparou trincheiras e ordenou que todos os homens estivessem "em armar". Ao mesmo tempo, mandou "algum socorro que pôde, a Martim Afonso de Sousa, de cujo sucesso dependia o nosso". Aquele a quem o jesuíta Simão de Vasconcellos escreveu que se devia "favorecer por benemérito da república" recebeu o aviso vindo da cidade e não "desmaiou"; ao contrário, "o valoroso índio"[12] começou a organizar a resistência cercando sua aldeia de "valos e estacadas". Mandou "sair toda gente inútil (mulheres, crianças e velhos) a lugares seguros" e conclamou que ficassem na aldeia apenas "os que eram de guerra, e os padres da Companhia, Gonçalo de Oliveira e Balthazar Alvarez". Feito isso, tratou de esperar "com grande coração e esforço o inimigo".

Os inimigos desembarcaram na praia da enseada de São Cristóvão, hoje aterrada para dar lugar ao Porto do Rio de Janeiro. Arariboia pôde ver que "seu poder era formidável em comparação com os que se achavam" na defesa da aldeia. As quatro naus francesas tinham grande poder de canhões e artilharia, e das lanchas e canoas desembarcaram grande número de normandos "com armas de fogo" e tupinambás "que cobriam as praias". No entanto, não houve ataque naquele dia, talvez por terem desembarcado já ao entardecer ou por sentirem que a vitória estava garantida, ou ainda pela hipótese de quererem antes estudar as forças que se encontravam com Arariboia. Como inscrito pelo espião Jacques de Vau de Claye, talvez possa ter havido covardia ou sabotagem dos franceses do tal navio a Sallamandre, que participou da ação. O fato é que não houve ataque naquele dia. Nas palavras do jesuíta Simão de Vasconcellos, aconteceu de os "inimigos dando por certa a vitória, aquele dia que saíram em terra, quiseram descansar, e não fizeram nada". A indecisão ou a empáfia dos tupinambás e franceses acabaram sendo determinantes para a defesa do arraial de Martim Afonso de Sousa.

Naquela noite, enquanto Arariboia e seus homens estavam a postos nas cercas, chegou "socorro que tinha despedido o governador da cidade, poucos portugueses, mas de efeito, com alguns indígenas: tudo capitaneava Duarte Martins Mourão,[13] homem de valor". Quando esses homens chegaram, "chorou de alegria o capitão Martim Afonso" e passou a falar aos seus como os caciques tupis faziam, andando e discursando sobre como agir durante o combate, cobrando valentia e destemor. Lembrou o contexto em que estavam e passou a "exagerar aos seus, grandes louvores da lealdade dos portugueses, que em tão apertada ocasião se não esqueceram deles", e depois como era praxe trouxe "à memória as façanhas de seus antepassados" contra os inimigos tupinambás, além de rememorar as suas próprias vitórias, que "tinham obrado na continuação daquelas guerras tão prolongadas".

O capitão Arariboia sabia que, ao amanhecer, seus homens não teriam chance contra tantos inimigos que os aguardavam na praia. Por isso, "tomou uma resolução digna de coração esforçado; e confiado no valor dos seus, e no silêncio e escuro da noite, mandou romper as cercas". Martim Afonso deu o exemplo e partiu para cima dos inimigos gritando "o nome de Jesus, e do Mártir São Sebastião", acometendo "o inimigo de improviso". Seguindo "a voz e o exemplo de seu capitão", as forças temiminós "pareciam leões" e pegaram os tupinambás e franceses "desconcertados". Mesmo assim, por estarem em menor número, foi uma batalha "bem ferida". Enquanto Arariboia e os seus "faziam no inimigo grande estrago", estes, confiados na grande multidão que tinham, resistiam "e pelejavam fortemente os mais esforçados". Entretanto, o ataque surpresa fez os inimigos lutarem indistintamente, "entre a confusão da noite," onde não se sabia quem era quem, precisaram "por fim de voltar às costas, e pôr-se em fugida".

As forças de Arariboia foram atrás dos inimigos "e com pouco dano recebido, fizeram uma grande matança". Junto à praia, as naus francesas não puderam ser acionadas porque, com a maré baixa, estavam encalhadas e pendendo para um dos lados "de maneira que não podiam jogar artilharia". Essa fraqueza foi percebida pelos portugueses que tinham vindo em socorro de Arariboia: eles apontaram em direção às embarcações francesas "um falcão pedreiro,[14] que tinha vindo no socorro" e passaram boas horas "vomitando nos conveses virados a terra à mão tente nuvens de pedras", que mataram muitos dos franceses. Quando o dia finalmente clareou, os normandos recolheram-se às naus e os tupinambás sobreviventes às canoas, ainda "confusos e envergonhados", e partiram "com menos brios dos com que entraram" deixando "semeadas as praias de seus defuntos corpos".

Depois de alguns dias, finalmente chegou o esperado socorro que o governador havia mandado buscar em São Vicente. Acharam a batalha concluída e, para não perder a viagem "que vinham", resolveram "em ponto de honra" em fazer "efeito de guerra". O governador Salvador de Sá enviou espiões ao Cabo Frio para saber o que se passava por lá. Voltaram com a informação de que as quatros naus francesas já tinham partido, mas que outra "bem artilhada e carregada de mercadorias" estava no porto. Como "estavam os do Rio vitoriosos e os de São Vicente desejosos de pelejar", foram da opinião de irem todos "acometer e render aquela nau francesa". O próprio governador Salvador de Sá se animou e partiu "em pessoa e com gente de efeito" junto aos demais, entre eles Araríboia e seus guerreiros.

Quando os "montes do Cabo Frio" foram avistados, os "tamoios" correram para dar aviso aos franceses. Os portugueses não tinham navios de guerra e vinham para aquela empreitada em pequenas naus, barcos a remo e nas canoas dos indígenas que os acompanhavam, fato que foi motivo de chacota entre os franceses, justamente por estarem em uma "nau artilhada de porte de mais de duzentas toneladas". Eles só não esperavam que um ataque surpresa de madrugada revelasse o "poder das pequenas canoas" que "de uma e outra parte" e rapidamente "ganharam os costados" da grande nau dos franceses. De nada adiantou o poder dos canhões e da artilharia, que "não fazia efeito porque jogava pelo alto e ficavam-lhe as canoas debaixo". As armas de fogo dos franceses que guarneciam o convés também "ficaram frustradas" porque, ao terem de se apresentar inteiros para fazer mira nas canoas, os indígenas junto com Araríboia "varejavam os bordos de maneira, que não era possível chegar a eles sob pena de morte". Segundo Simão de Vasconcellos, "acometeram os nossos a subida três vezes; mas como ao entrar ficavam de peito descoberto, foram rebatidos com os piques, e com alcanzias[15] de fogo". Durante esse combate, nas três vezes em que foram repelidos de tomar o convés da nau francesa, o próprio governador Salvador de Sá caiu ao mar vestido com armadura pesada e "sem saber nadar, três vezes foi livre pelos índios que no mar são o mesmo que peixes". É possível que Araríboia tenha se envolvido diretamente nesses resgates, ou orientado seus guerreiros a voltarem suas atenções ao governador.

O capitão francês, que defendia o "convés esforçadamente", destacava-se durante "a briga mui travada de parte a parte". Ele estava "vestido de armas brancas, jogando de duas espadas, e acudindo com valor a todos os sucessos". As flechas nada podiam fazer por estar ele com o corpo totalmente protegido por uma reluzente armadura. Até que os portugueses chamaram um indígena, "destro flecheiro", que "perguntou se tinham aquelas armas algum lugar, por onde se entra uma flecha?". Informado que o único lugar era pela viseira, mirou o nativo e "disparou a flecha, deu no mesmo lugar, penetrou-lhe o olho, e o interior da cabeça, e deu com o armado capitão no convés". Perdendo tragicamente seu oficial e já com muitos soldados feridos, os outros franceses decidiram se render. Os portugueses, por sua vez, "se fizeram senhores da nau, à vista dos mesmos tamoios contrários, que como escaldados não se atreveram a ajudar seus amigos".

O governador Salvador de Sá voltou triunfante para o Rio de Janeiro, a bordo daquela nau francesa. Das mercadorias que os normandos traziam, deu "saco aos soldados, que em breve tempo apareceram todos vestidos dos melhores panos". Os canhões daquela embarcação foram parar na fortaleza de Santa Cruz, em Niterói, e depois a nau foi enviada ao governador-geral Mem de Sá, na Bahia, com o relatório do que tinha acontecido. Depois que o rei d. Sebastião tomou ciência das cartas enviadas por Mem e Salvador de Sá, "louvou o esforço do Índio [Arariboia], mandou-lhe peças de estima, e entre elas um hábito de Cristo com tença, e um vestido de seu próprio corpo" (um traje do Rei). Presentes que raríssimos portugueses tinham a honra de receber, uma "mercê" inimaginável à época para qualquer súdito do reino. Só alguns representantes de altos cargos, mesmo assim, após terem muito agradado ao rei, recebiam tais condecorações. Arariboia havia se tornado um integrante da nobreza lusa, ele agora era um Cavaleiro da Ordem de Cristo,[16] recebia uma pensão regular anual de 12 mil réis por ordem do Rei e foi agraciado com posto de capitão-mor de sua aldeia de São Lourenço. O hábito de Cristo era condecoração disputadíssima entre os mais importantes nobres do Império português, e não eram poucas as petições dos interessados em obtê-la.[17] Mais do que poder econômico, tal condecoração era tão prestigiosa que abria caminho para posições de poder e cargos imponentes. Arariboia era, sem dúvida, um dos homens mais importantes de toda a colônia e seu casamento seria a prova da força que tinha, mais ainda entre os moradores daqueles primeiros anos da cidade do Rio de Janeiro. Ele era o defensor da cidade, um verdadeiro herói.

O CASAMENTO DE ARARIBOIA

Quem dá notícia de Arariboia nos anos seguintes é um dos padres jesuítas que mais o conhecia e que foi testemunha de quase todos os seus feitos de guerra. Gonçalo de Oliveira não só foi seu companheiro nos tempos de Estácio de Sá, mas também estava presente na aldeia de Gebiracica por ocasião do grande ataque tamoio e francês. O religioso escreveu uma carta datada de maio de 1570 com informações sobre a noviça cidade do Rio de Janeiro. Boa parte de sua correspondência é dedicada justamente a divulgar novidades sobre a vida de "Martim Afonso Arariboia".

O jesuíta escreve sobre a aldeia desse principal apenas três anos após a fundação da cidade por Mem de Sá, quando existia "muita gente temiminó toda cristã", em que os padres não residiam "por falta de companheiros". Contudo, todos os domingos e dias santos um padre "língua", que sabia falar o tupi, rezava missa, ensinava-lhes as doutrinas e as práticas de Deus. O exemplo da conversão de Arariboia e as grandes "mercês" que havia recebido das autoridades portuguesas, ao que parece, estimulavam os outros indígenas a seguirem o mesmo caminho. Gonçalo de Oliveira descreve com bastante felicidade a consolação que sentia de "vê-los perseverar na vida que tomaram, sem faltas as suas missas e doutrinas, como se nisso se criaram a vida toda".

Diz que o motivo de tamanha dedicação era justamente "ser o principal Martim Afonso, muito bom, no conhecimento de Deus e mais costumes lhe não faz vantagem nenhum branco". Um elogio que partindo de um jesuíta experiente como Gonçalo de Oliveira é de se admirar. Araribóia havia se transformado no grande exemplo de conversão almejada pelos padres, o ícone indígena convertido que tanto os padres sonhavam em seus trabalhos de catequese. Os demais temiminós o reconheciam "por capitão e tem obediência e respeito como a um pai".

Prova disso é a notícia da celebração de seu casamento, em maio de 1570. A cerimônia é descrita pelo jesuíta Gonçalo de Oliveira como o grande acontecimento social daquele ano no Rio de Janeiro. Araribóia já tinha mulher quando da formação da aldeia de São João em Carapina, no ano de 1562. No Espírito Santo, os padres relataram que Araribóia teve "uma moça dos seus", a quem a mulher do capitão Belchior de Azevedo ensinava "em bons costumes" e que, por isso, os jesuítas o queriam "casar cedo, fazendo-o cristão".[18] Como o padre Gonçalo de Oliveira informará que a noiva de Araribóia em 1570 era outra, "uma mameluca, filha de branco", a única hipótese possível a essa situação matrimonial é que Araribóia tenha ficado viúvo no ano de 1569. Isso porque na petição anexada à carta de sesmaria da Banda d'Além de março de 1568, Martim Afonso declara a vontade de trazer "sua mulher e muita gente sua que tem" para o Rio de Janeiro. Teria a primeira esposa de Araribóia falecido numa das epidemias que grassavam entre os nativos? Só desimpedido e viúvo é que os padres jesuítas permitiriam as segundas núpcias de Araribóia, dessa vez com uma mameluca, filha de um português com uma indígena.

Assim foi feito e, no dia do casamento, Araribóia veio "com toda a sua potência, de sua aldeia, mui galante, por mar, em seis canoas grandes e bem equipadas de gente luzida, com grande festa". Só da parte do noivo, mais de 150 convidados com as melhores roupas, penas e adereços. No porto da cidade do Rio de Janeiro, o governador Salvador de Sá, "com toda a gente", foi recebê-lo. De lá a procissão se dirigiu à Sé (hoje Antiga Sé), em frente à atual Praça XV, onde foi celebrada uma missa, em que Araribóia "recebeu o Santíssimo Sacramento da mão do vigário, que os recebeu com toda a solenidade". Celebrado o casamento, Araribóia embarcou com sua noiva, seguido por "toda a cidade" no cortejo, quando "foi mandado disparar algumas peças de artilharia". Não parou por aí, Araribóia e os temiminós ainda proporcionaram uma grande festa na aldeia de Gebiracica, onde "foram alguns portugueses acompanhá-los com suas mulheres". Um grande banquete foi servido e "se deu fim às festas", com muito "contentamento de toda a gente assim portuguesa como temiminó".[19] O segundo casamento de Araribóia, em festa tão celebrada, na presença de portugueses tão importantes, aguçou a mente dos historiadores que trataram de recriar a cerimônia detalhando, inclusive, as vestes da noiva. José Inaldo Alonso, cronista da História de Niterói nos anos de 1970, trouxe a ideia de que "rompendo com a tradição cristã e portuguesa, a noiva não usou véu e grinalda". A mameluca teria se vestido de branco como as noivas portuguesas, mas procurado também acentuar suas origens indígenas ao apresentar-se na igreja com um lindo "cocar longo e multicor, caindo até os pés, todo trabalhado em penas de papagaio, araras e de papo de tucano". Teria ela também sido "maquiada pelas senhoras temiminós que usaram tintas nativas, bases de tonalidades berrantes, feitos de urucum e sombras tiradas do jenipapo".[20] Uma verdadeira noiva, símbolo do Brasil colonial, meio índia e europeia, da qual o mito de uma nação em nascimento tanto desejaria para se criar o novo. No entanto, é impossível apenas a partir da carta de Gonçalo de Oliveira, única fonte histórica desse acontecimento, inferir como a noiva teria se vestido nesse casamento. Já Araribóia certamente apareceu com sua roupa mais honrada, que nesse caso provavelmente seria a veste real, presenteada pelo próprio rei d. Sebastião pouco tempo antes, com o intuito de marcar sua nobreza e importância. Podemos ao menos imaginar, na falta de documentos históricos e iconografia, que Araribóia casou-se com trajes de rei e sua noiva de branco, maquiada à moda indígena, portando um cocar impressionante, à vista de uma multidão de tupis e de todas as famílias portuguesas daquele Rio de Janeiro nascente.

A vida de Araribóia, no entanto, não era cinematográfica, e ainda nesse mesmo ano Gonçalo de Oliveira iria informar que na aldeia em que ele vivia tinham "morrido muitos inocentes [crianças], e muitos adultos" por conta das poucas defesas que tinham contra os males europeus. Por intermédio dos padres jesuítas e ajudados pelo exemplo de Martim Afonso, os temiminós tinham "muita obediência e amor; não há vez nenhuma que lá vá que não recebam com muita alegria e seus *ereiupe paigoe*?"[21] Na Páscoa daquele ano de 1570, ou seja, antes da cerimônia de casamento de Arariboia, os padres batizaram e casaram muitos indígenas em cerimônias simples e se "enxergou grande fervor neles e vivos desejos de uma salvação". Durante aquelas visitas, Gonçalo de Oliveira menciona as dificuldades que os padres tinham que passar por "muitas lamas e chuvas, caminhos molhados, descalços e bem mortos de fome" – informação relevante para confirmar a exata localização da aldeia de São Lourenço naquele ano ainda em Gebiracica, a "Tijuca pantanosa", também alcançada por terra.

Os temiminós eram importantes para a defesa da cidade do Rio de Janeiro e manterem-se naquela posição era, de fato, estratégico para os portugueses. O padre Gonçalo menciona que naquele ano os jesuítas tinham visitado os "tamũios" de uma aldeia distante apenas "duas léguas" da cidade, sendo bem recebido e "falando-lhes nas cousas de Deus haviam muitos que lhe vinha depois a perguntar pelo que havia dito". No entanto, o religioso relatava às autoridades eclesiásticas que "a terra até agora esteve em guerra" e que "alguns assaltos fizeram, neste tempo que estavam alevantados". Arariboia e seus guerreiros convertidos foram sempre a principal força de defesa dos colonos durante os primeiros anos da cidade de São Sebastião, o que se pode notar pela atenção dos padres e autoridades portuguesas para com eles. Por isso, os "tamũios" já alquebrados e divididos "sempre ficaram com a pior", e já estavam começando a "pedir pazes, e a alguns as tem já dado o capitão [Salvador de Sá], e a outros as dilata [continua a guerra para escravizar] para bem maior". A conquista da terra continuava com a ajuda determinante dos temiminós e seu capitão promovido à nobre cristão.

São os tupis que primordialmente irão povoar, com seus descendentes misturados aos portugueses, como faria o próprio Arariboia, a nova Guanabara colonial. São os temiminós, assim como outros indígenas catequisados ou cativos, as origens mais remotas das famílias cariocas, que já naquela época sofriam com as "grandes chuvas, enchentes e enxurradas" que pareciam um "segundo dilúvio que queria alagar toda a terra", renovando a terra e lavando a alma de um povo em formação. Mesmo com a grande perda devido às chuvas que "recebeu a terra este ano que foi [e fez] apodrecerem quase todos os mantimentos", como também fez com que "brancos e índios" passassem "algum aperto de fome". Isso não foi suficiente para frear o nascimento daquela nova sociedade porque "como é este Rio tão fértil não se sentiu tanto quanto se sentiria em outras partes".[22]

RAMOS ESPINHOSOS DA ALDEIA DE SÃO LOURENÇO

Da mesma forma como havia conseguido suas terras, com a ameaça de ir embora para o Espírito Santo, Arariboia e os temiminós tinham suas demandas e rusgas com padres e colonos. Estavam cientes da sua força e importância e sabiam impor suas vontades. Sabe-se que, até 1573, as terras da Banda d'Além, que já pertenciam legalmente a Martim Afonso, não tinham ainda o seu "auto de posse" registrado. Provavelmente os temiminós já estavam vivendo ali, e o próprio Arariboia, acredita-se, já teria feito uma casa por lá, assim como mandava o "translado do regimento" da carta de sesmaria que estipulava um prazo máximo de três anos para seu aproveitamento, sob pena de devolução e multa. Apesar dessas considerações, o fato é que a cerimônia de posse e o registro oficial do proprietário ainda não haviam sido feitos. Situação legal precária que tornava a sesmaria de Martim Afonso sujeita a invasões e contestações. A terra da aldeia de Gebiracica pertencia aos padres da Companhia de Jesus, e os temiminós sabiam disso.

Talvez tenha sido esse o principal motivo para o acúmulo de frustrações que levarão a uma revolta dos temiminós contra os "brancos" em 1573. Duas fontes históricas dão conta dessa situação, até então inédita no Rio de Janeiro, de uma profunda desavença entre os temiminós aliados e os colonos portugueses. Existe uma carta ânua do próprio Gonçalo de Oliveira desse ano, nunca publicada, que foi estudada e comentada pelo historiador jesuíta Serafim Leite, assim como um relato mais detalhado daquele acontecimento em um manuscrito jesuítico, em língua espanhola, intitulado *Historia de la fundación del Collegio del Rio de Henero y sus residencias*, redigido em meados da década de 1570.

O então reitor do Colégio do Rio de Janeiro, padre Brás Lourenço, conhecido de Arariboia desde os tempos do Espírito Santo, ao assumir o cargo após a morte de Manoel da Nóbrega, percebeu que muitos temiminós já cristãos "andavam descaminhados", vivendo com mais de uma mulher ou com amantes. Segundo o manuscrito, toda aquela situação nascia do mau exemplo que os indígenas tinham "por eles verem seu principal amancebado". Esse principal só poderia ser Martim Afonso. Essa informação coloca Arariboia em situação de conflito com os padres, fato até hoje inédito em seu perfil de "perfeito" cristão. Contudo, a carta ânua de Gonçalo de Oliveira não menciona, como ressalta Serafim Leite, "nenhum principal em particular, mas de alguns índios principais, sem nomear nenhum".[23] Podemos considerar a hipótese de padre Gonçalo, há tantos anos companheiro de Martim Afonso, ter preferido não mencionar seu nome, até porque, antes do fim daquele ano, quando a carta foi escrita, tudo já teria voltado à normalidade. Não só nativos tinham várias mulheres ou amantes, com quem de fato viviam sem serem casados, como também era um costume arraigado e muito praticado entre os próprios portugueses.

Brás Lourenço, então, agiu rompendo com a hipocrisia e a acomodação. Foi à aldeia dos temiminós acompanhado do padre Gonçalo de Oliveira, que falava bem o tupi, e começou a "colocá-los em ordem, casando algumas mancebas com os principais com seu consentimento". Ao que parece, os temiminós não gostaram da atitude dos padres e, com o alvoroço criado, alguns brancos aproveitaram-se da cizânia, dizendo aos guerreiros que "não consentissem tais coisas, que os padres não tinham flechas". A revolta estava armada, e os homens queixaram-se a Arariboia, que tomou uma atitude. Nobre que era, foi reclamar diretamente ao governador. Diz o manuscrito que "o principal se foi muito bravo à cidade queixar ao capitão [o então governador Cristóvão de

Barros], e logo se alevantou a aldeia de maneira que pensaram os padres que os queriam matar porque deram alguns sinais disso". Também em outra ocasião, "vieram alguns índios à cidade à noite e um deles entrou falando e diante do capitão" que os padres não podiam fazer aquilo.

Aquela demonstração de ânimo dos temiminós fez os moradores ficarem preocupados. No dia seguinte, os colonos reagiram por meio da Câmara da cidade, que mandou convocar todos os homens às armas para invadir e dominar a aldeia de Gebiracica. Assim, foram todos, "uns por mar, outros por terra", e entraram na aldeia de Martim Afonso "tão desconsertadamente que era de se espantar". Os temiminós ficaram "atemorizados" com aquela ação e foram acusados de tentar "prender os padres". Argumentaram apenas que desejavam fazer um "requerimento" para que os religiosos deixassem a aldeia. Apaziguados os ânimos, certamente por intermédio de Arariboia, os jesuítas deixaram de ir à aldeia durante alguns meses. A ausência dos religiosos acabou sendo sentida pelos temiminós, já acostumados com aquela presença, e também por serem eles os melhores fiadores e interlocutores das demandas indígenas, principalmente a proteção contra os desmandos dos colonos. O manuscrito termina assim: "Depois os índios conhecendo o mal que haviam feito e vendo que o seu bem nascia das visitas dos padres foram com grande sentimento a pedir-lhes perdão e rogar-lhes que os visitassem como antes". Isso de pronto voltou a acontecer porque os jesuítas "não desejavam outra coisa" e, já em novembro daquele ano, tornavam à aldeia de Martinho.

No entanto, aquela situação de conflito iminente fez algumas mudanças acontecerem nas relações que existiam entre eles até então, porque tanto o capitão quanto os indígenas ficaram muito sentidos do alvoroço que havia se criado entra a cidade e os indígenas.[24] Ao que parece, foi por isso, na resolução daquela revolta, que possivelmente tenha se discutido a mudança da maior parte dos temiminós para a sesmaria que já havia sido doada a eles, por intermédio de Arariboia. É datado de 22 de novembro de 1573, ou seja, logo após as pazes entre os temiminós e os padres, o documento que comprova a cerimônia do "auto de posse" das terras do outro lado da baía. Lá encontra-se registrado que Martim Afonso de Sousa, "cavaleiro da Ordem de Cristo", tendo como testemunhas o governador da capitania Cristóvão de Barros, o padre Gonçalo de Oliveira, Miguel Barros Seabra[25] e o porteiro Mestre Vasco,[26] tomou "posse pessoal, atual e realmente das ditas léguas de terras ao comprido ao longo do dito rio e baía, e duas para o sertão", tal qual estava escrito na carta de sesmaria de 1568. Para tanto, ocorreu uma cerimônia em que o Mestre Vasco, perante aquela audiência, com toda a pomba e circunstância, "meteu nas mãos do dito Martim Afonso de Sousa, terra, pedras, areia e ramos" que, sentindo na palma a aspereza do solo, "andou passeando pela dita terra". Depois abaixou-se solenemente e pegou com as próprias mãos mais terra e areia e, assim, "se houve por metido de posse da dita terra".

A importância das testemunhas que assistiram àquele "auto de posse" confirma, de certa forma, a suspeita que de a confecção daquele documento possa ter servido para acalmar os temiminós e, ao mesmo tempo, afastá-los da cidade, transferindo-os em definitivo para o outro lado da baía. Depois de quase seis anos depois de fundado o Rio de Janeiro, os ataques dos tupinambás já não preocupavam tanto. Como fica claro em cartas anteriores, a maioria das aldeias já estava dominada ou em processo de catequese. Os indígenas aliados ainda eram muito importantes, mas a partir daquele episódio era melhor que ficassem mais distante dos colonos. Como o Rio de Janeiro, a cidade de Niterói também tem duas datas de fundação: uma de ofício e outra na ocupação real da famosa aldeia de São Lourenço dos Índios.

ARARIBOIA E O EXTERMÍNIO DE SALEMA

A partir do fim do ano de 1573, a igreja de São Lourenço é definitivamente transferida para o outro lado da baía. Arariboia começa a residir mais fixamente na sua sesmaria, e todos os seus companheiros e familiares temiminós também o seguem. A aldeia começa a se organizar no sopé de um monte. Os padres continuavam as suas visitas e, volta e meia, os homens de Martim

Afonso eram chamados para seguir com o governador Cristóvão de Barros, que continuava o processo de conquista da terra. Veterano de batalhas contra os indígenas, em seu governo que começou em fevereiro de 1572, procurou combater os "tamoios" e, em todas as vezes, foi "vitorioso", sempre contando com a ajuda dos guerreiros de Araribóia, senão com a presença do próprio. Segundo frei Vicente Salvador, foi Cristóvão de Barros quem "pacificou de modo todo o recôncavo e rios daquela baía [de Guanabara]".[27] Também foi responsável por melhorar as fortificações da cidade, contando com a mão de obra indígena, especialmente dos homens de São Lourenço.

Incentivou a ocupação da terra com farta distribuição de sesmarias e a construção de engenhos, tendo ele próprio construído um engenho nas suas terras de Magé, onde se impressionava com as pescarias de peixes. Mais de duzentas canoas, de todos os moradores do Rio de Janeiro, entre eles os temiminós, se juntavam para capturar os peixes que iam desovar nos rios dessa região no inverno, durante os meses de junho e julho. O fenômeno do *piraíquê*, "subida dos peixes", era muito aguardado; anteriormente era o período em que os tupis guerreavam por terem muito mantimento. A pescaria era fácil, bastava esperar uma "maré" que entrava nos rios "uma légua ou mais". Então, os indígenas lançavam o cipó de timbó macerado na parte alta do rio e cercavam a foz com redes. Ao sentir o veneno, os peixes voltavam, fugindo, e acabavam atordoados. "Virados de barriga pra cima", as tainhas e outros peixes eram facilmente apanhados até "encher as canoas". Eram salgados e deixados para secar "nos penedos que ali há muitos" e com as cabeças cortadas se fazia um azeite usado para a iluminação no interior das casas. Cristóvão de Barros mandava avisar na praça da cidade o "dia em que se havia de fazer a pescaria, para que fossem a ela todos os que quisessem, e poucos deixavam de ir, assim pelo proveito como pela recreação".[28]

Dois anos se passaram nessas atividades de guerra, construção dos fortes, pescarias e afazeres domésticos da aldeia de São Lourenço. O governador Cristóvão de Barros foi hábil em controlar a rebelião dos temiminós e negociar com Araribóia a posse oficial da sesmaria de São Lourenço, acalmando os indígenas aliados e moradores, com a transladação deles para a futura Niterói. Contudo, ainda havia um problema a ser resolvido pelas autoridades coloniais: a região de Cabo Frio seguia proibida para os portugueses, pois os tupinambás recebiam muitas visitas francesas e volta e meia cometiam ataques e assaltos. É quando chega ao Rio de Janeiro, em fins de 1574, Antônio Salema, o novo governador-geral, alçado ao *status* de governador da Repartição do Sul.[29] Desembargador como Mem de Sá, Salema foi bem recebido pelo capitão-mor Cristóvão de Barros e pelos demais moradores, mas não todos. Talvez pressentindo os acontecimentos vindouros, o primeiro encontro de Arariboia com o novo governador acabou em um mal-estar generalizado. É quando acontece, então, a célebre cena em que Arariboia vai cumprimentar o governador, bem vestido, talvez até com o traje real do rei Sebastião, e tem um ríspido primeiro contato com a maior autoridade portuguesa naquelas partes da colônia. É o primeiro historiador do Brasil, Frei Vicente Salvador, que conta os detalhes dessa história sem que diga a fonte de tal informação. Queremos crer que estivesse talvez reproduzindo algum documento perdido, ou carta jesuítica, a que tenha tido acesso em meados do século XVII.

Arariboia vai ao gabinete do governador Antônio Salema muito bem arrumado, e um meirinho oferece uma cadeira para o capitão de São Lourenço se sentar. Este, então, prefere mostrar um pouco das suas origens e simplicidade, fazendo como os anciões tupis nos conselhos de chefes das aldeias. Ao sentar-se, relaxou e preferiu cruzar as pernas, como se "cavalgasse uma perna sobre a outra segundo o seu costume". O governador se sentiu contrariado, tratando como afronta a informalidade do nativo, que tão bem se dava com os capitães portugueses. Ele mandou o intérprete dizer-lhe que "não era aquela boa cortesia quando falava com um governador", pois ele representava "a pessoa de El-Rei". Arariboia olhou para Salema, respirou fundo e fez uma grande pausa para finalmente responder "de repente, não sem cólera e arrogância": "– Se tu souberas quão cansadas eu tenho as pernas das guerras em que servi a El-Rei, não estranharas dar-lhe agora este pequeno descanso, mas, já que me achas pouco cortesão, eu me vou para minha aldeia, onde nós não curamos desses pontos e não tornarei mais à tua corte".[30] Quem sabe se nesta ação não estivesse também uma ousadia para mostrar sua importância a um governador estranho. Essa resposta representa a medida do seu caráter. Há tempos que Araribóia não abaixava a cabeça para as autoridades do reino e se fazia respeitar por elas, que cediam às suas exigências pela posição que desfrutava entre as autoridades daqueles tempos. Foi com a sua altivez que conquistou não só o seu quinhão naquela terra, de papel passado e registrado mais de uma vez, como também passou para a seleta ordem daqueles que possuíam o hábito de Cristo, além das regalias que desfrutava, inclusive pecuniárias. As autoridades portuguesas sempre tiveram que lidar com ele com muito tato e respeito. Não foi diferente com o governador Antônio Salema, que tratou de apaziguar os ânimos de Martim Afonso de Sousa, talvez até com promessas de mais terras para os indígenas que já povoavam os arredores de São Lourenço. Fato esse que iria acontecer poucos anos após os eventos de Cabo Frio.

O governador não podia dispensar a ajuda sempre determinante dos guerreiros temiminós. Ainda mais porque necessitava combater, mais uma vez, os tupinambás, que nunca haviam deixado de receber os franceses no Cabo Frio e cujos ataques atormentavam os planos de expansão colonial de todo o sul do Brasil. O estopim para a reação do governador Antônio Salema foi um ataque ocorrido em 29 de junho de 1575 e relatado pelo jesuíta Inácio de Tolosa,[31] a partir do testemunho de outro padre, Baltazar Álvares, presente naqueles acontecimentos.[32] Em tal correspondência, esse padre escreveu que "era necessário aos cidadãos do Rio estarem sempre as armas", e que naquele dia de junho, tendo saído da cidade em torno de "quarenta canoas a buscar de comer [pescar] por diversas partes, saíram de uma ilha bem pequena três canoas dos contrários [tamoios] e deram em duas das nossas e tomaram sete pessoas". Algumas canoas que estavam por perto foram em perseguição, mas "não os puderam alcançar todo aquele dia". No dia seguinte, apareceu "um mancebo, que levavam de São Vicente", e o rapaz contou que naquele dia "mataram dois dos nossos índios [temiminós] e que comeram parte deles e que a outra parte levaram para repartir com toda a gente das suas aldeias, como tem por costume". Entre aqueles mortos estava "um índio principal da nossa aldeia [de São Lourenço]".[33] Fato que deve ter levado Arariboia a reconsiderar sua promessa de não mais voltar "à corte" do governador.

Ao saber do "prejuízo que estes índios tamoios tinham feito e a cada dia faziam nas capitanias sujeitas àquele Estado", determinou Antônio Salema "mui de propósito destruí-los". Para tanto, organizou em pouco mais de dois meses uma grande expedição punitiva e declarou uma "guerra justa" contra os tupinambás do Cabo Frio. Os nativos capturados em tais períodos de "guerra justa", que naqueles tempos apenas os governadores poderiam decretar, ficavam sujeitos à escravidão. Não por coincidência, em pouco tempo mais de quatrocentos portugueses se juntaram, tanto do Rio de Janeiro como de São Vicente, a mais de setecentos indígenas cristãos, boa parte temiminós de São Lourenço. Eles partiriam para Cabo Frio em fins de agosto de 1575 "a dar-lhes guerra, indo a gente e mantimentos parte por terra, parte por mar".

O jesuíta Baltazar Álvarez acompanhou a expedição terrestre. No caminho, "ia exercitando o ministério da Companhia, dizendo comumente missa no arraial, e às noites, estando todos juntos, as ladainhas". Os homens confessavam-se temendo o pior e "nos dias de festa administrava-se o Santíssimo Sacramento da Comunhão". Diz a carta de Inácio de Tolosa que os homens, por "onde passavam, arvoravam cruzes e deixando nomes de santos em todas aquelas terras [que ainda não tinham sido percorridas]".

Em 12 de setembro, as forças de Salema chegaram a Cabo Frio, "onde os tamoios estavam com grande pressa cercando-se e tinham já feito algumas casas com muito artifício e bem fortes". Dois franceses e um inglês moravam entre eles e os ajudavam naqueles trabalhos; existia até um fosso triplo ao redor da aldeia, o qual foi considerado uma obra de engenharia militar. Levou alguns dias até os homens e indígenas cristãos de Salema que vinham por terra encontrarem os que vinham pelo mar, e a "cada dia lhes entrava socorro de outras aldeias aliadas; e assim estariam dentro da aldeia obra de mil índios flecheiros".

Finalmente, quando terminaram a fortificação da aldeia, as escaramuças começaram "de ambas as partes em que houve alguns mortos e feridos". Antônio Salema viu que os tupinambás eram "esforçados" e, ao invés de um ataque direto, "por ver que não se podia combater a aldeia sem muito prejuízo dos nossos", decidiu cercar o local por todos os lados. De noite voavam flechas a esmo, e os tupinambás gritavam ameaças de vingança pendurados nas cercas. A ideia era que não tivessem acesso à água nem reforço de mantimentos. Uma clássica tática militar contra bastiões fortificados. Assim foi feito: Salema espalhou muita gente "em cerco para que não saíssem a tomar água, nem entrasse nenhum refresco".

Em sua carta, Inácio de Tolosa ressalta a importância que a água tinha para os indígenas, principalmente o fato de gostarem de banhar-se muitas vezes ao dia. Era "o remédio que tomam para cobrar novas forças, é meterem-se todos na água", e que na falta dela "desfalecem". Entretanto, não foi tão fácil para os portugueses e seus aliados, porque estava entre eles na aldeia um grande pajé e "este, para dar-lhes água, fez uma feitiçaria, que foi lançar osso de porco ao ar com outras cerimônias". Para espanto do padre "se serviu o demônio da conjunção da lua". Naquela noite "choveu tanto" que permitiu que eles tivessem "água por alguns dias".

Cercados, os tupinambás não se atreviam a atacar tantos portugueses com armaduras, armas de fogo, artilharia, ainda mais acompanhados de uma multidão de aliados tupis. Segundo o padre, "vendo-se sem esperanças, os que tinham vindo para o socorro determinaram de fugir". Os tamoios já não mais "vinham à fala com os nossos", isto é, não mais gritavam e ameaçavam os sitiantes, como antes faziam a plenos pulmões, "porque andavam a preparar a fuga". O governador e o restante dos homens desconfiaram daquele silêncio; já passava de cinco dias "que deles não se sabia nada". O padre Baltazar Álvares, então, sugeriu que ele próprio fosse à aldeia, pois certamente "sairiam alguns a falar-lhe, pelo muito crédito e confiança que todos os índios têm dos padres da Companhia". O governador Salema prometeu ao padre "conceder a vida aos que saíssem".

Assim, no dia 21 de setembro à noite, dez dias após o começo daquele cerco, dirigiu-se o padre Baltazar "à cerca dos contrários".

Por intermédio de "um língua", declarou em voz alta "que chamassem seu principal que ali estava um padre para falar-lhes". O silêncio se rompeu quando cacique daquela aldeia, de nome Îapuguaçu (Japuguaçu – Japu Grande),[34] surgiu na cerca para escutar o jesuíta. O padre lhe disse que "aquele castigo lhes vinha justamente da mão de Deus, pois se aproveitaram tão mal de quantos bons recados lhes haviam mandado e porque não queriam aceitar a vida verdadeira que lhes ofereciam". Por último, o religioso repassou o ultimato do governador a Japuguaçu, "que se ele ou qualquer outra pessoa quisesse a vida, que logo ao outro dia pela manhã saísse da cerca à vista de todos" e que mandassem chamá-lo. O morubixaba do Cabo Frio respondeu que já era muito tarde e que desejava confirmar se quem falava era realmente padre, e que por isso ele o procuraria de manhã. "Aquela noite não houve flechas perdidas como as outras, nem se desonravam uns aos outros como costumavam."

Na manhã seguinte, o padre foi rezar missa "fora da cerca em pé com alguma gente". Vendo o que acontecia, saiu da aldeia "um dos Índios, filho de um principal chamando pelo Abaré". Quando o rapaz tupinambá se aproximou do padre, jogou-se em suas pernas abraçando-as sem que este conseguisse se "desapegar por um pedaço". O governador Antônio Salema disse, então, que chamasse seu pai "e que com ele concertaria".

Em pouco tempo "veio logo o principal da aldeia", o Japuguaçu, que nas palavras do jesuíta era "índio venerável, bem vestido". No encontro, Salema afirmou que antes de qualquer acordo devia o chefe Japu entregar-lhe "os franceses e o inglês" que entre eles estavam. O próprio ato de ir ao governador tentar um acordo evidencia a consciência daquele cacique de que, após o cerco imobilizador, não tinham mais chances contra tantos portugueses com armas de fogo e setecentos indígenas aliados. Também transparece o fato de o cacique ter acreditado nas palavras do padre Baltazar. Entre os nativos aliados, apesar de não ser citado por nenhuma fonte, provavelmente também assistia àqueles acontecimentos o próprio Arariboia, à frente dos temiminós. Enfim, Japuguaçu cedeu, foi à aldeia e trouxe os franceses e o inglês, esperando com isso agradar o governador.

Logo no outro dia, Antônio Salema mandou enforcá-los sumariamente "por os achar culpados". Os franceses confessaram-se em tupi, "pela língua do Brasil". Em sua defesa, alegaram que tinham sido obrigados a ajudar os "tamoios" porque eram seus escravizados e que "o seu intento não tinha sido prejudicar os portugueses", e que quando atiravam "com os arcabuzes, em lugar das pelotas metiam algodão". Tais afirmações não foram levadas em conta e foram logo todos enforcados "como bons cristãos". O inglês foi assistido por um intérprete e, quando chegou a sua hora de ir para forca, pediu que lhe soltassem os braços que estavam amarrados atrás. Queria poder bater com a cruz no peito enquanto era enforcado. Antes de ser pendurado, fez "as orações em sua língua e latim", beijou a cruz e depois as mãos e o rosto do padre, pedindo que rezasse por ele. Ainda teve tempo de fazer "um colóquio muito bem feito em inglês e com grande devoção". Finalmente, foi enforcado "com o nome de Jesus na boca, estando pendurado, batia com as mãos no peito como podia. E sem bulir com pernas nem braços nem mudar a cor do rosto, esteve na forca até que o sepultaram".

O governador Antônio Salema ainda fez mais uma exigência antes de iniciar qualquer negociação com Japuguaçu: determinou que ele derrubasse uma parte da cerca que protegia a aldeia. O cacique sabia que aquilo era o fim de qualquer resistência e perguntou ao governador o que "ele queria lhe fazer". Salema respondeu que "não tivesse medo e que tudo se faria bem". Já receoso do que poderia acontecer, Japuguaçu tentou agradar mais uma vez e "pediu licença para levantar dentro da aldeia uma cruz, parecendo-lhe que, como vissem os portugueses cruzes dentro da aldeia, não lhes fariam mal algum".

De nada adiantou aquele gesto, pois após derrubarem a cerca, Japuguaçu voltou ao governador e pediu "que o deixassem estar ali que serviria para ajudar os portugueses que por aquelas bandas passassem". Salema, então, fez mais uma exigência e ordenou que fossem entregues os indígenas que tinham vindo em socorro da aldeia e que depois daquilo "tudo se faria bem". Já sem condições de esboçar qualquer reação, com a cerca derrubada e "parecendo-lhe ao índio que com isso ficaria a seu salvo, com toda a gente de sua aldeia, entregou-os logo". Mais de quinhentos guerreiros foram entregues aos portugueses, que "os iam amarrando". Depois que todos foram dominados, o governador Antônio Salema mostrou sua verdadeira intenção a Japuguaçu. Informou-lhe que "sua determinação era dar liberdade a ele, a seus filhos, mulher e parentes, mas que toda a demais gente havia de ser escravos". Japuguaçu, "vendo-se cercado de todas as partes, sem remédio, entregou-se com aquela condição".

Não houve guerra, muito menos guerra justa. Japuguaçu colaborou de todas as maneiras e, mesmo assim, ficou evidente que os portugueses não aceitariam voltar do Cabo Frio sem recompensas daquela jornada – escravizados seriam exigidos. No dia seguinte, o governador mostrou a sua face mais cruel e pouco cristã ao dar "sentença que morressem todos os quinhentos índios que tinham vindo em socorro, que já estavam amarrados, e passassem da idade de 20 anos". O que Arariboia deve ter pensado dessa decisão, ao ver os tupinambás enganados se entregarem sem resistência, para depois serem condenados a uma morte sem honra? Afinal, a vingança ancestral contra seus inimigos estaria se cumprindo ou terá ele sentido remorso ao ver tanta carnificina num único dia? O ódio ainda prevalecia entre as tribos. Os portugueses não quiseram fazer esse trabalho e entregaram os condenados "aos índios que iam em nosso favor para que os matassem". Novos líderes temiminós haviam surgido e disputavam as "mercês" dos portugueses.

Por isso, não houve nenhuma ressalva por parte deles e um a um os prisioneiros foram abatidos com golpes de ibirapema na cabeça, como mandava a tradição tupi. "Causou grande pena ao padre ver matar tanta gente com tanta crueldade." O jesuíta Baltazar Álvarez tentava ainda "instruir alguns para logo os batizar", mas "a pressa e a fúria com que os matavam era tanta que não deram lugar para o que desejava". Ali entre aqueles "tamoios" estavam "muitos escravos dos brancos", tupinambás que haviam fugido para Cabo Frio em busca de refúgio. Estes ainda puderam se confessar com o padre e "morreram conforme a vontade de Deus". Até o grande "feiticeiro", que fez chover e "lhes tinha dado água ao tempo da necessidade", também acabou abatido pelos temiminós e outros indígenas.[35]

Depois o jesuíta ainda relatou ter sentido "muita tristeza" ao ver "as mulheres e filhos dos mortos, juntos, e repartirem-nos pelos portugueses, apartando mãe do filho e filho da mãe, uns iam para São Vicente e outros para o Rio de Janeiro". Os gritos de desespero não saíram da cabeça do religioso, que escreveu ser "tão grande o pranto que quebrava os corações de quem ouvia". Antônio Salema não parou com aquela vitória; ao tomarem conhecimento da tragédia, as outras aldeias do Cabo Frio se "despovoaram", e os tupinambás foram se esconder "aos matos". Ainda sem ter feito guerra, a tropa foi adiante e percorreu toda a terra "matando uns, capturando outros". Segundo o testemunho do padre, só de "cativos seriam por todos obra de 4 mil". Já os mortos, nos cálculos do religioso passavam "de mil, fora os muitos que os índios matavam pelos matos sem se saber",[36] dando conta do fato de que no extermínio tupinambá do Cabo Frio também participaram os seus inimigos nativos, como os temiminós e tupiniquins de São Vicente.

A matança não poupou sequer as crianças, "pois havia muitas" que estavam prestes a morrer por consequência daquela guerra, "de fome e má vida que passavam pelos matos". Foi ordenado que todo português que encontrasse crianças naquela situação as apresentasse ao padre para serem batizadas e, assim, "daí a pouco tempo todas foram gozar do seu Criador". Logo no início de 1576, as terras do Cabo Frio e seus arredores já começariam a ser repartidas em sesmarias gigantes para importantes nomes portugueses e também para os padres. Sessenta anos mais tarde, jesuítas em missão pela região amazônica relatariam o encontro com sobreviventes do Holocausto tupinambá do Cabo Frio, evidenciando a grande diáspora empreendida pelos que puderam escapar dos massacres e escravizações.[37]

Japuguaçu e seus familiares mais próximos foram levados à aldeia de São Lourenço para serem catequizados, assim como alguns dos sobreviventes cativos que quiseram se converter. A aldeia de Martim Afonso acabou se tornando o único lugar onde os indígenas da região ainda podiam tentar adaptar-se à nova realidade colonial de forma não violenta. Com isso, se tornou, em pouco tempo lugar de grande concentração de nativos em busca de melhores condições de vida para tentar escapar das escravizações e violência. Era tanta gente que Arariboia precisou usar de seu prestígio para reivindicar novas terras.

SÃO BARNABÉ E O TEATRO

Quando os temiminós passaram a habitar primordialmente a sesmaria de Arariboia, a partir do fim do ano de 1573, foram capazes de se organizar em oito aldeias distintas desde os areais que formam o atual bairro de Icaraí até os limites do rio Maruim, assim como nas duas léguas concedidas no acidentado terreno em direção ao interior. Como demonstram as fontes históricas, anos depois os jesuítas conseguiram convencer os temiminós a reunirem quatro aldeias em uma só. Isso facilitava o controle e a comunicação, bem como os trabalhos de catequese.

Nesse primeiro momento, São Lourenço, que se localizava numa calma enseada escondida por grandes ilhas, já era a aldeia central.[38] Certamente era o local onde antes teria existido uma das aldeias tupinambás listadas por Jean de Léry.[39] Essa é a origem do aldeamento principal de Arariboia que se localizou ao sopé de um monte onde ainda hoje se ergue a pequena igreja dedicada a São Lourenço, em Niterói.

A extensa sesmaria de Martim Afonso sustentou também os muitos "tamoios" do Rio de Janeiro, vencidos nos primeiros anos da cidade de São Sebastião, e depois, ainda, o grande contingente de indígenas capturados do Cabo Frio – tanto os perdoados quanto os cativos. Além disso, abrigava ainda os trazidos das serras nas primeiras entradas ao interior em um movimento que se intensificaria nos anos seguintes, conhecido pelo termo colonial de "descimento".

Os principais temiminós contaram com o apoio de Arariboia para reclamar junto aos jesuítas e autoridades portuguesas a insuficiência dos campos para o sustento de tamanha multidão. São esses novos líderes do grupo de Martim Afonso que aparecerão com seus nomes de batismo na petição encaminhada ao governador Salvador de Sá. Ao que tudo indica, todos eles estiveram no massacre do Cabo Frio e agora reivindicavam o pagamento pelo grande auxílio prestado. Por isso, eles pediram ao padre Antônio Lousada, que ocupava o cargo de "procurador dos índios", que redigisse a nova petição de terras de 1578. "Vasco Fernandes, Antônio Salema, Salvador Correia, Antônio de França e Fernão Álvarez" com os demais "índios principais da aldeia de São Lourenço deste Rio de Janeiro" [uma lembrança explícita a Arariboia] solicitavam novas terras ao governador. No documento, eles informam que têm enviado emissários às serras para "fazer descer seus parentes para povoação deste Rio porque sendo muitos possam ajudar a fazerem-se cristãos".

A declaração contida na petição de terras revela a tentativa dos temiminós de trazer os "parentes" para a proteção jesuíta. Mais do que ninguém, esses chefes sabiam o destino das comunidades que se rebelavam ou que rechaçavam o contato com o colonizador. Ao que parece, houve um movimento consciente dos próprios indígenas de buscar um caminho mínimo de salvação para os seus "parentes" e demais aldeias pacíficas. Por isso, os chefes declaravam a preocupação de "vindo muita gente como esperam" não ser possível "estarem todos na aldeia que ora está situada defronte desta cidade porque já são muitos nela". Reclamavam que as terras já eram poucas para os de São Lourenço, "quanto mais para os que descerem", pois ficariam "padecendo por não terem em que roçar".[40] Quase como um protesto, foi acrescentada a informação de que a maior parte dos terrenos já estava indisponível "por ser já tudo dado aos brancos".

É de se notar a ausência do nome de Arariboia entre os requerentes das novas terras. Ele não tinha intenção de se mudar; além do mais, já detinha grande extensão de terras bem localizadas, o núcleo da futura cidade de Niterói. Seu maior interesse era encontrar os meios que pudessem despovoar um pouco sua aldeia abarrotada e usou sua influência perante as autoridades coloniais para que outros principais recebessem as terras que pediam. Pouco mais de dois anos depois dos acontecimentos dramáticos de Cabo Frio, os novos chefes temiminós acabaram por receber a "mercê" que pediram, com o apoio dos jesuítas. Foram doadas as terras pelo governador Salvador de Sá em julho de 1578 e confirmadas pelo soberano Felipe II, em 1583.

Batizado de São Barnabé,[41] esse novo aldeamento jesuítico foi fundado na "tapera de Araçatiba", antiga aldeia dos tupinambás, próxima ao rio Cabuçu, no interior do atual município de São Gonçalo. Depois de alguns anos, os jesuítas a transferiram para o lugar onde estava outra aldeia tupinambá, conhecida pelo nome de Cipotiva, mais ao noroeste, no atual município de Itaboraí.[42] José de Anchieta gostava de pescar com os indígenas de São Barnabé, em Maricá, onde, dizem, o padre mostrou dotes de bom pescador. Talvez o próprio Arariboia possa tê-lo acompanhado por essa época. Em 1584, este jesuíta relatou que as aldeias de São Lourenço e São Barnabé tinham mais de 3 mil nativos cristãos.[43] Um ano antes, Anchieta escreveu uma peça litúrgica para ser encenada aos tupis do Rio de Janeiro. É a expressão dos novos tempos, da nova realidade a que os guerreiros de Arariboia haviam ajudado a transformar. No "Auto de São Lourenço", José de Anchieta teatralizou a luta espiritual entre os caciques tupinambás e os santos guerreiros do catolicismo. A peça foi escrita em tupi, com trechos em português e castelhano, justamente para atender ao público a que se destinava, principalmente os indígenas, e também mamelucos e colonos portugueses. O jesuíta usou a história recente da Guanabara para exemplificar a superioridade dos ícones religiosos portugueses. O teatro era uma importante ferramenta para o ensino da fé e da moral cristãs. A primeira apresentação desta peça aconteceu no próprio ano de 1583, na aldeia de São Lourenço, com a presença de Arariboia e toda uma plateia de temiminós e demais aldeados. Os atores escalados foram estudantes do Colégio do Rio de Janeiro, entre eles, nativos e mamelucos. Provavelmente, a encenação fez parte das comemorações da fundação da cidade de São Sebastião do Rio de Janeiro, que duravam vários dias.

A peça é dividida em cinco atos. No primeiro, acontecia com muita piedade uma representação do martírio de São Lourenço, que foi queimado vivo em uma grelha pelos romanos. Não à toa, teria sido esse o santo escolhido para batizar a aldeia e a devoção dos indígenas. O seu martírio lembrava uma forma de morrer que fazia conexão com a cultura tupi e a antropofagia ritual que praticavam. São Lourenço os lembrava de que os jesuítas execravam aquele pecado. Durante a encenação, eram entoados versos tristes e pios em castelhano, louvando a fé e o milagre de sua morte santificada.

O segundo ato começava com uma representação da luta entre os tupinambás e portugueses. Guaixará, Aimberê e Saravaia – históricos caciques tupinambás que resistiram à conquista – eram representados como a personificação do diabo. São três demônios que queriam destruir a aldeia com pecados, aos quais resistiam os heróis São Lourenço, São Sebastião e Karaibebé, o Anjo da Guarda. O pano de fundo da peça é a luta entre o Bem e o Mal, entre a nova cultura e os ensinamentos dos padres e a antiga ordem defendida pelos tamoios, pajés, velhos e velhas que não obedeciam e desafiavam as regras cristãs. Os santos aparecem como soldados portugueses moralmente superiores e que com a ajuda do Anjo da Guarda, aprisionam os pecadores tupinambás, defendendo a aldeia de sua intromissão. Destaque para o sincretismo do personagem Karaibebé, o Anjo da Guarda, cuja tradução em tupi seria "o profeta que voa" (Caraíba + bebe), uma referência aos brancos, principalmente aos padres, que tinham na sua vestimenta asas compostas das penas da arara Canindé, lembrando a figura do pajé feiticeiro.

Assim termina o segundo ato da peça, quando, no meio da tensão provocada pela prisão dos caciques tupis, aparece um narrador, um padre ou "língua" que solenemente anuncia o nome das aldeias tupinambás derrotadas na Guanabara.[44]

No terceiro ato, Aimberê e Saravaia, aprisionados pelos santos, são convocados por Karaibebé, para perseguir os imperadores romanos, híbridos de morubixabas, Décio e Valeriano, algozes de São Lourenço e, por isso, grandes pecadores. Eles são caçados e capturados à moda dos tupis, presos com as cordas, abatidos com as espadas de madeira e assados no moquém, como no ritual religioso da vingança coletiva que tanto fazia parte da memória social da audiência.

No penúltimo ato, aparecem mais duas personagens alegóricas, a do "Temor de Deus" e a do "Amor de Deus", anunciadas pelo anjo que agora fala português e parece ser cristão, e não mais um pajé voador, como nos atos antecedentes. Já os personagens de "Temor de Deus" e "Amor de Deus" falam em castelhano, o que pode ser explicado pela presença de alguns espanhóis entre os espectadores, já que no período de apresentação acontecia a união das coroas na Península Ibérica, e Felipe II, citado no auto, era o monarca dos dois reinos. Basicamente estes dois novos personagens vão explicar a sucessão de acontecimentos do terceiro ato, apontando o temor que indígenas deviam ter dos pecados e maus costumes, e como Deus poderia ser implacável com quem não se emendasse. Ao mesmo tempo que podia ser extremamente severo, existia todo o benefício do "Amor de Deus" para aqueles que dessem o exemplo e perseverassem nas regras impostas pelos padres.

No último e derradeiro ato acontece a dança dos doze meninos, uma constante das peças de Anchieta, que cantam versos em tupi. O grupo aparecia comemorando e dançando como em uma procissão num terreiro de aldeia. Tratava-se do grande final da peça em que todos eram convidados a participar e festejar a virtude dos santos. Os meninos tupis paramentados cantavam a vitória da fé e a derrocada dos caciques diabos que queriam desvirtuar a aldeia, e que, depois de servir a São Lourenço, São Sebastião e ao Anjo da Guarda, tornam-se devotos e cristãos. Os versos falam da confiança que os indígenas tinham em São Lourenço, santificado para "que nos guardes preservados dos inimigos", e também dos "vícios já desligados" e do ceticismo que deviam ter pelos antigos pajés. Era uma ode à conversão dos tupis.

O *Auto de São Lourenço* dá a dimensão e importância da aldeia de Arariboia no contexto do Rio de Janeiro no final do século XVI. Além de citar vários nomes de aldeias que teriam sido derrotadas com a ajuda dos temiminós, a peça de Anchieta traduz a centralidade da gente de Martim Afonso para a colonização do Rio de Janeiro. Era primordial catequizá-los. Ao morrer anos depois, o nobre cacique irá incorporar em seu testamento alguns dos elementos abordados pedagógica e sincreticamente por Anchieta em seu texto litúrgico, escrito em homenagem à aldeia de São Lourenço em 1583.

A PROCISSÃO DO ABAETÉ

Depois de ter visitado todas as capitanias ao norte do Brasil, o jesuíta e escritor Fernão Cardim chegou à Guanabara em 20 de dezembro de 1584. É sua primeira visita ao Rio de Janeiro, onde irá encontrar Martim Afonso Arariboia, já com estimados 65 anos.

Assim que o barco que trazia o grupo de religiosos cruzou a barra da Guanabara, foi recebido pela gente da fortaleza de Santa Cruz "com a salva de sua artilharia". Ao desembarcarem em terra firme, foram recepcionados pelo "padre Inácio Tolosa, reitor [do Colégio da Companhia de Jesus], e mais padres, e do sr. Governador [Salvador de Sá], que, manco de um pé, com os principais da terra veio logo à praia com muita alegria".

Fernão Cardim se hospedou no Colégio dos Jesuítas, no morro do Castelo, onde os alunos haviam feito "um presépio muito devoto, que fazia esquecer os de Portugal". Os jesuítas traziam "uma relíquia [imagem] do glorioso Sebastião, engastada em um braço de prata" para ser doada à igreja da cidade. Por ocasião da presença dessa joia eclesiástica, os padres e autoridades acharam melhor mantê-la "no navio" a descoberto "para a festejarem os moradores e estudantes como desejavam, por ser esta cidade do seu nome, e ser ele o padroeiro e protetor".

A chegada da relíquia animou a cidade e foi programada uma grande festa de celebração para levar a imagem de São Sebastião ao altar. No dia do Natal, "as oitavas da tarde", o governador Salvador de Sá e demais importantes portugueses "fizeram um lustroso alardo de arcabuzaria". Depois com "seus tambores, pífaros e bandeiras foram à praia", onde o padre visitador [Cristóvão de Gouveia] com o mesmo governador [Salvador de Sá] e os principais da terra e alguns padres seguiram viagem "numa grande barca bem embandeirada e enramada". Nesse navio, estava montado um altar para a relíquia de São Sebastião, como ocorre nas procissões marítimas. Acompanhando o cortejo "acudiram algumas vinte canoas bem equipadas, algumas delas pintadas, outras empenadas, e os remos de várias cores". Entre os temiminós vinha liderando a formação, na canoa da frente, em pé na proa, um senhor de peito estufado, bem vestido e paramentado. Era ninguém menos do que o nobre "Martim Afonso, comendador de Cristo, índio antigo, *abaeté* e *moçacara*, grande cavaleiro e valente, que ajudou muito os portugueses na tomada deste Rio".

Fernão Cardim utiliza adjetivos tupis para exemplificar a importância daquele famoso personagem. *Abaeté* é *aba* [homem] e *eté* [verdadeiro, mesmo], o que pode ser traduzido como "homem honrado, digno, de bem, a valer". Contudo, *abaeté* também era a palavra usada pelos tupinambás para designar "terror, fereza, fúria, crueldade ou coisa medonha". Assim, um homem *abaeté*, tupi de verdade, era também aquele que detinha essas qualidades. Já *moçacara* [*mosakara*] era a palavra que utilizavam para se referir a "um homem importante, nobre", ou ainda para um "homem liberal, generoso, que dá suas posses", mas a principal utilização do termo era para exemplificar "chefes valentes". *Moçacaras* eram impetuosos na guerra e bem quistos na paz por não serem apegados a bens materiais, repartindo tudo entre os seus, qualidade considerada entre as melhores pelos tupis. Fernão Cardim fez questão de manter no texto a forma como os indígenas falavam de Arariboia, então um estimado ancião por essa época.

Não parou por aí. A narração do jesuíta prossegue com a festa no mar das canoas e barcos em procissão com a imagem de São Sebastião à frente. Até que "houve no mar grande festa de escaramuça naval, tambores, pífaros e flautas, com grande grita dos índios; e os portugueses da terra com sua arcabuzaria, como também os da fortaleza dispararam algumas peças de artilharia grossa". Martim Afonso participava dos festejos cheio de orgulho lembrando as batalhas de vida ou morte que enfrentou na Guanabara. À frente de uma bela canoa, devoto que era de São Sebastião, fazia questão de tomar posição de destaque e gritar vivas ao santo protetor. Era para o povo da cidade o que hoje se conhece como celebridade. É possível que, ao lembrar as proezas que realizou na Guanabara e vendo chegar a "imagem" do "Capitão", como dizia, tenha ido às lágrimas.

A festa depois foi parar no porto da cidade onde todos desembarcaram e se reuniram para retirar do barco "a santa relíquia,

[que] ia no altar dentro de uma rica charola [padiola], com grande aparato de velas acesas". A procissão, então, levou o santo com grande comoção. É possível que Arariboia tenha se prontificado a ser um dos carregadores do altar, até a Igreja da Misericórdia, "que está junto da praia".[45] Como relatou Fernão Cardim, "as varas [do altar] levaram os da câmara, cidadãos principais, antigos, e conquistadores daquela terra".

Um teatro estava armado "à porta da misericórdia com uma tolda [feita] de uma vela [de barco]" e ali a relíquia foi posta "sobre um rico altar". As comemorações se seguiram com a representação, em diálogo, "do martírio do santo, com choros e várias figuras muito ricamente vestidas". No meio de tudo isso, "foi asseteado um moço atado a um pau", espetáculo representativo do "martírio do santo" e que causou "muitas lágrimas de devoção e alegria a toda cidade".

A audiência era tão grande que o jesuíta disse que "nem faltou mulher que viesse à festa" e continuou depois de "acabado o diálogo" da encenação de São Sebastião supliciado.[46]

Como a igreja era pequena para tanta multidão, Fernão Cardim pregou "no mesmo teatro", acerca "dos milagres e mercês que tinham recebido deste glorioso mártir na tomada deste Rio". Palavras que devem ter sensibilizado Arariboia, que de tudo aquilo havia participado. No final da missa, os padres permitiram a todo o povo "beijar a relíquia", o que Martim Afonso ansiava fazer com muita devoção e, dada a sua importância, recebeu mais tempo dos padres para isso, destacando a sua presença especial na multidão.

A procissão continuou morro acima "até nossa igreja" no Castelo. Na frente da andança com a imagem ladeira acima, o jesuíta se impressionou com "uma dança de meninos índios, o mais velho seria de 8 anos, todos nuzinhos, pintados de certas cores aprazíveis com seus cascavéis nos pés, e braços, pernas, cinta, e cabeças, com várias invenções de diademas de penas, colares e braceletes; parece-me que se os viram nesse reino, que andaram todo o dia atrás deles". A imagem dos lindos *kunumĩs* dançarinos do Rio de Janeiro impressionou o padre e rendeu ainda mais elogios: "Foi a mais aprazível dança que destes meninos cá vi". Eram os meninos de São Lourenço, da estirpe do nobre Arariboia, o grupo de crianças que apareciam no fim da peça de Anchieta. Finalmente, a relíquia chegou ao seu descanso na antiga igreja de São Sebastião, em cima do morro do Castelo, "para consolação dos moradores que assim o pediram".

No dia 6 de janeiro, Fernão Cardim foi com outros padres visitar à aldeia de São Lourenço, onde alguns jesuítas residiam junto com os temiminós e o próprio Arariboia. Foi entoada uma "missa cantada" nessa ocasião, "oficiada pelos índios", que já haviam aprendido inclusive o "canto de órgão" e também usavam "suas flautas". Foram celebrados alguns casamentos, molhados de água "dois adultos somente por os mais serem todos batizados" e dada a comunhão "a outros poucos", entre eles provavelmente Martim Afonso.

Por último, o jesuíta passa a descrever a Guanabara, afirmando ser a terra "sadia, de muitos bons ares e águas". Disse o religioso que por aqui havia "uns dias formosíssimos, tão aprazíveis e salutíferos que parece estão os corpos bebendo vida". Compara as serras que via ao longe à "serra da Estrela" de Portugal, os rochedos eram tão altos "que com três tiros de flecha não chega um homem ao chão e ficam todas as flechas pregadas na pedra por causa da grande altura". Das serras, desciam grandes "rios caudais que de 4 e 7 léguas se vê alvejar por entre matos que se vão as nuvens".

Fernão Cardim fica impressionado com as canoas temiminós que eram "tão largas de um só pau que cabe uma pipa atravessada; e de comprimento que levam dez, 12 remeiros por banda e carregam cem quintais de qualquer coisa, e outras muito mais". A terra da cidade e da aldeia era "abundante de gados, porcos e outras criações; dão-se nela marmelos, figos, romeiras, e também trigo se o semeiam", e completa "enfim é terra mui farta". É de Fernão Cardim um dos mais belos elogios à Guanabara quando escreve que "dentro da barra tem uma baía que bem parece que a pintou o supremo pintor e arquiteto do mundo Deus, nosso Senhor, e assim é coisa formosíssima e a mais aprazível que há em todo o Brasil, nem lhe chega a vista do Mondego e Tejo". Era assim o mundo de Arariboia, quando a cidade tinha apenas "150 vizinhos com seu vigário, e muita escravaria da terra".[47]

A cidade que ele fundou agora já não era mais ameaçada por seus inimigos. Tinha abundância, fartura de mantimentos e até relíquias de santo. Estava em franco crescimento e sobretudo tinha um herói para louvar, *abaeté* e *moçacara*. Assim, Martim Afonso Arariboia deve ter vivido os seus últimos momentos com filhos e netos, frutos de seus dois casamentos. Todos os anos, durante as comemorações da fundação da cidade, ele tomava seu lugar de destaque, vestido com as roupas que o rei d. Sebastião lhe tinha dado e um grande cocar, reencarnando o líder guerreiro de vinte anos atrás, para deleite dos jovens e contemporâneos. A última notícia de fonte primária acerca de Arariboia em vida é a demonstração de sua apoteose como cidadão fundamental, reverenciado pelos colonos e nativos da cidade, aclamado como nenhum outro personagem durante os eventos sociais. Já eram indícios do mito e da lenda que se tornaria.

TESTAMENTO SINCRÉTICO

Arariboia deixou um testamento. Para escrever a segunda biografia de José de Anchieta, em 1607, o padre Pero Rodriguez passou pelo Rio de Janeiro e conversou com os moradores mais antigos a respeito das histórias, milagres e profecias do "biscainho", evangelizador dos indígenas do Brasil e que se tornaria santo no nosso tempo. De fato, deve ter se encontrado com pessoas que teriam assistido aos últimos momentos de Arariboia em seu leito de morte. Não seria difícil para um jesuíta visitar São Lourenço e conversar com os familiares do "nobre índio". Ficou tão impressionado com o que ouviu que dedicou um capítulo inteiro de seu livro sobre Anchieta, para contar algumas proezas de "Martinho", todas já descritas anteriormente. O mais surpreendente, porém, do relato de Pero Rodriguez sobre Arariboia é a transcrição que fez das últimas palavras que ele teria dito antes de fechar os olhos pela última vez, próximo aos 70 anos de idade.

Certamente, há um pouco de imaginação nesse texto, por não ser possível que, mais de dez anos depois de sua morte em 1589, alguma testemunha se lembrasse com exatidão de todas as palavras proferidas para uma anotação literal do padre. Contudo, é possível que Pero Rodriguez tenha assimilado o contexto daquele acontecimento tão vivamente recontado pelas testemunhas que conheceu. Credibilidade maior às palavras derradeiras de Martim Afonso, apresentadas por esse jesuíta, podemos dar principalmente a um trecho curto de nuances sincréticas bem pouco usuais nas biografias laudatórias daqueles tempos.

É bastante curiosa a passagem em que Pero Rodriguez reproduz a crença de Arariboia em São Sebastião, que o auxiliava nas batalhas. "Na hora da morte com muita fé e devoção; falando a seu modo com o santo, lhe dizia: Irmão Capitão, assim como na vida sempre me ajudastes a vencer os inimigos visíveis, assim agora na morte, que tenho maior necessidade e estou em maior perigo, ajudai-me a vencer os invisíveis." Os padres sempre rasgaram elogios a Martim Afonso por ser um exemplo de indígena convertido cristão. Como disse certa vez outro jesuíta seu contemporâneo, ele "no conhecimento de Deus e mais costumes não lhe faz vantagem nenhum branco". Pois bem, na hora mais difícil, ao ver suas forças se apagando, aquele nativo "cristão" se lembrou dos preceitos culturais do além tupinambá e maracajá.

Os tupis acreditavam que existia um lugar de "morada dos ancestrais"; para alguns estudiosos esse lugar era chamado de Guajupiá.[48] O mito da existência de uma "terra sem males", onde tudo estava à mão para se comer e beber, sem que fossem necessários os esforços dos trabalhos da caça ou da roça. No paraíso tupinambá, descansavam os antepassados mais valorosos e memoráveis. Ali existia, inclusive, uma fonte da juventude eterna que manteria a todos na melhor idade.[49] Só podiam se aproximar da "morada" celestial tupi os homens mais valorosos e que haviam cumprido o ideal de vida guerreira. Para chegar lá, um homem devia enfrentar muitas provas durante sua vida e também depois da morte, a fim de comprovar o seu caráter e valor espiritual. Lugar esse que Arariboia pensava existir e ansiava para se juntar a seus pais, avós e amigos já falecidos.

É justamente por isso que ele pede ajuda ao "Irmão Capitão" São Sebastião, pois acreditavam que, após a morte, a alma tinha que viajar por entre os matos, passando por terras inimigas. Os tupis enterravam os mortos com seus pertences, tais como machados, facas, arcos, flechas e foices, e ainda colocavam comida e água na cova e uma tocha acesa. Junto deles depositavam a clava de madeira completamente ornada de penas e palha, assim como arco e flechas que lhe pertenciam, o *maraká* com o qual costumava dançar, o seu cachimbo de fumo, entre outros objetos de uso pessoal, como vasilhas, gamelas e pedras. Acreditavam que, com isso, a alma estaria aparelhada para empreender a última viagem em busca do Guajupiá eterno.

A primeira tarefa do morto, depois de fechada a cova, para prosseguir rumo ao paraíso era "evitar deixar extinguir-se o fogo, em seguida, recomendavam-lhe não passar nas terras dos inimigos e, finalmente, não esquecer, quando dormisse em algum lugar, os seus machados e foices".[50] Esperavam que, com os alimentos oferecidos para a subsistência durante a viagem, o fogo para se proteger dos maus espíritos e não se perder pelo caminho, as armas para se defender dos inimigos e outros utensílios, ele seria capaz de completar sua jornada celestial com segurança e comodidade.

É nesse sentido que Arariboia fala do medo da morte e dos perigos "invisíveis" que ele teria de enfrentar a partir dali. "Assim, agora na morte, que tenho maior necessidade e estou em maior perigo, ajudai-me a vencer os invisíveis." Um cristão legítimo não se preocuparia com nenhum perigo; pelo contrário, só esperaria a redenção dos santos, de Deus e clamaria por Jesus, sem maiores preocupações com o Além. A morte de Arariboia é a expressão do sincretismo brasileiro e da antropofagia cultural. Martim Afonso substituiu a proteção dos espíritos ancestrais, das entidades da natureza, por um São Sebastião guerreiro e criou uma nova forma de percepção espiritual totalmente brasileira.

O relato do jesuíta Pero Rodriguez continua com os conselhos que Arariboia teria proclamado, enfim, aos filhos e parentes. Depois de "receber os Sacramentos e o da Santa Unção, chamando a seus parentes, fez seu testamento e repartiu com eles uma grande herança, não de objetos temporais, que ele não tinha nem os índios estimam, mas de maravilhosos conselhos, quais um venturoso pai e muito temente a Deus pudera dar a seus filhos naquela hora". É um resumo de sua vida e dos conselhos que ele próprio aproveitou.

A reprodução de suas últimas palavras é o testemunho do seu esforço para com os portugueses. Pede que seus "irmãos e filhos" sejam sempre "amigos da igreja e dos padres", que tenham fidelidade aos capitães portugueses e sejam sempre "caritativos com os brancos". Diz que sua casa "sempre foi estalagem para brancos" e que nunca viu um deles em necessidade sem que "não despisse" sua roupa para cobri-lo. Também na guerra não os desemparava, mesmo quando flechados; ele se preocupava em salvá-los carregando os lusos feridos nas "minhas costas". Mais ainda, se estivessem em perigo, se posicionava à frente, colocando os "peitos em rodela". Afirmava que, por isso, foi agraciado por Deus com o salvamento dos perigos pelos quais passou e com as recompensas que recebeu em vida. Por fim agradeceu a honra de receber o favor divino de ter "uma morte sem dores e tão quieta como vêdes" e, dessa maneira, "deu sua alma a Deus, com muita consolação sua e edificação dos presentes".[51]

O testamento de Arariboia nunca deixou de ser cumprido por seus descendentes temiminós de São Lourenço, enquanto a aldeia de fato existiu. Durante mais de cem anos, os temiminós de Martim Afonso serão a força militar dos governadores, capitães e bandeirantes do Rio de Janeiro. São eles que irão acompanhar as andanças de Martim de Sá – filho de Salvador de Sá – pelos interiores à caça de cativos no final do século XV. Os indígenas de São Lourenço também participarão da luta contra as invasões holandesas no Nordeste, durante os anos de 1630 e 1654. Em 1661, são temiminós os soldados que ajudam a estancar a rebelião popular contra o então governador Salvador Correa de Sá (neto), prendendo os revoltosos do episódio conhecido como a Revolta da Cachaça. Os filhos de Arariboia e seus descendentes irão ocupar cargos na administração colonial. Os "de Sousa" principalmente herdarão, ao longo dos séculos, o título de capitão-mor da aldeia de São Lourenço, com "todas as honras, privilégios, liberdades, isenções e franquezas que lhe pertencerem".[52] Em várias petições ao longo dos tempos, seus descendentes sempre lembraram o fato de serem da família de Martim Afonso Arariboia, detentores de seu prestígio e de suas terras. Em São Lourenço, por muito tempo os indígenas também vão se ocupar em vender peixes e panelas de barro. Os remanescentes daquela comunidade também trabalharam ao longo dos séculos como remeiros e faziam a travessia da Guanabara, cobrando por isso. Em 1820, um viajante francês atribuiu a São Lourenço uma população de duzentos indígenas, outro relato de 1835 aponta 149, depois, em 1844, 106 aldeados e, em 1849, apenas 92.[53]

Com a miscigenação e a diminuição gradativa da aldeia, a sesmaria foi diversas vezes invadida, vendida e dividida ao longo dos anos. A aldeia São Lourenço dos Índios será considerada extinta no ano de 1866, quando existiam ali poucas dezenas de nativos originários. Tudo ao redor havia virado uma cidade e o povo era um só. Resta por ali uma única lembrança dos tempos de Arariboia: a velha igreja construída no monte em frente à aldeia, a cinquenta metros acima do nível do mar. Lugar onde as araras pousam e as cobras gostam de fazer os ninhos.

NOTAS ⟶ CAPÍTULO 5

1 ▸ Segundo Navarro (2013), o termo "Piaçava" ou "pîasaba" significa cerca, defesa, valado, qualquer cercado ou cerca da aldeia. Informação que leva a crer, como já comentado em Silva (2015), que na atual "Praça XV existia uma aldeia tupinambá".

2 ▸ A permanência dos temiminós de Arariboia na várzea junto ao sopé do outeiro (morro do Castelo) está indicada em Carta de doação das casas de "Aires Frz., defuncto, as quais foram pedidas ao Governador Mem de Sá por Ant.° Carvalho, na era de 1568". In. *Anais da Biblioteca Nacional*, v. 82, 1962, p. 124. Está escrito assim no documento: "Diz Ant.° Carvalho que vai em um ano e meio que veio com o Senhor da Bahia a povoar este Rio de Janeiro. Onde hora está com trinta peças em serviço de Sua Alteza e porquanto ele suplicante quer vir viver nesta terra e quer ir buscar toda sua gente e passá-la a este Rio porque nisto faz grande serviço ao Nosso Senhor e a Sua Alteza, visto como cá quer passar a sua gente, pede a V.S., que lhe faça mercê de lhe dar um chão para suas casas, o qual chão está entre Gonçalo Dinis e Francisco Velho, até o mar, e partirá do chão de Gonçalo Dinis onde hora tem as casas e a entestar com o chão de Francisco Velho, onde hora também tem as casas e, assim mais pede na *Várzea* para alongar e fazer casas para sua gente junto do *Araribaya* (Arariboia), ao longo do mar e para o sertão em quadra trinta braças de terra, estas de sesmaria, e tudo o que faz menção, mandando-lhe passar sua carta de tudo, em forma". Esta carta é datada de 15 de maio de 1568.

3 ▸ *Instrumentos de Serviços Prestados por Mem de Sá, Governador do Brasil de 1570* (apud SERRÃO, 1965, v. II, p. 69).

4 ▸ Esses trechos pertencem à "Petição", parte da Carta de Sesmaria de Martim Afonso de Sousa, em Memória Histórica e Documentada das aldeias de índios da província do Rio de Janeiro, *RIHGB*, v. 62, 1854, p. 302.

5 ▸ Escritura de renúncia de terras que fazem Antônio de Mariz e sua mulher Isabel Velha a favor do capitão Martim Afonso de Sousa, em Joaquim Norberto de Sousa. Memória Histórica e Documentada das aldeias de índios da província do Rio de Janeiro, *RIHGB*, v. 62, 1854, p. 302.

6 ▸ A grafia original no documento é "terminimos". É a primeira menção a esse grupo em documentos históricos, o que leva a crer que os indígenas que acompanhavam Arariboia compunham-se de diversas origens, não eram apenas maracajás. A nomenclatura "temiminós" (ou *T-emiminós* – os netos) surge como contraposição aos seus inimigos de diversas tribos que, em aliança, chamavam-se de "tamóios" (*Tamói* – os velhos).

7 ▸ Era a aldeia tupinambá de Jabebiracica (relatado pelo francês Jean de Léry), provavelmente em homenagem a um principal chamado de "Arraia Cortada" – vem de *Yabebira*, que é a arraia, e *acica*, que significa "cortado(a)". Era conhecida pelos franceses por Pepin, em lembrança de um capitão que havia sido celebrizado

ali pela grande amizade que tinha com os tupinambás. A aldeia era local de armazenagem de pau-brasil e outros produtos, além de porta de entrada para as demais aldeias do sertão carioca e da Baixada Fluminense. Mais informações sobre essa aldeia, ver *O Rio antes do Rio* (SILVA, 2015).

8 ▶ Como no mapa de Luís Teixeira Albernaz, onde aparece o nome do rio "Jububuracica", uma corruptela, entre outras tantas, da Jabebiracica dos tupinambás.

9 ▶ José Vieira Fazenda, autor de "Antiqualhas e Memórias do Rio de Janeiro" (v. II, p. 24), afirma que: "Sobre tal assunto dão minuciosa notícia todos os historiadores, afastando-se da verdade quanto ao verdadeiro ponto, em que foi ferido o combate. Nesse descuido incidiram até Varnhagen e Joaquim Norberto. Somente, há pouco e por indicação nossa, o dr. Felisberto Freire, em nota de sua *História da cidade do Rio de Janeiro* pôs em dúvida a asserção de todos os historiógrafos".

10 ▶ É o que fica claro no trabalho de Luiz Carlos Lessa (1996). No livro, há um capítulo intitulado "Quando Arariboia se estabeleceu em terra da futura Niteroi: 1568 ou 1573?".

11 ▶ Simão de Vasconcellos, *Crônica da Companhia de Jesus*, v. II, livro III, 1865, p. 72 e seguintes.

12 ▶ Ver nota 1 do capítulo 1 (p. 57).

13 ▶ Era oleiro, "oficial de fazer telha", trabalhador importante para a defesa da cidade, membro da expedição de Estácio de Sá e companheiro de Arariboia, durante todo aquele período. Permaneceu no Rio de Janeiro após a conquista, sendo agraciado com várias sesmarias (BELCHIOR, 1965, p. 334).

14 ▶ Pequeno canhão que disparava projéteis de pedra, como o próprio nome indica, a uma distância mais curta do que aquela que era alcançada pelos canhões.

15 ▶ Espécie de bombas de pólvora com materiais inflamáveis e perfurantes. Uma espécie de granada rudimentar.

16 ▶ Arariboia foi o primeiro a receber tal condecoração, mas não o único. Outros dois indígenas também receberiam anos mais tarde o mesmo título de nobreza: Felipe Camarão, potiguara que ajudou com sua liderança os portugueses durante a invasão holandesa do Nordeste, e o cacique Piragiba, por sua contribuição na conquista da Paraíba contra os tabajaras.

17 ▶ Como atestou pesquisa do historiador Ronald Raminelli, que encontrou o registro oficial da concessão do Hábito de Cristo a Arariboia em 1571 na Chancelaria da Ordem de Cristo, Arquivo Nacional Torre do Tombo em Portugal, Chancelaria da Ordem de Cristo (COC), livro 2, fol. 84 v. I (apud RAMINELLI, 2018).

18 ▶ "Carta do Espírito Santo, para o padre dr. Torres, por comissão do padre Brás Lourenço, de 10 de junho de 1562, e recebida a 20 de setembro do mesmo ano", *Carta avulsas*, p. 337 e seguintes.

19 ▶ Carta do padre Gonçalo de Oliveira a São Francisco de Borja, datada de 21 de maio de 1570. In: *Boletim Internacional da Bibliografia Luso-Brasileira*, 2015, p. 286.

20 ▶ Alonso, 1976.

21 ▶ *Ereiupe* era uma saudação em tupi usada para exprimir algo bom em diversas situações. Nesse caso, equivalia a boas-vindas, como "Tu vieste!" e, por último, *paigoe* equivalia a "mestre, senhor".

22 ▶ Carta do padre Gonçalo de Oliveira a São Francisco de Borja, datada de 21 de maio de 1570. In: *Boletim Internacional da Bibliografia Luso-Brasileira*, 2015, p. 288.

23 ▸ Leite, 1938, p. 424.

24 ▸ Historia de la fundación del Collegio del Rio de Henero y sus residencias, *Anais da Biblioteca Nacional*, 1897, v. XIX, p. 136.

25 ▸ Não há informações substanciais sobre Miguel Barros Seabra. É possível que tenha sido parente de Pedro de Seabra, que era feitor e almoxarife em São Vicente. Muito provavelmente esteve entre os homens que vieram com Estácio de Sá, em 1565. Ganhou sesmaria no Rio de Janeiro após a conquista da Guanabara (BELCHIOR, 1965, p. 477).

26 ▸ Mestre Vasco é um personagem dos primeiros anos da cidade do Rio de Janeiro. Exerceu os cargos de "porteiro" e "pregoeiro", recebeu sesmaria em "terras da Banda d'Além da Cidade Velha" (do outro lado da baía) e também tinha "chãos" na "Praia da Piassaba" (hoje região da Praça XV), junto ao morro do Castelo. Descobriu uma fonte de água em seu terreno e franqueou o acesso aos moradores, que antes tinham que ir ao rio Carioca para se abastecer. Tempos depois, o local ficou conhecido pela Ladeira do Poço do Porteiro (BELCHIOR, 1965, p. 487).

27 ▸ Frei Vicente Salvador, 1918, p. 211.

28 ▸ Ibidem, p. 212.

29 ▸ Com sede no Rio de Janeiro e jurisdição sobre as capitanias "de baixo", isto é, Porto Seguro, Espírito Santo e São Vicente.

30 ▸ Ibidem, p. 226.

31 ▸ O padre Inácio de Tolosa era natural de Medina-Coeli, Espanha, e foi recebido na Companhia em Portugal. Doutor em teologia, lecionou essa disciplina em Coimbra. Chegou ao Brasil em abril de 1572 para ocupar o cargo de provincial. Esteve no Rio de Janeiro em 1573, nomeando Brás Lourenço reitor do Colégio. Embarcou de volta para a Bahia, quase perdendo a vida nessa viagem devido a um naufrágio na altura do Espírito Santo. Era ardoroso defensor da liberdade dos indígenas. Em 1577, deixou o cargo de provincial, sendo substituído por José de Anchieta. Sete anos depois foi reitor do Colégio do Rio de Janeiro. Morreu na Bahia em 1611.

32 ▸ Baltazar Álvarez era natural de Astorga, Espanha, e ingressou na Companhia de Jesus em 1559, então com dezenove anos. Chegou ao Brasil em 1563, aprendeu a falar fluentemente o tupi e viveu no Rio de Janeiro, onde veio a falecer em 1587, dois anos antes de Arariboia.

33 ▸ Leite, 1938, v. I, p. 426 – Carta do padre Inácio de Tolosa de 31 de agosto de 1576.

34 ▸ "Japu" é a designação comum às aves de grande porte que possuem caudas alongadas com as laterais amarelas. Os ninhos são feitos na forma de longas bolsas pendentes nas árvores de até um metro de comprimento, ficam balouçantes ao sabor do vento. Reúnem-se em bandos numa mesma árvore, às vezes até com sessenta ninhos, mas no Sudeste do Brasil as colônias tendem a ser menores, de até trinta ninhos, confeccionados com vários materiais, principalmente de "barba de velho", uma planta trepadeira. Japus são aves gregárias, sendo comum encontrá-las em bandos nas florestas, sobretudo nas copas das árvores. Nessas excursões, produzem barulho na mata e têm um cerimonial singular: inclinam-se para a frente em um movimento gracioso que termina com a vocalização. Também emitem um chamado áspero para a reunião do grupo. Os machos alcançam até 50 centímetros de comprimento. Padre Inácio de Tolosa escreveu o nome do principal originalmente como Ião Guaçu.

35 ▸ Em 1963, o arqueólogo Ondemar Dias Ferreira encontrou em algumas "jazidas em superfície localizadas na própria praia do Cabo Frio" ossos humanos e "exemplares de mandíbulas com os dentes apresentando a abrasão característica dos indígenas do litoral". O achado se deu durante realizações de obras na orla da cidade. "As escavações dos alicerces descobriram impressionante número de esqueletos ali enterrados." Foram identificados ossos de crânio e arcadas dentárias de indivíduos "jovens, adultos e em idade senil". O pesquisador chegou, então, à hipótese de que teria sido naquele local, pelo número de esqueletos e "da inexistência de qualquer vestígio de ocupação", "o enterramento comum dos mortos" do massacre dos tupinambás ordenado por Antônio Salema. Ressaltou, contudo, que as observações "foram rápidas e incompletas", uma vez que foram feitas durante a realização daquelas obras (BELTRÃO, 1978, p. 163).

36 ▸ O colono português radicado na Bahia, Gabriel Soares de Sousa, escreveria, em 1587, o *Tratado descritivo do Brasil*, no qual afirma que os números do extermínio tupinambá no Cabo Frio teriam sido ainda maiores. Diz que morreram "infinitos" e que tinham ficado cativos "8 ou 10 mil almas" (p. 91).

37 ▸ Carta do padre Francisco Carneiro, que relatou no ano de 1640 o ocorrido no "rio Amazonas", onde "acharam e falaram com índios tupinambás, que da Bahia em grande número de aldeias foram fugindo à perseguição e mau tratamento dos portugueses, ausentando-se delas por mais de trezentas ou quatrocentas léguas; e da mesma maneira acharam sertanistas de São Paulo daquela mesma banda grande multidão de tamoios que do Cabo Frio se tinham retirado pela mesma causa" (LEITE, 1938, tomo VI, apêndice C, p. 587).

38 ▸ Como descrito no documento em relação ao ano de 1575. Historia de la fundación del Collegio del Rio de Henero y sus residencias, *Anais da Biblioteca Nacional*, 1897, v. XIX, p. 137: "Determinaram os padres desta casa juntar quatro aldeias dos gentios em uma e ainda existem outras quatro e todas se visitam cada semana e muito mais gente da terra a dentro está movida para vir as nossas igrejas".

39 ▸ Talvez a aldeia do cacique chamado de Morgoujá-uasú, o Grande Maracujá, citada por esse cronista francês nos anos de 1557 e 1558 na terceira posição do lado direito da baía. Mais detalhes, ver *O Rio antes do Rio* (SILVA, 2015).

40 ▸ Conforme descrição da "Carta Régia de Felipe II, confirmando a carta de sesmaria concedida por Salvador Correa de Sá, aos Índios Cristãos da Povoação de São Lourenço do Rio de Janeiro. Lisboa, 24 de janeiro de 1583" (SERRÃO, 1965, v. II, p. 127). Felipe I foi o monarca espanhol que assumiu o trono português no período conhecido por União Ibérica.

41 ▸ São Barnabé, um dos discípulos de Jesus, era rico, vendeu tudo o que tinha e doou para a causa. Considerado um dos primeiros apóstolos, embora não tenha pertencido ao grupo dos Doze.

42 ▸ Para mais informações sobre essas duas aldeias, ver Silva, 2015.

43 ▸ Informação da Província do Brasil, 1585 (escrita em 1584), Jose de Anchieta, *Cartas*, p. 421. "Além disso têm a seu cargo [jesuítas] duas aldeias de índios cristãos: a primeira se diz S. Lourenço que está uma légua da cidade defronte do Colégio, vai-se a ela por mar e nela residem de contínuo três dos nossos, e todos são Padres; a outra é de S. Barnabé, dista da cidade sete léguas por terra e por mar: a esta visitam a miúdo e entre ambas terão quase 3 mil índios".

44 ▸ O trecho exato é "também São Lourenço o virtuoso, Servo de Nosso Senhor, vos livra com muito amor terras e almas, extremoso, do demônio enganador. Também São Sebastião valente santo soldado, que aos tamoios rebelados deu outrora uma lição hoje está do vosso lado. E mais – Paranapucu, Jacutinga, Morói, Sarigueia, Guiriri, Pindoba, Pariguaçu, Curuça, Miapei e a tapera do pecado, a de Jabebiracica, não existe. E lado a lado a nação dos derrotados no fundo do rio fica. Os franceses, seus amigos, inutilmente trouxeram armas. Por nós combateram Lourenço, jamais vencido, e São Sebastião flecheiro" (ANCHIETA, *Auto de São Lourenço*, 2010, p. 28).

45 ▸ A praia da cidade, Piaçaba, atual Praça XV. A Igreja da Misericórdia ficava mais à esquerda, no sopé do morro do Castelo.

46 ▸ Alguns estudiosos acreditam ter sido nessa ocasião encenada a peça de José de Anchieta, *Auto de São Lourenço*. Fernão Cardim menciona apenas a encenação do martírio e um "diálogo", antes da pregação, o que não confirma – tampouco exclui – essa possibilidade.

47 ▸ Cardim, 1939, p. 349 e seguintes.

48 ▸ *Gûaîupîá, ûaîupîá* ou Guajupiá: lugar onde, na religião dos tupis, iriam as almas após a morte corporal, para além das montanhas (NAVARRO, 2013, p. 131).

49 ▸ Metraux, 1979, p. 189.

50 ▸ Évreux, 1864, p.127 (apud METRAUX, 1979, p. 111).

51 ▸ Anchieta, Rodriguez, 1555, p. 75.

52 ▸ Como em 1804, Manuel de Jesus e Sousa ocupava o cargo de capitão-mor de São Lourenço.

53 ▸ Para referências de números de indígenas em São Lourenço no século XIX, ver Forte (1973, p. 43).

REFERÊNCIAS

ABREU, Maurício de Almeida. *Geografia histórica do Rio de Janeiro (1502 a 1700), v. I e II.* Rio de Janeiro: Andrea Jakobsson, 2010.

ALBO, Francisco. *Diário de viagem de Francisco Albo.* Disponível em: <http://en.wikiso.urce.org/wiki/The_First_Voyage_Round_the_World/LogBook_of_Francisco_Alvo_or_Alvaro>. Acesso em: 23 set. 2019.

ALENCASTRO, Luiz Felipe. *O trato dos viventes: Formação do Brasil no Atlântico Sul.* São Paulo. Companhia das Letras, 2000.

ALMEIDA, Antônio Figueira de. *História de Niterói.* Niterói: Oficinas Gráficas do Diário Oficial, 1931.

ALMEIDA, Maria Regina Celestinho de. *Metamorfoses indígenas.* Rio de Janeiro: Editora FGV, 2013.

ALONSO, J. I. *Arariboia em notícia.* Niterói: UFF/NDC/Centro de Memória Fluminense, 1976.

ANCHIETA, José. *Arte de gramática da lingoa mais usada na costa do Brasil.* Leipzig: Julio Platzman, 1876.

_____. *Cartas, informações, fragmentos históricos e sermões.* Rio de Janeiro: ABL/Civilização Brasileira, 1933.

_____. *De Gestis Mendi de Saa.* São Paulo: Loyola, 1986.

_____. *Teatro de Anchieta.* São Paulo: Martins Fontes, 1999.

_____. *Auto de São Lourenço.* São Paulo: Valer, 2010.

ANÔNIMO, Jesuíta. "De algumas coisas mais notáveis do Brasil". *RIHGB*, Rio de Janeiro, 1923.

BARBOSA, Cunha Januário. "Biographia dos brasileiros distinctos por letras, armas e virtudes: Ararigboya", *RIHGB*, tomo IV,1842.

BARROS, João de; COUTO, Diogo de. *Décadas da Ásia*. Lisboa: Régia Offin Typografica, Década III, Livro V, 1563.

BASTOS, Lia Vieira Ramalho. *Arariboia e a noiva de cocar: um estudo referente aos reflexos da hibridização cultural em Niterói no século XVI*. Monografia (Graduação em Produção Cultural), Universidade Federal Fluminense, Niterói, 2013.

BELCHIOR, Elysio de Oliveira. *Conquistadores e povoadores do Rio de Janeiro*. Rio de Janeiro: Livraria Brasiliana Editora, 1965.

BELTRÃO, Maria da Conceição. *Pré-história do Rio de Janeiro*. Rio de Janeiro: Forense, 1978.

_____. "Arqueologia historica: a primeira feitoria do Brasil", *X Congresso das Academias Iberoamericanas de História*, Lisboa, Atas II, Academia Portuguesa de História, 2007.

BOLETIM Internacional da Bibliografia Luso-Brasileira. Rio de Janeiro: Kapa/ Fundação Calouste Gulbenkian, 2015.

BRANDÃO, Ambrósio Fernandes. *Diálogos das grandezas do Brasil*. Rio de Janeiro: Dois Mundos, 1943.

CABEZA DE VACA, Alvar Nuñez. *Naufrágios e comentários*. Porto Alegre: L&PM, 1999, p. 218.

CARDIM, Pe. Fernão. *Tratados da terra e a gente do Brasil*. São Paulo: Companhia Editora Nacional, 1939.

CARVAJAL, Gaspar de. *Descubrimiento del Rio de las Amazonas*. In: MEDINA, Jose Toribio (org.) (1894.) [The Discovery of the Amazon] Trad. Bertram T. Lee. Org. H. C. Heaton. Nova York, 1934.

CORTESÃO, Jaime. *A fundação de São Paulo – Capital Geográfica do Brasil*. São Paulo: Livros de Portugal, 1955.

DOCUMENTOS relativos a Mem de Sá, governador-geral do Brasil, *Anais da Biblioteca Nacional*, Rio de Janeiro, 1905.

DUARTE, Marcello Felipe. "De Arariboia a Martim Afonso: a metamorfose indigena pela guerra nas aguas da Guanabara", *Revista Navigator*, n. 14, Rio de Janeiro, 2011.

EDELWEISS, Frederico. "Toponimos indigenas do Rio de Janeiro Quinhentista", *RIHGB*, Rio de Janeiro, 1967.

FAZENDA, José Vieira. *Antiqualhas e memórias do Rio de Janeiro*. Rio de Janeiro: Light, 2011, v. II.

FERNANDES, Fernando Lourenço. "A feitoria da ilha do gato" In: BUENO, Eduardo. *Pau-brasil*. São Paulo: Axis Mundi, 2002.

FERNANDES, Florestan. *Organização social dos tupinambás*. São Paulo, 1963.

_____. *A função social da guerra na sociedade tupinambá*. São Paulo: Globo, 2006.

FIGUEIREDO, Julio Xavier de."Arariboia e a conquista do Rio de Janeiro", *Informações*, Niterói, v. 6, 1981.

FORTE, José Mattoso Maia. *Notas para a História de Niterói*. Rio de Janeiro; Oficina Gráfica Ouvidor, 1973.

FREIRE, Mário Aristides. *A Capitania do Espírito Santo*. Vitória: Flor e Cultura Editores, 2006.

GAFFAREL, Paul. *Historie du Brésil français au XVIe Siècle*. Paris: Maisonneuve et Cie, 1898.

GANDAVO, Pero de Magalhães. *Tratado da Terra do Brasil*. Rio de Janeiro, 1924.

GUEDES, Max Justo. "As primeiras expedicoes portuguesas e o reconhecimento da costa brasileira", *RIHGB*, Rio de Janeiro, v. 247, 1970.

HEMMING, John. *Ouro vermelho: a conquista dos índios brasileiros*. São Paulo: Edusp, 2007.

HERRERA, Antonio. *Historia general de los hechos de los castellanos en las Islas y tierra firme de Mar Oceano, Tomo II*. Madri: Officina Real de Nicolas Rodriguez Franco, 1726.

HISTORIA de la fundación del Colegio del Río de Henero y sus residencias, *Anais da Biblioteca Nacional*, Rio de Janeiro, 1987.

IPANEMA, Cybelle Moreira de. *História da Ilha do Governador*. Rio de Janeiro: Mauad X, 2013.

LEITE, Serafim. *Cartas jesuíticas*. Cartas avulsas. Rio de Janeiro: Imprensa Nacional, 1887.

_____. *História da Companhia de Jesus*, 1938.

_____. *Novas cartas jesuíticas (de Nóbrega a Vieira)*. São Paulo: Companhia Editora Nacional, 1940.

_____. *Artes e ofícios dos Jesuítas no Brasil (1549-1760)*. Porto: Tipografia Porto Médico, 1953.

_____. (org.) *Monumenta Brasiliae*. Coimbra: Tipografia da Atlântida, 1960. v. I, II, III e IV.

LÉRY, Jean de. *Viagem à Terra do Brasil*. São Paulo: Livraria Martins, 1941.

_____. *Histoire d'un voyage faict en la terre du Brésil*. Paris: Libraire Générale Française, 2008.

LESSA, Luiz Carlos. *Arariboia, o Cobra da Tempestade*. Rio de Janeiro: José Olympio, 1991.

_____. *Pontos controvertidos da vida de Arariboia*. Niterói: Laplace, 1996.

LISBOA, Balthazar da Silva. "Fe de Oficio que deu o governador Estacio de Sa a Belchior de Azevedo, extraido da Torre do Tombo", *Annaes do Rio de Janeiro*, Rio de Janeiro, tomo I, 1941.

LIVRO de Tombo do Colégio de Jesus do Rio de Janeiro, *Anais da Biblioteca Nacional*, v. 82, Rio de Janeiro, 1962.

MAESTRI, Mário. *Os senhores do litoral: conquista portuguesa e agonia tupinambá no litoral brasileiro*. Porto Alegre: Ed. UFRGS, 1994.

MEDINA, J. T. *Los viajes de Diego García de Moguer al Río de La Plata*. Santiago de Chile: Imprenta Elzeviriana, 1908.

MÉTRAUX, Alfred. *A religião dos tupinambás e suas relações com a das demais tribos tupi-guaranis*. São Paulo: Edusp, 1979.

_____. *La Civilization materielle des tribos tupi-guarani*. Paris: Librairie Orientaliste Paul Geuthner, 1928.

MORAES, A. J. DE MELLO. *O Brasil histórico*. Rio de Janeiro: Pinheiro e Cia, 1866, v. I, n. 1.

NAVARRETE, Martín Fernández de. *Coleccion de los viages y descubrimientos que hicieram por mar los espanoles*. Madri: La Imprenta Real, 1837.

NAVARRO, Eduardo de Almeida. *Método moderno de tupi antigo: A língua do Brasil dos primeiros séculos*. São Paulo: Global, 2005.

_____. *Dicionário de tupi antigo: a indígena clássica do Brasil*. São Paulo: Global, 2013.

NEME, Salete Maria Nascimento. *A utilização da mão de obra indígena na região do Rio de Janeiro na segunda metade do século XVI*. Dissertação (Mestrado em História). Faculdade de História, Universidade Federal Fluminense, Niterói, 1985.

NÓBREGA, Manuel da. *Cartas do Brasil e mais escritos*. Coimbra: Ed. da Universidade de Coimbra, 1955.

OLIVEIRA, *História do Estado do Espírito Santo*, 2008.

OLIVEIRA JR., Antonio de. *Geografia retrospectiva de São José do Queimado (distrito do município de Serra – ES)*. Monografia (Graduação em Geografia). Universidade Federal do Espírito Santo, Vitória, 2009.

PEREIRA, Soares Moacir. *Capitães, naus e caravelas da Armada de Cabral*. Coimbra: Imprensa de Coimbra, 1979.

PEREIRA NETO, Juscelino. *A memória biográfica de Januário da Cunha Barbosa: uma trajetória política na corte Imperial pelas páginas da Revista do IHGB (1821-1846)*. Dissertação (Mestrado em História). Faculdade de Ciências e Letras, Universidade Estadual Paulista, Assis, 2014.

PIGAFETTA, Antonio. *Primo viaggio intorno al globo terracqueo*. Milão, 1800.

PRADO JR., Caio. *Formação do Brasil contemporâneo*. São Paulo: Brasilense, 1957.

QUINTILIANO, Aylton. *A Guerra aos Tamoios*. Rio de Janeiro: Reper, 1965.

RAMINELLI, Ronald. "Nobreza e principais da terra — America Portuguesa, seculos XVII e XVIII", *Topoi, Revista de História*, Rio de Janeiro, 2018. Disponível em: <www.revistatopoi.org>. Acesso em: 18 jun. 2019.

RIBEIRO, Lourival. *Medicina no Brasil Colonial*. Rio de Janeiro: Editorial Sul Americana, 1971.

RODRIGUEZ, Pero. *Anchieta*. Salvador: Progresso, 1955.

SÁ, Mem de. *Instrumento dos serviços prestados por Mem de Sá, governador do Brasil*. Salvador, set.-dez. 1570.

SALLETO, Nara. *Donatários, colonos, índios e jesuítas*. Vitória: Arquivo Público do Estado do Espírito Santo, 2011.

SALVADOR, Frei Vicente do. História do Brasil (1627). Capistrano de Abreu (ed.) São Paulo/Rio de Janeiro: Weizflog Irmãos, 1918.

SANCEAU, Elaine. *Capitães do Brasil*. Porto: Livraria Civilização, 1956.

SANTA CRUZ, Alonso de. *Islario General de todas las villas del mundo*. Madri: Imprensa del Patronato, 1908.

SERRÃO, Joaquim Veríssimo. *O Rio de Janeiro no século XVI*. Lisboa: Ed. Comissão Nacional das Comemorações do IV Centenário do Rio de Janeiro, 1965. v. I e II.

_____. *História de Portugal (1495-1580)*. Lisboa: Verbo, 1978. v. III.

SILVA, J. Romão da. *Geonomástiscos cariocas de procedência indígena*. Guanabara: Sec. Geral de Educação e Cultura, 1961.

SILVA, Rafael Freitas da. *O Rio antes do Rio*. Rio de Janeiro: Babilonia Cultura Editorial, 2015. [4ª ed. e seguintes: Belo Horizonte: Relicário, 2020.]

SOUSA, Gabriel Soares de. *Tratado Descritivo do Brasil em 1587*. Rio de

Janeiro: Tipografia de João Ignacio da Silva, 1879.

SOUSA, Joaquim Norberto de. "Memoria historica e documentada das aldeias de indios da provincia do Rio de Janeiro", *RIHGB*, 1854.

STADEN, Hans. *Sua viagem e cativeiro entre os selvagens no Brasil*. São Paulo: Tipografia da Casa Eclética, 1900.

THEVET, André. *Le grand Insulaire et pilotage d'André THEVET, Angoumoisin, cosmographe du Roy, dans lequel sont contenus plusieurs plants d'isles habitées et deshabitées et description d'icelles (1586) XVIe siècle*. Bnf Gallica, Paris, França. Acervo público.

_____. *As singularidades da França Antártica*. São Paulo: Edusp, 1978.

_____. *Les singularitez de la France Antarctique*. Paris, 1558. [GAFFAREL, Paul. (org.) Paris, 1878.]

_____. *La cosmographie universelle*. Paris, 1575.

_____. *A cosmografia universal*. Rio de Janeiro: Fundação Darcy Ribeiro, 2009.

TORRES, Antônio. *Meu querido canibal*. Rio de Janeiro: Record, 2000.

VARNHAGEN, Francisco Adolfo de. *História geral do Brasil*. Madri: Imprensa da V. de Dominguez, 1854. v. 1.

_____. "Informação do Brasil e suas capitanias". *RIHGB*, Rio de Janeiro, tomo 6, 1844.

_____. "Livro da Nau Bretoa. Diario de Navegacao de Pero Lopes de Souza pela costa do Brasil ate o Uruguay (de 1530 a 1532...)", *RIHGB*, Rio de Janeiro, tomo 24, 1861.

VASCONCELLOS, Simão de. *Crônica da Companhia de Jesus*. Lisboa: Tipoghafia Panorama, 1865, v. I e II.

VESPUCI, Américo. Cartas de Amerigo Vespuci, *RIHGB*, tomo 41, parte 1, 1878.

AGRADECIMENTOS

Arariboia surgiu de uma pergunta: mas, e o Arariboia? Eu contava sobre as aldeias tupinambás, Karióca, Jabebiracica, Pindobuçu, Irajá, contava as batalhas de Paranapucu, os caminhos de Peabiru, os nomes dos caciques Aimberê e Kunhambeba, Anchieta e Estácio. E quase sempre vinha a pergunta: e o famoso Arariboia?

Eis que agora temos neste livro o que foi possível conhecer passados 430 anos de sua morte. Isso não seria possível sem o auxílio de Neise Freitas, que me alimenta de um precioso material de apoio. Trata-se de uma verdadeira detetive documental e bibliográfica com passagens de "regência" pelas mais importantes bibliotecas e instituições culturais cariocas.

Gostaria de destacar e agradecer à Biblioteca Rodolfo Garcia (de cuja obra sou admirador), mantida pela Academia Brasileira de Letras através de seu excelente trabalho de preservação do acervo. É um patrimônio público que possibilitou a reprodução de uma das imagens raras deste livro, a mais conhecida de Arariboia. Na enciclopédia "Brasil Histórico", Arariboia é citado apenas uma vez como o aliado de Estácio nas vitórias para fundar o Rio de Janeiro. É a figura de "Martim Affonso,

Ararigyboia, chefe dos Trimiminós" que foi escolhida para ilustrar a dupla página. Um Arariboia vestido, ao que parece, com a roupa que ganhou de d. Sebastião, rei de Portugal, em agradecimento pelos feitos que tornaram possível fundar São Sebastião do Rio de Janeiro. Feitos como os citados acima não seriam possíveis para esta obra sem o esforço cotidiano de minha parceira de três peripécias nesse louco mundo, incrível conhecedora dos livros, Michelle Strzoda.

Também pude contar com incentivos e observações perspicazes sobre o biografado do filósofo do bar do Bode Cheiroso e, glória, da praça Afonso Pena (onde nasce um craque), Luiz Antonio Simas. Não menos luxuoso foi contar com o olhar afiado e leitura crítica do grande Alberto Mussa. A partir da contribuição de ambos, pude trabalhar com mais afinco algumas passagens. Conhecedor do tupi, Mussa colaborou bastante para o debate dos termos na língua, sobretudo em relação aos nomes dos caciques do Rio de Janeiro.

Não poderia deixar de agradecer a Ana Cecilia Impellizieri Martins e à Bazar do Tempo, brava editora, por confiar e apoiar esta empreitada desde sempre.

Este livro foi editado pela Bazar do Tempo em setembro de 2022, na cidade de São Sebastião do Rio de Janeiro, e impresso no papel Pólen natural 80 g/m². Ele foi composto com as tipografias Brasilica e Diamonds, e reimpresso pela gráfica Rotaplan.

1ª reimpressão, março de 2024.